本书系安阳师范学院教育学院
初等教育课程与教学科研创新团队研究成果

从『彰师』到『安师』
——小学教师教育百年历史发展审视

著者　黄思记　朱海林　魏臣宇
顾问　齐学广　荆怀福

南京大学出版社

图书在版编目(CIP)数据

从"彰师"到"安师"：小学教师教育百年历史发展审视 / 黄思记，朱海林，魏臣宇编著. — 南京：南京大学出版社，2020.12
ISBN 978-7-305-24075-1

Ⅰ. ①从… Ⅱ. ①黄… ②朱… ③魏… Ⅲ. ①安阳师范学院小学—校史②小学教师—师资培养—研究—安阳 Ⅳ. ①G629.286.13②G625.1

中国版本图书馆 CIP 数据核字(2020)第 261068 号

出版发行	南京大学出版社
社　　址	南京市汉口路 22 号　　邮　编　210093
出 版 人	金鑫荣
书　　名	从"彰师"到"安师"——小学教师教育百年历史发展审视
编　　著	黄思记　朱海林　魏臣宇
责任编辑	曹　森　　编辑热线　025-83592123
照　　排	南京南琳图文制作有限公司
印　　刷	广东虎彩云印刷有限公司
开　　本	718×1000　1/16　印张 19.5　字数 371 千
版　　次	2020 年 12 月第 1 版　2020 年 12 月第 1 次印刷
ISBN	978-7-305-24075-1
定　　价	56.00 元

网址：http://www.njupco.com
官方微博：http://weibo.com/njupco
官方微信号：njupress
销售咨询热线：(025) 83594756

* 版权所有，侵权必究

* 凡购买南大版图书，如有印装质量问题，请与所购图书销售部门联系调换

序

  "彰师"指彰德府安阳师范传习所,"安师"指安阳师范学院,从1908年彰德府安阳师范传习所培养小学教师开始,经历清末至民国间的彰德中学堂师范班(1909—1912)、安阳县师范讲习所与安阳女子师范学校(1912—1928)和民国期间的安阳县立师范学校(1928—1935)、安阳县立简易乡村师范学校与安阳县立女子简易乡村师范学校(1935—1937)、伪彰德县立师范学校(1937—1945)、安阳县立简易乡村师范学校和安阳县立女子简易乡村师范学校(1945—1949),以及新中国成立以后的平原省立安阳师范学校(1949—1953)、河南省安阳师范学校(1953—1962)、河南省安阳师范专科学校(1958—1962)、新安阳师范学院(1962—1979)、安阳市第二师范学校等,一直到现在的安阳师范学院,已经有112年的历史,可谓是地方师范院校培养小学教师的缩影。"州县师范传习所"是我国成体系的师范教育之开始,更是地方师范教育的开始,师范传习所作为完全师范教育的过渡,短时间内培养了大批小学教师,为中国近现代小学教育走向大众化、普及化迈出了关键的一步,具有重大的历史意义。在此后我国一百多年的师范教育发展史中,虽然随着时代的更替与教育的发展,小学教师培养机构的名称和培养模式不断发生变化,但是培养小学教师的主力军依然是地方师范学校。是地方师范学校培养了一批批小学教师,支撑着中国近现代小学教育大众化、普及化的发展。在当前及将来,地方师范院校依然是培养小学教师的主力军。

  建设教育强国和人才强国的基础在于夯实基础教育,提高基础教育的质量,而小学教育又是基础教育的根基所在,培养卓越的小学教师就成了提高基础教育质量的关键和根本。如何办好小学教育专业,培养卓越的小学教师则是地方师范院校光荣的时代重任和历史使命。2018年我国提出了"一流专业"建设计划,是小学教育专业发展的挑战和重要历史机遇。建设"一流小学教育专业"成为当前小学教育专业设置单位的重要发展目标。什么是一流的小学教育专业?何种培养模式更有利于建设一流小学教育专业?怎样建设一流小学教育专业……此类问题亟需研究和回答,历史研究就是重要的研究方式之一,已有不少研究以"师范教育史""教师教育史"等为研究对象进行了卓有成效的研究,如崔运武主编的《中国师范教育史》(山西教育出版社,2006)、曾煜编著的《中国教师教育史》(商务出版社，2016)等。类似的如"校史"之类的成果也很多，但更益于直接汲取历史经验和教训的小学教育专业或小学教师培养的"专业史"却鲜有人涉足，个案史视野中也难以找寻，小学教育专业史研究已是当务之急。因此，经教育学院初等教育课程与教学科研创新团队全体成员反复论证，并咨询了河南大学李玉洁教授和李申申教授等相关专家的建议，拟定了该选题和研究思路。

该书以安师小学教师教育历史发展的重要阶段和主要培养机构名称为章题，以历史发展为序，以时代背景、教育政策、办学特色与社会影响为主要内容，共分为五章：第一章"蹒跚起步，彰德师范传习所"(魏臣宇撰写)，主要内容是清末新式小学教师大量需求的时代背景和小学教师教育制度的确立，以及彰德师范传习所的创办及其历史意义等。第二章"曲折发展，安阳县立师范学校"(魏臣宇撰写)，主要内容是民国期间我国小学教师教育发展概要、安阳县立师范学校发展历程和安阳县立师范学校小学教师培养的特色与影响等。第三章"革故鼎新，安阳师范学校"(魏臣宇撰写)，主要内容是20世纪50—70年代我国小学教师教育发展概要、包括平原省立安阳师范学校等在内的安阳师范学校发展历程和安阳师范学校小学教师培养的特色与影响等。第四章"铸就辉煌，安阳市第二师范学校"(朱海林撰写)，主要内容是20世纪80—90年代我国小学教师教育发展概要、安阳市第二师范学校发展历程及其小学教师培养的特色与影响等。第五章"改革提升，安阳师范学院"(黄思记撰写)，主要内容是21世纪以来我国小学教师教育发展概要、安阳师范学院小学教育专业的设立与发展及其专业特色和影响等。本书正文后附安阳师范学院教育学院副书记魏延庆同志和初等教育系郝俊杰教授联袂创作的《安师小教之歌》一首，致敬安阳师范学院小学教师教育创办112周年。另外，书中所言小学教师教育均指全日制师范生教育，由于篇幅有限，没有涉及函授等其他形式的小学教师教育。

付梓之际，特向为本书作出重要贡献的河南大学李玉洁教授和李申申教授、安阳师范学院档案馆工作人员、本书责任编辑曹淼女士等表示诚挚感谢！我们也深知以一所院校的小学教师教育发展史为例审视我国小学教育的百年历史发展是高等教育专业史研究的一种大胆尝试，同时也会存在诸多不足之处，敬请各位专家、学者批评指正！

齐学广　荆怀福

2020年12月30日于安阳师范学院

目　录

第一章　蹒跚起步　彰德师范传习所……………………………………… 1
 第一节　清末新式小学教师大量需求的时代背景…………………… 1
 第二节　清末小学教师教育制度……………………………………… 7
 第三节　彰德师范传习所的创办及其历史意义…………………… 11

第二章　曲折发展　安阳县立师范学校…………………………………… 18
 第一节　民国期间我国小学教师教育发展概要…………………… 18
 第二节　安阳县立师范学校发展历程……………………………… 32
 第三节　安阳县立师范学校小学教师培养的特色………………… 55

第三章　革故鼎新　安阳师范学校………………………………………… 57
 第一节　20 世纪 50—70 年代我国小学教师教育发展概要………… 57
 第二节　安阳师范学校发展历程…………………………………… 68
 第三节　安阳师范学校小学教师培养的特色……………………… 101

第四章　铸就辉煌　安阳市第二师范学校……………………………… 106
 第一节　20 世纪 80—90 年代我国小学教师教育发展概要……… 106
 第二节　安阳市第二师范学校发展历程…………………………… 120
 第三节　安阳市第二师范学校小学教师培养的特色与影响……… 151

第五章　改革提升　安阳师范学院……………………………………… 171

　　第一节　21世纪以来我国小学教师教育发展概要 ……………… 171

　　第二节　安阳师范学院小学教育专业的设立与发展……………… 203

　　第三节　安阳师范学院小学教育专业的特色与影响……………… 278

参考文献……………………………………………………………………… 304

第一章　蹒跚起步　彰德师范传习所

道光二十年(1840年),鸦片战争爆发,西方列强用坚船利炮打开了中国闭关自守的国门,随着侵略战争一次又一次地叩响,我国封建社会急速走向衰败,社会形态也发生了巨大变化。随着社会巨变,教育发生了前所未有的深刻变化:深层次的"西学东渐",传统科举制度的废除,新式教育制度的形成,传统的封建小学从体制到内容的改革,近代资本主义性质的小学教育在艰难困苦中形成与发展。与此同时,师范教育制度也开始建立,作为培养小学教师的"师范传习所"成了清末师范教育制度的重要组成部分,在中国教师教育发展史上,特别是地方教师教育发展史上具有开天辟地的历史意义,为当地制度化、大众化、普及化的近代小学教育的开启和发展起到了关键性的作用。蹒跚起步的彰德师范传习所便是其中一员,它的创办在安阳小学教师教育发展史上同样具有"开天辟地"的历史意义。

第一节　清末新式小学教师大量需求的时代背景

"清末"既是一个屈辱的抗争年代,又是一个推陈出新的年代,伴随着西方的坚船利炮,"西学"再次走进我们的视野,面对腐朽的中国,抱守残缺的国人,我国开始了艰难的教育探索之路,新式小学教育也在历史的发展中创立起来。1898年7月清政府第一次发布重视小学教育改革的谕令,清廷下令"将各省府厅州县现有之大小书院,一律改为兼习中学、西学之学堂。其他地方自行捐办之义学、社学等,亦一律中西兼习,并奖励绅民办学"[1]。这项谕令提出学校教育要兼习中西,并奖励绅民兴建学堂,鼓励地方绅民兴办教育,在政策上提倡民间兴学。但由于戊戌变法迅速失败,此政策没有来得及实施就夭折了。1901年8月,清政府颁布兴学诏书,提出兴学育才为当代急务,要求"除京师已设大学堂应切实整顿外,各省所有书院,于省城均改设大学堂,各府、厅、直隶州均设中学堂,各州、县均改设小学堂,并多设蒙养学堂"[2]。全国据此开始

---

[1] 舒新城:《中国近代教育史资料(下册)》,人民教育出版社,1961,第404-409页。
[2] 朱寿朋:《光绪朝东华录》,中华书局,1958,第4719页。

广兴小学堂,其兴起的历史因素主要有"西学东渐"的影响、科举制的废除、国人对小学教育重要性的认识等。

一、"西学东渐"的影响

"西学东渐"是指西方学术思想向中国传播的历史过程,通常而言以明末清初和清末民初两个时期为代表。"西学"在明末清初盛传之后,清代康雍两朝暂缓传入,中国封建统治者主动关闭了认识的大门。直到鸦片战争,中国被迫打开了紧闭的国门,"西学"随着西方列强的炮声传入中国,传统教育再也不可能在封闭的空间中苟延残喘。"西学东渐"是本土教育与外来教育碰撞融合而创造出新教育的典型思潮。

1840年,鸦片战争爆发,英国侵略者的大炮震动了沉睡千年的华夏大地,轰开了封建社会闭关锁国的大门,把酣睡的"东方巨龙"从甜蜜而虚幻的梦中惊醒,有着几千年文明历史的中华帝国被无情地卷入资本主义世界性扩张的浪潮中。"英国的大炮破坏了中国皇帝的威权,迫使天朝帝国与地上的世界接触"[1]。"在这场决斗中,陈腐世界代表的是道义原则,而最现代的社会的代表却是为了获得贱买贵卖的特权——这的确是一种悲剧,甚至诗人的幻想也永远不敢创造出这种离奇的悲剧题材"[2]。马克思这段论述深刻揭示了鸦片战争的性质及其对中国社会的深远影响。一方面,这是英国殖民主义发动的一场图谋征服与掠夺中国的野蛮的殖民战争。另一方面,它又是腐败的代表中世纪文明的经济技术落后的东方封建主义制度与新兴的代表近代文明的拥有先进经济技术的西方资本主义制度之间的一场特殊形式的碰撞。[3] 碰撞的结果是,外国资本主义的相继入侵,延续千年自给自足的自然经济逐渐解体,民族资本主义开始产生和发展,中国由独立自主的封建国家逐渐沦落为半殖民地半封建国家。

当西方列强的军舰在太平洋浪涛的推动下抵达我国沿海的同时,比那些坚船利炮更具威力的西方文明也铺天盖地地席卷而来。在华洋人通过传教、办医院、办学校、办报纸和吸引留学生等形式,对我国自汉代以来"独尊儒术"的文化教育形式产生了冲击。在鸦片战争惨败的事实面前,在"西学东渐"的

---

[1] 中共中央马克思恩格斯列宁斯大林著作编译局:《马克思恩格斯选集(第二卷)》,人民出版社,1972,第3页。

[2] 中共中央马克思恩格斯列宁斯大林著作编译局:《马克思恩格斯选集(第二卷)》,人民出版社,1972,第26页。

[3] 陈胜粦:《鸦片战争前后中国人面对西方双重挑战的回应》,《中山大学学报(社会科学版)》1991年第1期。

历史背景之中,龚自珍、魏源、林则徐等一批具有先进思想的爱国之士,提出了"师夷长技以制夷"这一具有时代气息的主张,并努力建立"经世致用"的教育价值观。龚自珍对此曾指出:"展布有次第,取舍有异同,则不必泥乎经史。"① 他们努力为传统教育注入新鲜的血液。随着"西学"的不断输入,人们的视野逐渐扩大,开始了向西方学习的洋务运动。张之洞的教育思想对晚清中国教育的发展有着深刻的影响,尤其他的名著《劝学篇》曾轰动一时。他试图调和中西学之争,将中西学融合于"中学为体,西学为用"的框架之中,提出了一个相对完整的近代教育方案,概括而言即:以开民智为教育功能,中西兼学,引进西方近代学制。

甲午战争前,一批具有资产阶级维新思想的早期改良派已经形成,他们深化了对"西学"的认识,突破了洋务派器物的界限,实现了由学习西方的器物到学习西方的制度的飞跃,超越了洋务派和"中体西用"的思维模式。这一时期以康有为、梁启超、严复为代表。康有为宣称"人类平等是几何公理"②,倡导人的自主意识和独立意识;梁启超强调教育应有明确的宗旨,培养具有"公德""国家思想""权利义务""自由""自治""进步""自尊""合群""毅力""尚武"等品质的"新民";严复十分赞赏西方的实业教育精神,"实业教育者,专门之教育也",甚至将它看作是治疗旧中国的良方:"中国今日自救之术,固当以实业教育为最急之务。"③

甲午战争打醒了还在做"天朝大国"美梦的中国人,以孙中山为代表的资产阶级革命派要求废除旧式私塾,创办新式学堂,培养各种有用的人才,使得中国"庠序学校遍布国中,人无贵贱皆奋于学"④。并为后期"五四运动"以及国人的思想解放运动奠定了基础。使得中国的教育在教育观念、价值体系、社会心理等方面发生了翻天覆地的变化。传统"学而优则仕"的观念不再是唯一的价值取向,培养掌握各种新知识、新技术的专门人才,成为教育机构追求的目标。中国的教育开始与世界教育接轨,吸纳"西学",传承国粹。

二、科举制的废除

科举取士是隋唐以后封建王朝选拔人才的主要途径,但行之已久,积弊日深,士子将其作为获取功名的工具,不复关心社会发展和国家命运。在传统教育体制下,学校将教育单纯服务于科举取士,完全成为科举制度的附庸。自晚

---

① 龚自珍:《龚自珍全集·对策》,上海人民出版社,1975,第117页。
② 康有为:《康有为全集·实理公法全书(第一集)》,上海古籍出版社,1987,第279页。
③ 严复:《严复集·实业教育(第一册)》,中华书局,1986,第203-204页。
④ 孙中山:《孙中山全集·上李鸿章书(第一卷)》,中华书局,1981,第8-9页。

明以来,批评科举与八股的言论日趋尖锐,龚自珍在揭露科举制度的弊端时曾指出:"今世科场之文,万喙相因,词可猎而取,貌可拟而肖,坊间刻本,如山如海,四书文禄士,五百年矣;士禄于四书文,数万辈矣,既穷既极。"①清末,科举制度已经走到了穷途末路、日薄西山的境地。甲午战争失败以后,资产阶级维新派人士对科举制度的抨击尤为激烈。康有为一针见血地揭露:"中国之割地败兵也,非他为之,而八股致之也。"②梁启超指出:"欲兴学校、养人才,以强中国,惟变科举为第一义。"③严复更是抨击八股的三大危害是"锢智慧""坏心术""滋游手",他认为:"救之之道当如何?"曰:"痛除八股而大讲西学,则庶乎其有鸠耳。"④关注中国前途命运的士人无不呼吁改革科举制度。但是行于文笔的言论始终无法战胜千年历史所造成的巨大的、历史的惰性。清政府虽然有变革科举制度的意向,却因"未有良法美意以善其后"⑤而无可奈何。《辛丑条约》的签订使清王朝处于民族矛盾和阶级矛盾更为激化的境地,最高统治集团为了自救而广求人才,只得再次改革科举制度,由此清政府正式拉开了变革科举制度和教育政策的帷幕。

但科举制度的废除不是一蹴而就的,而是需要一个过程。大致来讲前后共经历了四个阶段:第一阶段为舆论准备,即通过有识之士的揭露和抨击,加强世人对科举制度弊端的认识。第二阶段为改变科举考试的内容,如1901年8月光绪帝上谕:改革科举考试内容,"一切考试均不准用八股文程式"⑥。第三阶段为递减科举员额,如1903年3月,张之洞、袁世凯上书疾呼废科举,要求确定科举的最后期限,具体步骤和时间表,并提出按科举递减的方案,"学政岁科试分两科减尽,乡会试分三科减尽"⑦。之后,张百熙、荣庆、张之洞按此方案拟定了《递减科举注重学堂折》,"请自下届丙午科起,每科分减中额三分之一。俟末一科中额减尽以后,即停止乡会试",于1904年1月13日与《奏定学堂章程》同时奏呈,并获得批准。按照此方案,科举将于十年后停止,但是时代对新学人才的热望已使部分官僚感到时不我待。时隔不到两年,袁世凯、张之洞等各省督抚会奏立停科举以广学校,说明停科举与发展新式教育的关系:"科举一日不停,士人皆有侥幸得第心理,以分其砥砺实修之志。民间更相率

---

① 龚自珍:《龚自珍全集》,中华书局,1968,第344页。
② 康有为:《康有为诗文选·请废八股试帖楷法试士改用策论折》,广东文学出版社,1958,第74页。
③ 陈学恂:《中国近代教育文选》,人民教育出版社,1983,第139页。
④ 陈学恂:《中国近代教育文选》,人民教育出版社,1983,第191页。
⑤ 可参见,《皇朝纤世文编》卷57《议时文取士疏》,转引自周积明等:《中国社会史论》上卷,湖北教育出版社,2000,第804页。
⑥ 朱有瓛:《中国近代学制史料(第二辑上册)》,华东师范大学出版社,1986,第129页。
⑦ 朱有瓛:《中国近代学制史料(第二辑上册)》,华东师范大学出版社,1986,第108页。

观望,私立学堂者绝少,又断非公家财力所能及,学堂绝无大兴之望。"①第四阶段为废止科举制度。最终,科举制度于1905年在直隶总督袁世凯、盛京将军赵尔巽、湖广总督张之洞、两江总督周馥、两广总督岑春煊、湖南巡抚端方的联合奏请下废止。"欲补救时艰,必自推广学校始。而欲推广学校,必自先停科举始"②。科举制度的废除为新式教育以及新式学堂的开展奠定了强有力的基础,与此同时,也呼吁新式教师的产生。

三、有识之士对小学教育重要性的认识

最早提倡重视基础教育代表性人物是郑观应,他强调要广设学堂,学习"西学"。他介绍了西方的学校体系:一、初学(即小学)收7岁至14岁儿童入学,粗习天算、地理、史志和外国语言文字;二、中学;三、大学。他认为中国"欲制胜于人"必须研究西方教育,并以其为模式改革传统教育。他仿照资本主义教育制度,设想中国文、武学堂分为大、中、小三等。"设于各州县者为小学,设于各府省会者为中学,设于京师者为大学。"③郑观应在小学堂兴办方面的设想是比较具体和详细的,模仿西方教育制度,制订符合国情的教育制度,使中国的学制系统化。李端棻提出各省学堂应特派绅士督办,特别在提到小学堂时认为"……小学堂亦当一律设立,以为培养人才之本。惟事属创造,首贵得人,各督抚就省在籍绅士中,选择品学兼优能孚众望之人,派令管理各该学堂的一切事宜,仍随时秉承督抚认真办理"④。这里强调了要选拔优秀人才兴办小学教育。1902年,梁启超批评了当时只重视高等教育和中等教育而忽视初等教育的做法,他认为:"求学譬如登高,不经初级而欲飞升绝顶,未有不中途挫跌者。"⑤他又说:"新教育养成一种特色之国民,使结团体,以自立竞存于列强之间,不徒为一人之才与智云。"⑥他积极倡导教育普及,并且认为只有使人人都成为国家的有用之才,全国人民才能团结一心,共同发展,并在抵御外侮中并肩战斗。和梁启超同时代的康有为也大力倡导基础教育,其在《请开学校折》言:"吾国周时,国有大学、国学、小学等,乡有党庠、州序、里塾之分,教法有诗书、礼乐、戈版、羽、言说、射御、书数、方名之繁,人自八岁至十五岁,皆入大小学。万国立学,莫我之先,且备矣,后世不立学校,但设科举,是徒因其生

---

① 朱有瓛:《中国近代学制史料(第二辑上册)》,华东师范大学出版社,1986,第110页。
② 舒新城:《中国近代教育史资料(上册)》,人民教育出版社,1961,第63-64页。
③ 朱有瓛:《中国近代学制史料(第一辑下册)》,华东师范大学出版社,1986,第12页。
④ 汤志钧:《中国近代教育史资料汇编·戊戌时期教育》,上海教育出版社,1993,第56页。
⑤ 梁启超:《饮冰室合集文集之九(第1册)》,中华书局,1989,第39页。
⑥ 梁启超:《饮冰室合集文集之四·论教育当定宗旨》,中华书局,1989,第52页。

而有之，非有以作而致之，故人才鲜少，不周于用也。"①他站在中国教育史的角度说明中国古代已经有系统的学校教育，科举出现后，这种教育形式受到制约。而现在科举制的存在已不能满足时代发展对人才的要求，兴办初等学堂已成为当务之急。

清末有影响力的官员刘坤一、张之洞也都认为世界各国富强的原因在于基础教育发达，在1901年他们强调中国应兴办初等教育"窃谓中国不贫于财而贫于人才，不弱于兵而弱于志气。人才之贫，由于见闻不广，学业不实；志气之弱，由于苟安者无履危救亡之远谋，自足者无发愤好学之果力，保邦致治，非人无由"②。"德之势最强、而学校之制，惟德最详；日本兴最骤，而学校之数，在东方之因为最多。兴学之功，此其明证。其学校教法，大率少年者先入小学堂，先教以浅近文理、算法、史事、格致之属。小学堂又分初等高等两种，小学毕业后，选入中学堂"③。在此，他们把德日的富强和教育联系在一起，中国若想富强，在未来就必须借鉴强国经验，大力兴办新式小学堂。

大力兴办新式小学堂必然需要大量新式小学教师，分析清末新式学堂教师的来源，可从新式学堂的兴起与发展来看。

首先，新式学堂的兴办始于洋务运动，教师早期新式学堂的群体大致由两类人组成：一类是洋教习，洋务学堂聘请外国人教授西方语言文字以及格致、采矿等自然科学课程和实用制造技术；一类是汉教习，即聘请德才兼备的饱学之士讲授经史子集等传统"中学"的课程。

其次，甲午战争后，戊戌维新思潮的兴起，新式学堂大量兴办，此时教师主要源于三个群体：一是留学生，清末新政，颁布新学制以后，大量留日学生回国，他们于是就自然而然地在各级各类新式学堂中担任教师。二是旧式文人，科举制度的废除，迫使大量的传统人士为了生计涌入新式学堂。三是受时代影响，一部分人不再固守于八股时文开始在一定程度上关注经世致用甚至"西学"，他们成为新式学堂教师群体当中的一个组成部分。

最后，由于大量新式学堂的兴办，师资短缺的情况日益突显，迫于形势，清政府在癸卯学制中提出建立中国独立的师范教育体系，以培养师资。在政府的鼓励措施下，师范教育发展势头良好，教师队伍中的师范毕业生逐渐增多，逐渐成为新式学堂教师群体的主力军。

---

① 舒新城：《中国近代教育史资料（上册）》，人民教育出版社，1961，第149页。
② 舒新城：《中国近代教育史资料（上册）》，人民教育出版社，1961，第47页。
③ 舒新城：《中国近代教育史资料（上册）》，人民教育出版社，1961，第48页。

综上所述,清末新式学堂的教师群体构成的来源大致有四个方面:旧式文人、留学生、新式学堂的毕业生以及外国教习。而制度化、规模化地培养新式教师才是促进制度化、大众化、普及化小学教育开启和发展的必由之路。

第二节 清末小学教师教育制度

19世纪末,正当日本和欧洲列强为瓜分中国而矛盾重重的时候,美国抛出"门户开放"政策,相继被各国接受。这一政策旨在将中国变成一个完整的、稳定的世界市场,起到了协调各国在华利益、纠集各国力量共同对付中国政府和人民的作用。1900年,在英、法、德、意、奥、日、俄等国联军的大举进攻下,天津、北京相继沦陷,慈禧太后挟光绪帝和一批王公大臣仓皇西逃,侵略者的炮火再一次强烈震撼了中国朝野上下。在严酷的时势逼迫下,1901年1月29日,慈禧太后以光绪帝的名义在西安颁布了"预约变法"的上谕,承认"世有万古不变至常经,无一成不变之治法",指令"军机大臣、大学士、六部九卿、出使各国大臣、各省督抚,各就现在出现的情形参酌中西政要,举凡朝章国故、吏治民生、学校科举、军政财政,当因当革,当省当并,或取诸人,或求诸己……各举所知,各抒己见,通限两个月内详悉条议以闻"。[①] 这揭开了清末新政的序幕。之后陆续有关于教育改革的奏章呈报,清廷也出台了一些变科举、兴学校的措施。

一、优先发展师范教育,为新式教育奠定基础

优先发展各类师范教育是新政时期教育改革的侧重点。1902年,清政府正式下令恢复京师大学堂。在此过程中,管学大臣张百熙特别强调师范教育的重要性,认为"学堂开设之初,欲求教员,最重师范"[②]。因此,他优先设立师范馆,并且制定了《师范馆章程》。1903年,张之洞入朝主持学制的修订,把优先发展师范教育的政策进一步引向深入。在张百熙、张之洞、荣庆联名上奏的《重订学堂章程折》中,针对前期的师范教育"系仅就京城情形试办,尚属简略"的状况,再一次明确指出"办理学堂,首重师范"。[③] 这种教育理念在颁行全国的《奏定学堂章程》中得到集中反映:师范学堂意在使全国中小学堂各有师资,实为各项学堂之本源,办学堂者入手之第一义,宜首先急办师范学堂。可以

[①] 可参见,《光绪政要》卷二十六。
[②] 舒新城:《中国近代教育史资料(上册)》,人民教育出版社,1961,第63页。
[③] 朱寿朋:《光绪朝东华录》,中华书局,2016,第5411页。

说,清政府制定了有关师范教育的具体法规,即各级师范学堂的施行章程,命令各省"应急按照限定初级师范学堂、优级师范学堂及简易师范科、师范传习所各章程办法迅速举行"①,从而使师范教育自成体系,并趋向系统化。

清政府如此着力于师范教育,是因为它意识到中国教育不振的根源在于师资缺乏。为了尽快解决这一问题,清政府根据当前的实际情况,提出了培养师资的多种途径。在《学务纲要》中规定:有条件的省份应按照章程迅速举办初级、优级师范学堂,条件不足的省份可以先办简易师范科、师范传习所;至于"无师范教员可请"的省份,"速派人到国外学师范教授管理办法。分别学俗称科师范若干人,学完全师范科若干人,现有师范章程刊布通行,若有速成师范生回国,即可依仿开办,以应急需而立规模"。② 由此可见,相对以往僵化的办学方式和单一的教学模式,这一时期的教育政策具有一定的灵活性。

师范教育是整个教育的母体和发展前提,任何学校的发展都需要大量高质量、高素质的师资,唯有优先发展师范教育,才能使普通教育和职业教育等得到迅速有效地发展。

二、着力发展中等师范教育,弥补基础教育师资欠缺

中国传统的教育模式是为科举制度服务的,是为了培养未来的官僚队伍,即所谓的"精英教育",这种教育模式并未把普及国民知识、开启民智作为教育目标。近代以后为了适应形势的需要,统治集团内部的洋务派官员兴办了一批新式学堂,但几乎都以培养洋务人才为目的,重视的只是专业技术教育。到了清末新政时期,清政府才开始认识到国民教育的重要性,对普通国民教育逐渐予以重视。

1901年,清政府谕令全国各地传统书院设学堂,发展普通教育。1904年的《奏定学堂章程》也明确指出,"开通国民知识,普施教育,以小学堂为最要"③。国民文化素质高低,关系到国家的强弱盛衰,应以小学堂为基础,大力发展国民教育。该章程要求,初等小学堂大县城至少设三所,小县城至少设二所,各县著名大镇必须设一所,高等小学堂则"以培养国民之善性,扩充国民之知识,强壮国民之气体"为宗旨。此处虽未明确规定国民义务教育,但在初等小学堂入学年限的具体规定中,已详细介绍了外国实行"强迫性"教育的十条规则,并要求各地官绅及学生家长"家劝户勉,总期民皆知学"。

---

① 可参见,《奏定学堂章程·学务纲要》湖北学务处本,第2-3页。
② 可参见,《奏定学堂章程·学务纲要》湖北学务处本,第3-4页。
③ 可参见,《奏定学堂章程·学务纲要》湖北学务处本,第12页。

1901年，清王朝为了缓和国内外日益激化的矛盾，进行了一次自上而下的改革运动，由此开始了晚清"新政"时期。改革的内容涉及政治、经济、法律、军事等诸多方面，改革传统教育内容是其中最重要的方面。废除了科举制度，建立近代学制是"新政"时期教育的巨大进步。"新学制"的颁布使小学教育有了统一的宗旨，教学内容、教材、教学组织形式、教学方法以及管理规章都有了较为严格的标准和要求。① 表明清政府的教育理念与政策正处于转轨的关键点，其目标已"不在造就少数之人才，而在造就多数之国民"②。

清末"新政"启动后，出于对培养教员，尤其是培养小学教员急切性的认识。一些有识之士尝试建立了以培养小学教员的师范学堂，如武昌师范学堂、通州师范学校等，在"壬寅学制"公布前后，又有保定师范学堂、贵州公立师范学堂、湖南的三路师范学堂等建立。在全国范围内拉开了兴办中等师范教育的帷幕。

1904年1月颁行的"癸卯学制"对中等师范教育的发展而言具有重要的意义。其中"初级师范学堂，造就小学之师范生，尤为办学堂者入手第一要义"体现了政府对师范教育的重视。《奏定初级师范学堂章程》以法令形式对初级师范学堂各方面做了比较全面的规定，如各州县需设立初级师范学堂，经费由地方自筹，允许民间办理等，这在一定程度上调动了社会办学的积极性，从而促进了中等师范教育的发展。如江苏师范学堂（1904）、两湖总师范学堂（1904）、浙江两级师范学堂（1905）、四川通省师范学堂（1905）、北洋师范学堂（1906）等都在此时得以建立和发展。

这一时期，依照学制章程的有关规定，以培养小学教员为宗旨的中等师范教育机构，在实际中主要有初级师范学堂和师范传习所。

初级师范学堂的培养目标是培养高等小学堂和初等小学堂教员，属于中等师范教育的性质。

办学规模："为小学教育普及之基，须限定每州县必设一所。"③但创办之初，可先在各省城暂设一所，然后各州县逐渐仿照办理。初级师范学堂设完全科，但为适应普及小学教育的需求还可设简易科，待完全科毕业有人，简易科即酌量裁撤。师范生人数暂定为省城300人为足额，各州县150人为足额，学班视学生人数而定，每班以60人为限。

入学资格：学生的入学资格应为高等小学毕业生，但当时的小学教育尚未

---

① 舒新城：《中国近代教育史资料（上册）》，人民教育出版社，1961，第63页。
② 舒新城：《中国近代教育史资料（中册）》，人民教育出版社，1961，第742页。
③ 舒新城：《中国近代教育史资料（中册）》，人民教育出版社，1961，第665页。

成体系,因此,允许各地暂从已有的贡、廪、增、附、监生中招收品行端谨、文理优通、身体健全者。其中,完全科学生年龄为18岁以上,25岁以下;简易科学生年龄为25岁以上,30岁以下。

学习年限:完全科5年毕业;简易科1年毕业。

课程设置:完全科设修身、读经讲经、中国文学、教育学、历史、地理、算学、博物、物理及化学、习字、图画、体操等12科,还可视地方情形加授外国语、农业、商业、手工之中的1科或数科;简易科设修身、中国文学、教育学、历史、地理、算学、格致、图画、体操等9科。

学费:办学经费由各地筹款备用,师范生无须交纳学费,但各学堂经地方长官批准后,也可视情形招收一定数额的自费生。

服务年限:凡初级师范学堂毕业生,皆有充当小学教员的义务。官费毕业者,完全科生服务6年,简易科生服务3年;私费毕业者,完全科生服务3年,简易科生服务2年。

教员资格:政教员"以将来优级师范毕业考列最优等及优等,及游学外洋寻常师范毕业得有优等文凭及毕业文凭者充选。暂时只可择游学外洋毕业生,曾考究教育理法者充之,不必定在师范学堂毕业;或择学科程度相当之华员充之亦可"[①]。

此外,学堂得设附属小学堂,供学生教育实习,还应设预备科、小学师范讲习所和旁听生。预备科招收欲入师范学堂而普通学历未达到高小毕业者,补习之用;小学师范讲习所招收学力不足的在职小学教员,这可视作在职教师培训的萌芽;旁听生"以便乡间老生寒儒,有欲从事教育者来学堂观听,即可便宜多开小学"[②]。

1904年,《奏定初级师范学堂章程》颁行,规定"各县于初级师范学堂尚未齐设之时,宜急设师范传习所,择省城初级师范学堂简易科毕业生之优等者分往传习"[③]。1910年,因简易师范毕业生的水平不足以达到小学师资的要求,遂下令停办师范传习所。1911年,清政府宣布"预备立宪",为推动义务教育的普及,清政府在初级师范学堂内重开小学教员养成所,并对其修业年限、修业程度进行了规定,品德良好、文理知识齐备、年龄在30岁以上,50岁以下的学生均可进入传习所学习,毕业后可作为教师兴办小学。

师范传习所的开设,对于广设小学,快速弥补师资不足具有一定的意义,

[①] 舒新城:《中国近代教育史资料(上册)》,人民教育出版社,1961,第341-343页。
[②] 舒新城:《中国近代教育史资料(中册)》,人民教育出版社,1961,第666页。
[③] 舒新城:《中国近代教育史资料(中册)》,人民教育出版社,1961,第673页。

但由于生源质量参差不齐以及修业时间短暂,师范传习所的师资培养标准较低,遂根据《奏定初级师范学堂章程》规定,"俟各省城及各州县初级师范学堂毕业有人,传习所可渐次裁撤"①。

清末科举制的废除和新学制的颁布在中国近代教育史上具有划时代的意义。前者消除了新式学堂教育发展的最大障碍,后者规定了中国教育以后发展的基本框架和方向。"癸卯学制"的颁布使新式学堂有章可循,从而极大地推动了学堂教育的进展,使学堂成为现代教育的主体。而清末"新政"中对教员的培养,极大地推动了中国新式教育的发展,唤醒了国民的家国意识,进而推动了国家的进步。

综上可知,贫穷落后的中国,需要用教育来改变现状,用教育来唤醒认知,新式学堂在国内外影响的大浪潮中,如火如荼地展开,也呼唤适应新式教育的教师与之相适应。小学教育作为整个教育中的基础阶段、奠基阶段,必然需要充分发挥自己的用处,且祈愿新式小学教师与之相匹配。

清末师范教育作为中国近代教师教育的开端,是在晚清新教育的推动下,在社会有识之士的大力倡导下,以及学习国外优秀教育制度的基础上,通过清政府的政策引导而发展起来的。它不仅在数量与类型上有所发展,而且在借鉴国外与总结自身教师教育经验的探索过程中提高了质量,并形成了自身的发展特点与规律,对中国的教师教育做出了不可磨灭的贡献。

第三节 彰德师范传习所的创办及其历史意义

清末"新政"时期,在政府的大力倡导和社会各界有识之士的努力推动下,全国各地纷纷设立师范传习所、初级师范学堂等小学教师培养机构,开启了中国近代中等师范教育。其中,地方州县因陋就简、纷纷设立的"传习所"是初级完全师范学堂发展的过渡机构,亦可谓我国近代制度化小学教师培养的"急先锋",短时间内为近代制度化、大众化、普及化小学教育的迅速开启培养了大批"副教员",做出了重大的历史贡献,在中国小学教师教育发展上具有重要的历史地位。"彰德府安阳师范传习所"即是其中一员,创于光绪、止于宣统,虽使命一年,但意义重大。

一、传习所与清末小学教师教育的发展

光绪二十七年(1901),清廷颁布《兴学诏》,规定各省书院于省城者均改设

---

① 舒新城:《中国近代教育史资料(中册)》,人民教育出版社,1961,第674页。

大学堂，各府厅直隶州改设中学堂。次年，清廷又颁布《钦定学堂章程》，即"壬寅学制"。河南巡抚积极响应，立即通令省内各府、厅、州、县遵章开办各级各类新式学堂。但全省绝大多数州、县官吏对此采取延宕和抵制态度，热心兴学者寥寥无几。并且由于管理人才和师资力量的缺乏，办学举步维艰。

1902年，确山县铜川书院招收了30名官费寄宿生，开办两年后，成效不大，原因是管理人员未受教育，程度较优的学生多因年长不合格而相续出堂，学习的人逐渐减少。① 光绪二十九年（1903），清政府颁布《奏定初级师范章程》，竭力提倡各省兴办师范学堂，但在封建顽固势力的重重阻挠下，发展极为缓慢，为数寥寥的像京师大学堂及各省立高等学堂，其教习主要是外国教师，教育与中国国情不相适应，学校与社会之间形成一道鸿沟。这个时期，由于全国普设学堂而教师奇缺，引起了社会上有识之士的关注，开始认识到师范教育为一切教育之母，兴学育才也逐渐为朝野上下所重视。1903年颁布的《奏定学堂章程》（即"癸卯学制"）规定，小学师资培养机构分初级师范学堂、简易师范科、师范传习所、实业教员讲习学所四种办学层次。与此同时，1903年，河南中牟县设立小学堂，此校为新教育萌芽。但该校延聘教员讲授经史，尚无其他学科。② 新式学堂有名无实，尚未引进算学和格致等学科。光绪三十年（1904），预备立宪议起，于是清政府下诏各省罢科举，兴学堂，并以各州县设学之多寡，考察地方官成绩之优劣。把学务与官员考核联合在一起，地方官积极倡导兴办学堂，河南新式小学堂建设进入发展时期。

兴办新式小学堂，大量合格教师是提高和促进教育质量的保证，河南先在省城建立师范学堂作为地方办理师范的榜样。1905年2月，藩臬台学务处会议开办初级师范学堂文称："师范学堂为各等学堂造端之地，最关紧要。先于省城速设初级师范学堂一所，讲习教授管理诸法，以开风气而储师资。"③ 省城师范完全科建于1905年4月，并创办优级选科，终究是供不应求。提学司命南汝光道，将在道设立的初级师范改为优级选科，并在省城贡院东边偏堂宇创设第二师范学堂，招考自费学生，分简易、完全两科。④ 当政者认识到"小学教员若专饬省城培养，必不敷用"，为解决师资困难，省提学司要求"各府直州厅必设初级完全师范一堂，以供本属高等小学堂之用。并饬各州县劝学所附设教育讲习科，酌增科目，订明毕业期限，广收老儒寒士，造就最多数之蒙小学教

---

① 可参见，民国《确山县志》卷14。
② 可参见，民国《中牟县志》石印本卷三人事。
③ 可参见，河南省教育志编辑室：《河南教育资料汇编清代部分》，1983，第188页。
④ 可参见，《河南教育官报》，第28期，《河南教育资料汇编清代部分》，第5页。

员,庶各属师范,不患缺乏"①。

在此背景下,河南师范学堂开始建立,河南创办的初级师范学堂分为两类:一是完全科,称为初级师范学堂,学制5年;二是简易科,学制1年。初级师范学堂招收高等小学堂的毕业生,主要目的是为初等小学堂和高等小学堂培养教职员。此外,还设置有简易的师范传习所,其学制为10个月,主要是为初等小学堂培养教员。1905年,河南开封设立了河南师范学堂,为了弥补师资的缺乏,先招师范简易科。同时,汝南光道朱寿镛在信阳创办了豫南师范学堂,汝宁府知府李汝珍在汝阳创办了初级师范学堂。② 1909年,陈州府知府在陈州创办了初级师范学堂,许州知州在许州创办了初级师范学堂。当时,除了在省城和一些府厅直隶州先后创办初级师范学堂,各州县一般都创立了师范简易科和师范传习所。根据1908年的统计数据,当时河南有初级师范学堂11所,其中,初级师范完全科3所,初级师范简易科8所,在校学生798人;师范传习所103所,几乎达到每州县1所,在校学生4598人。③ 由此可见,传习所是最主要的培养小学教师的师范教育机构。

随着河南废科举、兴学堂的推进,光绪三十一年(1905)以后,安阳的高等小学堂、初等小学堂及两等小学堂和中学学堂逐渐普遍设立,至宣统三年(1911),安阳公建有官立、公立、私立初等小学堂94所。这些小学堂的教员,一部分是塾师和书院主讲改任;一部分为教堂传教士和聘请的外籍教员担任。那些塾师先生虽然品学兼优,但思想老化,教法老套,不适应新学堂教学;外籍教员,只懂得西方的学问,而不懂得中国的学问,教学与中国国情格格不入。由于小学数量的增加,教员缺额严重,培养大量合格的小学堂的教师已迫在眉睫。

光绪二十四年(1898),彰德府知府许葆莲遵省府通令,即将昼锦书院改建为昼锦学堂,并将书院生员94人改组为正副两个班,学堂有教职员11人,年支经费银5930两。昼锦学堂的建立,标志着安阳新式教育的开始。光绪三十一年(1905),河南废除科举。"中学为体,西学为用"的办学指导思想和新式教育宗旨,促进了河南新式教育的发展。④

同年4月,河南抚部陈奏开办河南师范学堂折中记载:"窃维人才之出,不外乎学堂,教育之方,莫先于师范。""河南痛省共一百零七厅州县,即就每处设高等小学一所,计这已需教员百余人。况尚有初等教学及公立、私立各小学,

---

① 可参见,《河南教育官报》,第41期,《河南近代教育资料汇编清代部分》,第3页。
② 可参见,河南省教育志编辑室《河南教育资料汇编:民国》,1984,第47页。
③ 可参见,河南省教育志编辑室《河南教育资料汇编:清代》,1983,第99页。
④ 安阳师范学院校史编写组:《安阳师范学院校史(1908—2008)》,高等教育出版社,2009,第3-4页。

需用教员尤多,是造就小学师资,诚为刻不容缓。"

二、创立彰德师范传习所

在清末地方小学教师教育中,传习所是其中的中坚力量。光绪三十年(1904)七月,彰德府知府岑万煦筹划捐助经费,聘请中、西教员对昼锦学堂进行整顿,又招生三个班,将昼锦学堂改为彰德府中学堂。同年,赵锜将安阳县城小颜巷中段的后渠书院改建为安阳县官立高等小学堂。小学堂的教职员6人,学生81人,年支经费1 000两。1909年,知府顾家相在彰德中学堂筹划建筑4处,食堂1处,并修整操场,添置理科仪器,同年扩招一个班。同年,将设在钟楼巷通判署西院的彰德府官立两等小学堂改称为尚志两等小学堂。之后,彰德府所辖各县、乡一批官立、私立中学堂相继创办,彰德府安阳师范传习所,就是在这种背景下开始创办的。彰德府的初级师范教育,创始于清光绪三十四年(1908),起初为师范简易科,称为师范传习所或讲习所。

据《河南教育官报》第61期、62期记载,安阳设立师范传习所始于光绪三十四年(1908)。初有学生54人,宣统元年(1909)发展到100人。按《奏定学堂章程》规定,学生入学资格多为高等小学堂毕业生。教学内容以中国经史为主,以忠孝为本;教学方法仍然沿袭旧教育的一套模式;学制为10个月至1年,属师范简易科,学生毕业后可以担任小学"副教员"。创办师范传习所的目的是为了补充小学师资的严重缺额,也是储备小学堂师资的权宜之计。光绪三十四年(1908)2月,省府通令各府、厅、州、县,酌裁师范传习所,以腾节款项,设立师范讲习所。

彰德师范传习所作为地方师范教育培养机构的代表之一,其办学宗旨、学制规定、毕业生义务以及课程设置主要是跟随政府大方向的引领,其内容表现如下。

(一) 办学宗旨

1905年12月,清政府设立了学部。学部在《奏请宣示教育宗旨折》中提出了"忠君""尊孔""尚公""尚武""尚实"的教育宗旨。所谓"忠君",即"使全国学生每饭不忘忠义,仰先烈而思天地高厚之恩,睹时局而深风雨飘摇之惧,则一切犯名干义之邪说皆无自而萌"。所谓"尊孔",即"务使学生于成童以前,即已熏陶于正学,涉世以后,不致渐渍于奇衺;国教愈崇,斯民心愈固"。所谓"尚公",即"务使人人皆能视人犹己,爱国如家"。所谓"尚武",即"凡中小学堂各种教科书,必寓军国民主义,俾儿童熟见而习闻之……而尤时时易以守秩序,养威重,以造成完全之人格"。所谓"尚实",就是崇尚经世致用之学,即"凡中小学堂所用之教科书,宜取浅近之理与切实可行之事,以训谕生徒,修身、国文、算术等科,皆举其易知易从者,勖之以实行,课之以实用……且时导学生于近地游行,以为实地研究之助,与汉儒之实事求是,宋儒之即物穷理,隐相符合"。① 这五条教育宗旨贯穿着"中学为体、西学为用"的思想,目的是引导教育事业培养忠实于清政府的人才,以此来维护和巩固清政府的统治。

图1-1 彰德府安阳县师范传习所旧址(学校档案馆)

在遵照清政府教育宗旨的前提下,河南地方当局结合地方实际确立了河南的教育宗旨,用以引导河南省的各级各类教育。河南废除科举制度后,新式教育宗旨是按照清政府《奏定学堂章程》来执行的。河南学务公所成立后颁布的《河南学务公所章程》中规定:"本公所以学部奏定之忠君、尊孔、尚公、尚武、尚实,各条为宗旨。本公所以普及教育,养成国民之道德、智识、技能为成绩。"②具体而言,河南省的初级师范学堂要以"派充高等小学堂及初等小学堂二项教员焉;以习普通学外,并讲明教授管理之法为宗旨"。③

---

① 舒新城:《中国近代教育史资料(上册)》,人民教育出版社,1961,第221页。
② 可参见,河南省教育志编辑室:《河南教育资料汇编:清代》,1983,第115页。
③ 舒新城:《中国近代教育史资料(中册)》,人民教育出版社,1961,第665页。

（二）学制规定

"癸卯学制"对中等师范教育的学制，做了详细的规定，河南的中等师范教育也是遵照这一学制建立起来的。按照规定，每州县都必须设立一所初级师范学堂，但是在刚开办的时候，由于师资力量所限，可以在省城先设立一所。待省城优级师范学堂有学生毕业，能够去初级师范学堂任教以后，再在各州县陆续开办。省城初级师范学堂刚设立的时候，应当在完全科之外另设简易科，以备急需。各州县的初级师范学堂在还没有完全设立的时候，应当设立师范传习所，挑选省城初级师范学堂简易科的优秀毕业生去任教。师范传习所招收的对象为"凡向在乡村市镇以教授蒙馆为生业而品行端谨、文理平通、年在三十以上五十以下者，无论生童，均可召集入学传习"，学习期限为十个月。等到省城和各州县初级师范学堂培养出毕业生之后，"传习所可渐次裁撤"①。省城初级师范学堂招收对象为"本省内各州县之贡廪增附监生"，州县初级师范学堂招收对象为"本州县内之贡廪增附监生"。初级师范学堂学生还需要符合以下资格，"品行端谨，文理优通，身体健全"②。对于初级师范学堂学生入学的年龄，完全科的学生应当在18岁以上25岁以下，学习年限为5年；简易科学生的入学年龄"须年在二十五岁以上三十岁以下者"③，学习年限为1年。彰德师范传习所作为中等师范教育中的师范简易科的代表，主要招收二十五岁以上，三十五岁以下者，其学制为十个月至一年。

（三）毕业生义务

对于初级师范学堂的学生在毕业后需要承担相应的义务服务。"省城初级师范学堂毕业生，应有从事本省各州、县小学堂教员之义务；州县初级师范学堂毕业生，应有从事本州、县各小学堂教员之义务。"④但是，初级师范学堂的毕业生"如有不得已事故，实不能尽效力义务者"，需要由当地的州县官员查明情况，然后据实奏报本省的督抚，由督抚批准后，可以免除义务服务。对于毕业之后不愿意承担从事教员工作义务服务的学生，或者"因事撤销教员凭照者"⑤，应当勒令他们缴纳上学期间学校所补偿的学费。由此可以看出，当时的清政府强制要求在初级师范学堂毕业的学生，必须担负相应的教学服务，否则将给予一定的处罚，勒令其退还在学期间学校所补偿的学费。

---

① 舒新城：《中国近代教育史资料（中册）》，人民教育出版社，1961，第666页。
② 舒新城：《中国近代教育史资料（中册）》，人民教育出版社，1961，第679页。
③ 舒新城：《中国近代教育史资料（中册）》，人民教育出版社，1961，第679页。
④ 璩鑫圭，唐良炎：《中国近代教育史资料汇编·学制演变》，上海教育出版社，1991，第412页。
⑤ 璩鑫圭，唐良炎：《中国近代教育史资料汇编·学制演变》，上海教育出版社，1991，第413页。

对于从事义务教员的工作年限,针对不同类别的学生有不同的规定。在校期间享受官费待遇的学生,完全科的毕业生,需要从事6年的教学工作;简易科的毕业生,需要从事3年的教学工作。在校期间费用自理的学生,完全科的学生,需要从事3年的教学工作;简易科的毕业生,需要从事2年的教学工作。在服务期内,不得从事其他行业的工作。服务期满之后,如果有意愿继续从事教员工作的,除了给予一定的奖励外,应当允许其继续担任教员。对于打算报考优级师范学堂或高等学堂而继续深造的教员,应当给予准许。[①] 彰德师范传习所作为简易科的代表之一,其毕业生的义务就是从事小学教员,以弥补小学师资的严重缺额,也是储备小学堂师资的权宜之计。

(四)课程设置

师范简易科修业年限为十个月到一年,规定有九种学习科目:修身、中国文学、教育学、历史、地理、数学、理化、图画、体操,每周36个学时。[②]

由于受地区政治、经济等条件的制约,且简易师范科毕业生程度不足以适应小学教师的需要,宣统元年(1909),清廷学部下令各省筹办初级完全师范学堂。河南省通令各府、厅、州、县,要求凡未办师范学堂者,务速遵章筹办初级完全师范学堂;原有的师范简易科一律停止招生改办初级师范完全科,彰德府安阳县师范传习所随之停办。为了弥补师资不足的现象,彰德知府顾家相在彰德中学堂之内附设1个师范班,该师范班于1914毕业,改招中学班。师范班的创办要早于传习所的创办,但是由于安阳地处中原,接收到上级的命令相对较晚,但是它跨越了清末与民国初年两个时期,也别有一番风味,为当地培养了一批师资,并在后期的社会发展中散发着自己独有的魅力。

始于光绪、止于宣统的彰德师范传习所虽然只存在一年,但是它却完满地完成了"急先锋"的历史使命,开创了安阳小学教师培养的先河,培养出了一批新式小学教师,有力地推动了安阳制度化、大众化、普及化的近代小学教育的顺利开启和发展。彰德师范传习所同时开启了安阳师范学院小学教育专业112年发展史,在安阳教育发展史,特别是小学教师教育发展史上具有"开天辟地"的历史意义。

---

① 琚鑫圭,唐良炎:《中国近代教育史资料汇编·学制演变》,上海教育出版社,1991,第413页。
② 崔运武:《中国师范教育史》,山西教育出版社,2006,第39页。

第二章　曲折发展　安阳县立师范学校

纵观中国千年的发展,任何历史事件都并非单独、零星的存在,民国时期的教师教育也不例外,它承袭了清末时期教师教育的成果,在北洋军阀时期得到充实与完善,在南京国民政府时期得以成型和确立。悠悠四十余载的历史进程,漫漫几代教育人的探索追求,民国时期的小学教师教育也在曲折中得以发展。

第一节　民国期间我国小学教师教育发展概要

民国四十余载,在历史的长河中不过是沧海一粟,而在当时的中国社会中,却演绎出波云诡谲、繁复多变的多样色彩。在这样一个特殊时期,教育作为社会变迁中不可忽视的重要因素,也被烙上了时代的印记。

一、民国初年的小学教师教育

1911年,辛亥革命推翻了清王朝的封建统治,以孙中山为首的南京临时政府,为进一步推进资产阶级思想传播,增强国家实力,在国家建设的各个方面,进行了大量革故鼎新的改造。教育方面,在第一任教育总长蔡元培的领导下,开始对清末学制制定的"忠君、尊孔、尚公、尚武、尚实"的教育宗旨进行修正。蔡元培于1912年2月发表了《对教育方针之意见》,批判了"忠君、尊孔、尚公、尚武、尚实"的教育宗旨,认为"忠君与共和政体不合,尊孔与思想自由相违"[1]。1912年7月,临时教育会议在北京召开,全国教育改革的序幕由此拉开。1912年9月,以"注重道德教育,以实力教育、军国民教育辅之,更以美感教育完成其道德"[2]为主要内容的教育宗旨公布,具有鲜明的反对封建主义、发展资本主义的时代特征,为设定初小学教育模式以及培养小学教师提供了方向性指导。

1912年1月19日,南京临时政府教育部通电各省颁行的《普通教育暂行

---

[1] 朱有瓛:《中国近代学制史料(上册)》,华东师范大学出版社,1990,第97页。
[2] 舒新城:《中国近代教育史资料(上册)》,人民教育出版社,1961,第226页。

办法》中,在从质的方面对师范教育体制进行了重新规定的同时,也对清末的中等师范教育制度进行了改革。如中等师范学校学制改为4年,废除奖励出身,师范学校毕业者称为师范学校毕业生。在同日公布的《普通教育暂行课程标准》中将师范教育的科目定为:修身、教育、国文、外国语、历史、地理、博物、理化、法制、经济、习字、图画、手工、音乐、体操,废除了清末的读经课。这些对师范学校修业年限和课程等规定,构成了日后正式师范教育法规的一个基本格局。

1912年9月,教育部颁布了《师范教育令》,同年12月颁布了《师范学校章程》。1913年3月颁布了《师范教育课程标准》。

（一）培养目标

师范学校以培养小学教员为目的,女子师范学校以培养小学教员和蒙养园保姆为目的。

（二）教育要旨

1. 要使"谨于摄生,勤于体育",以培养健全的身体;
2. 要使"富于美感,勇于德行",陶冶性情,锻炼意志;
3. 要使"明建国之本原,践国民之职分",养成爱国家、尊法宪之教员;
4. 要使"尊品格而重自治,爱人道而尚之志趣",以养成独立、博爱之教员;
5. 要使"究心哲理而具高尚之志趣",以培养其世界观与人生观;
6. 要使其"悟施教之方";
7. 所有教材"务切于学生将来之实用";
8. 要使"锐意研究,养成自动之能力"。[①]

（三）学校设置

师范学校以省立为原则,经费由各省提供。如因特殊情况,可酌情设立县立师范学校,或者两县以上联合设立师范学校。个人或社团具备条件者也可申请开办私立师范学校。县立的私立师范学校需经省教育行政长官呈请教育部核准。

（四）组织机构

师范学校设本科和预科。本科又分第一部和第二部。所谓第一部,即清末的完全科;第二部,即简易科(可视地方情形决定是否设置)。

[①] 琚鑫圭,唐良炎:《中国近代教育史资料汇编·学制演变》,上海教育出版社,2006,第687－688页。

（五）入学资格

师范学校预科招收身体健全、品行端正，高等小学毕业，或年在 14 岁以上具有同等学力者；本科第一部招收身体健全、品行端正，预科毕业，或年在 15 岁以上具有同等学力者；第二部招收身体健全、品行端正，中学毕业，或年在 17 岁以上具有同等学力者。

（六）学习年限

预科 1 年毕业；本科第一部 4 年毕业，第二部 1 年毕业。

（七）课程设置

预科的学习科目为修身、国文、习字、英语、数学、图画、乐歌、体操等 8 门。女子师范学校的预科加授缝纫一科，其余科目和男子师范学校的预科相同。本科第一部的学习科目为修身、教育、国文、习字、英语、历史、地理、数学、博物、物理化学、法制经济、图画、手工、农业、乐歌、体操等 15 门。此外，还视地方情形，可不设农业，或以世界语代替英语；也可设商业，或兼开农业、商业供学生选学。女子师范学校本科第一部的学习科目除以家事园艺和缝纫代替农业和商业，未设英语外，其余均与此相同。但规定可视地方情形，将英语和世界语定为选修课。本科第二部的学习科目为修身、教育、国文、数学、博物、物理化学、图画、手工、农业、乐歌、体操等 11 门。女子师范学校本科第二部的学习科目除以缝纫代替农业外，其余均与此相同。

（八）费用

师范生分为公费生、半费生和自费生三种。公费生免缴学费，并由学校供给膳宿费及杂费；半费生免缴学费，只缴一半膳宿费；自费生免缴学费，膳宿费全部自理。

（九）服务年限

师范学校本科毕业生有在本省充当小学教员的义务，其服务年限不等。男子师范学校第一部公费生须服务 7 年，半费生 5 年，自费生 3 年；第二部生服务 2 年。女子师范学校第一部公费生须服务 5 年，半费生 4 年，自费生 3 年；第二部生服务 2 年。毕业生在规定的服务年限内，经本省教育行政长官许可，可入高等师范学校学习；无故不履行服务义务者，需偿还在校时所享受的各项费用。

此外，师范学校需附设小学教员讲习科和附属小学，女子师范学校除设附属小学外，还需附设蒙养园（即幼儿园）和蒙养园保姆讲习科（为欲担任保姆者而设）。小学教员讲习科一般为小学教员进一步深造而设，分为正教员讲习科和副教员讲习科。正教员讲习科以造就小学正教员为目的,其入学资格必须为身体健全、品行端正,有初等小学副教员许可状或具有同等学力者,学习期限为2年以上;副教员讲习科以培养小学副教员为目的,其入学资格必须为身体健全、品行端正,高等小学校毕业或具有同等学力者,学习期限为1年以上。这实际上是把教师的职前培养和职后培训结合在了一起。[1]

然而事物的发展并非一帆风顺,辛亥革命后不久,革命果实就被袁世凯窃取,社会进入了北洋军阀统治时期。在这段时间,袁世凯为了复辟帝制,利用教育阵地,推行他的尊孔读经的复古主张,为其复辟帝制制造舆论。

首先,他于1912年9月发布《尊崇伦常文》,要求全国人民遵循孝悌忠信礼义廉耻的礼法。1913年6月,他发布《尊孔祭孔令》,通令全国学校恢复祀孔典礼;同年10月,又在前后炮制的《天坛宪法草案》中明令:"国民教育,以孔子之道为修身大本。"1914年9月,袁世凯发布《祭孔告令》,强调"是以国有治乱,运有隆污,惟此孔子之道亘古常新,与天无极"[2]。1914年12月,北洋政府教育部颁布《整理教育方案草案》,规定各中小学校要进行读经课程,将圣贤微言大义,发扬光大。各个学校要注重训育,以孔子为模范人物,保存固有之道德,发挥先哲之学说。1915年初,袁世凯在《颁布教育宗旨》中提出了"爱国、尚武、尚实、法孔孟、重自治、戒贪争、戒躁进"七项教育宗旨,强调教育"必于忠孝节义植其基,于知识技能求其阙",以培养"大仁、大智、大勇之国民"。[3] 随后,袁世凯在《特定教育纲要》中要求小学修身、国文两科"应将诚心、爱国、尽责任、重阅历之积极行为,与勿破坏、勿躁勿贪争之消极行为,编入德目,重量教授","准此以为训练",培养学生所谓"意志与惯性",以便将来"涉世处事"之应用。[4] 袁世凯反对民主精神的教育宗旨,要求从小就把学生培养成安分守己,不争不躁,不敢犯上作乱的顺民。民国初年的教育宗旨,也使小学纳入了复辟的道路。但这种倒行逆施的教育政策随着袁世凯的复辟失败而宣告结束。1916年10月,教育部接连发布第17、18、19、20号令,删去"读经"等内容。

但在民国初年,随着新教育的发展,政府对于中等师范教育提出了一系列措施,并对小学教员提出了严格要求。首先,对于中等师范的教育的一系列措施有:1913年4月,教育部公布了《注重师范教育实习之训令》,规定"各师范学校校长教员,对于最后学年之学生,务须按照部定时间督率指导,切实练习,

---

[1] 曾煜:《中国教师教育史》,商务印书馆,2016,第53-55页。
[2] 琚鑫圭、唐炎良:《中国近代教育史资料汇编·学制演变》,上海教育出版社,1991,第732页。
[3] 舒新城:《中国近代教育史资料(上册)》,人民教育出版社,1961,第245页。
[4] 舒新城:《中国近代教育史资料(上册)》,人民教育出版社,1961,第258页。

使学生于教授理法,得以逐渐体会,运用自如"①。1913年8月,教育部通令各县设立小学教员讲习所,加大中等师范教育规模,培养急需的小学教员。1917年2月,教育部通令师范生服务期内不得改就他职,各师范中小学教员应尽师范生任用;同年,教育部还咨各部院,要求令各行政机关不得录用服务期限内的师范生。翌年2月,教育部又通令颁布了师范生毕业后限令服务办法,规定师范学校应在师范生毕业前三个月将其履历报送各所在省主管机关以便修订计划,"以便本属师范生毕业后,即派出国民高小教员,以资服务"②。1917年,教育部通令各省师范学校,要按"其设立地点类多就地方情形,划有一定学区,"并规定各师范校长应于整理校务之外,对该学区教育"随时观察","以为改良计划之实施"。③ 这些反映了对中等师范教育改进和发展建议的教育法令,在一定程度上促进了中等师范教育的发展。

其次,对于小学教师也提出了严格要求。辛亥革命后,随着民主思想的传播和社会经济的发展,小学教育大量普及,对于未接受过师范教育或仅接受过短期师范教育训练的教师予以严格甄别,以提高教育质量自然也就提上日程。国民政府为此专门公布了《检定小学教员规程》(1916)和《施行检定小学教员办法》(1917),将小学教员的检定分为无试验和有试验两种。无试验指达到所规定的条件之一,可不再考核直接担任小学教员;有试验指达到所规定的条件之一,还需经考核合格后才能担任小学教员。无试验检定的条件为:① 毕业于中学并担任小学教员1年以上者;② 毕业于甲种实业学校并积有研究者;③ 毕业于专门学校确适于某科教员之职者;④ 曾担任小学教员3年以上经地方长官认为确有成绩者。有试验检定的条件为:① 曾在师范学校、中学校或其他中等学校修业2年以上者;② 曾任或现任国民学校或高等小学教员满1年者;③ 曾在师范简易科毕业,期限6个月以上者;④ 曾研究专门学术,兼明教育原理著有论文者。④ 1917年,直隶省教育厅公布《检定小学教员规程暨实施细则》,并于1918年设立了直隶检定小学教育委员会,把小学教员的资格分为"毋庸检定"和"无试验检定"两种,并在全省开展试验即考试检定,检定结果登报公布。对小学教师的检定,淘汰不合格教师,提高小学教师素质,对于提高小学教师质量起到了积极作用。

---

① 朱有瓛:《中国近代学制史料(第三辑下册)》,华东师范大学出版社,1992,第460页。
② 朱有瓛:《中国近代学制史料(第三辑下册)》,华东师范大学出版社,1992,第462页。
③ 琚鑫圭:《中国近代教育史资料汇编·实业教育师范教育》,上海教育出版社,1994,第805页。
④ 可参见,李友芝,等:《中国近代师范教育史资料(第2册)》,1983,第739页。

二、"五四运动"时期的小学教师教育

袁世凯倒台以后,民国政府仍处于北洋军阀集团的控制中。这一时期,军阀争权夺利,政治黑暗,连年混战,使广大民众遭受了巨大的灾难。但是,由于民国的形式仍在,这就使得民初所建立的一部分教育制度保存下来;同时由于军阀混战,暂时顾及不了对文化教育的严格控制,也使得思想上获得相当解放的教育界有研究教育、发展教育的可能。正是在这一特定情况下,随着五四新文化运动的发展,作为这一运动一个重要组成部分的教育改革运动也步步走向深入。继之,就在"五四运动"爆发前夕,教育领域里兴起了一场声势浩大的"新教育"改革运动。这场"新教育"改革运动的直接结果是形成了1922年的"新学制"(也称"壬戌学制"),其中对中等师范教育的改革对小学教师教育产生重大影响。

1922年,在新文化运动的推动下,"壬戌学制"经历了长久的酝酿和研究,正式颁布后成为我国近代史上持续时间最长,影响最深远的学制之一。"壬戌学制"在七项原则中明确规定"多留地方伸缩余地",这使得地方在中等师范教育的发展上具有较大的自主权,各地纷纷根据自己的基础和需要确立师范教育的办学模式。当时全国范围内实施中等师范教育的机构主要有四种:六年一贯制的师范学校;单独设置的后期师范学校(两年或三年);高级中学内设置的师范科;相当年限的师范学校或师范讲习科。由于第一次世界大战后,我国的城乡商品经济活跃,越来越多的民众希望自己的子女能够读书识字,接受普通教育,这就需要培养大量的小学师资才能满足广大民众的需要。而当时各省所设立的省立师范学校已经远远不能满足这一时代的需要,需要另外增设一批师范学校,不但北洋军阀不可能从匮乏的国库中划拨经费来扩大师范学校的办学规模,而且地方军阀更不愿意压缩军费开支来创办新的师范学校。"壬戌学制"规定该种设师范科的办法自然解决了这一矛盾,各省随即着手合并师范学校和中学。据统计,1922年至1928年期间,师范学校由385所减至236所,减少了38.7%;师范生从43 846人减至29 470人,减少了32.8%。而同期中学由547所增至954所,增加74%;学生从118 658人增至188 700人,增加59%。[①] 师范生数量的锐减,直接导致正规师资力量极度匮乏,未经受过正规师范训练的师资比重大大增加。当然该时期小学教师教育光彩夺目之处是乡村师范教育的兴起。20世纪20年代,随着西方各种资产阶级学说的涌入,中国掀起了平民教育、职业教育等各种教育实践活动。先进知识分子

---

① 可参见,李友芝,等:《中国近代师范教育史资料(第2册)》,1983,第802页。

开始意识到，中国以农立国，85%的人口在农村，各种教育实践活动唯有向农村发展才有强大的生命力。于是，乡村及乡村教育逐渐受人关注，乡村师范教育运动兴起。

乡村师范教育的兴起和发展是中国教师教育发展史上一个重要的里程碑，它不仅标志着我国现代乡村教育运动向纵深发展，而且意味着师范教育开始关注中国的广大农村，扩大办学渠道，贴近中国社会的现实需求，为此后乡村师范教育的制度化发展奠定基础。

三、南京国民政府时期的小学教师教育

1927年4月18日南京国民政府成立，我国小学教师教育在之后的22年间得到了进一步发展。其中1927年到1937年全面抗日战争爆发是南京国民政府统治的前期，这是师范教育演变的重要时期，也是小学教师教育演变的重要时期；1937年的全面抗战到1945年抗日战争胜利是南京国民政府统治的中期，这一时期在抗战教育政策的保证下和全社会的努力下，小学教师教育获得了长足发展；1945年到1949年新中国的建立是南京国民政府统治的后期。面对战争的摧残，满目疮痍，百废待兴，外加南京国民政府的一党专政与独裁统治，小学教师教育的发展面临严峻挑战。

（一）南京国民政府统治前期的小学教师教育

这一时期普通师范教育得以发展，最为直接的动因是教育界人士认识有所提高以及国民党政府规定的普及国民教育所形成的对小学教师大量需求的基础上，新的中等师范教育体制的确立，即有关师范教育法令法规的保证。如1932年和1933年出台的《师范教育法》和《师范学校章程》，在这两个法令之后又颁布了一些关于中等师范教育的法令。在有了中等师范教育独立设置的法令之后，最值得注意的就是关于培养师范生落脚点的中等师范教育课程的规定，其课程是在保留"新学制"有关改革优点的基础上进行的。1933年《师范学校章程》，明确规定师范学校的教学科目是公民、国文、历史、地理、算学、物理、化学、生物、体育、卫生、军事训练、劳作、美术、音乐、伦理学、教育概论、教育心理、教育测验与统计、小学教材及教学法、小学行政、实习。1934年9月，教育部正式公布了《师范学校课程标准》。这一课程标准在课程设置上仍保持了1933年所规定的21个科目，只是进一步调整了普通文化科目和教育科目的课程量，使课程内容更为充实，加强了师范专业训练，并在此后一直沿用。

1935年，教育部公布了《乡村师范学校课程标准》《简易师范学校课程标准》和《简易乡村师范学校课程标准》。同年6月，南京国民政府公布了《修正

师范学校规程》。这些规程和标准对涉及师范生培养与训练的各个重要方面，如对课程标准、训育制度、教育教学等都进行了明确规定，师范教育从办学体制、学校管理、课程设置等方面逐渐走向规范化和标准化，教师教育制度逐渐配套定型。其中涉及中等师范教育的相关规定如下。

1. 教育宗旨

师范学校遵照中华民国教育宗旨及其实施方针，以严格之身心训练，养成小学之健全师资。对师范生应实施以下训练：① 锻炼强健身体；② 陶冶道德品格；③ 培育民族文化；④ 充实科学知识；⑤ 养成勤劳习惯；⑥ 启发研究儿童教育之兴趣；⑦ 培育终身服务教育之精神。

2. 学校设置

师范学校由省或行政院直辖市设立，根据地方需要也可由县市设立或两县以上联合设立。由省市或县设立者，为省立、市立或县立师范学校，经费由各省市县支付。师范学校的设立变更及停办，由省或行政院直辖市设立者，则由省市教育行政机关呈报教育部核准后办理；由县市设立者，则由省教育厅核准转呈教育部备案。师范学校应视地方情形，分设于城市或乡村，于可能范围内应多设于乡村。各地方急需造就义务教育师资，可设简易师范学校或于师范学校内及公立初级中学内附设简易师范科，待地方小学师资足够分配，即刻停办。简易师范学校以县立为原则，应尽可能设在乡村，设在乡村的简易师范学校称为乡村简易师范学校。专收女生的师范学校称为女子师范学校，以培养乡村小学师资为主旨的师范学校称为乡村师范学校。师范学校得附设特别师范科、幼稚师范科。

3. 入学资格

师范学校及幼稚师范科均招收公立或已立案之私立初级中学毕业生，特别师范科招收公立或已立案之私立高级中学或高级职业学校毕业生。学生入学年龄为15至22岁，须入学考试及格。简易师范学校入学资格为小学毕业生，简易师范学校入学资格为初级中学毕业生。

4. 学习年限

师范学校三年，特别师范科一年，幼稚师范科两年或三年。简易师范学校四年，简易师范科一年。

5. 课程设置

师范学校的教学科目为公民、体育、军事训练（女生习军事看护）、卫生、国文、算学、地理、历史、生物、化学、物理、伦理学、劳作、美术、音乐、教育概论、教育心理、教育测验及统计、小学教材及教学法、小学行政、实习等。需要蒙回藏语或外语之特殊地方所设立的师范学校，可增加所需之语言学科，酌减其他学科或教学时数。

乡村师范学校的教学科目为公民、体育、军事训练、卫生、国文、算学、地理、历史、生物、化学、物理、伦理学、劳作、美术、音乐、农业及实习、农村经济及合作、水利概要、教育概论、小学教材及教学法、教育心理、小学行政、教育测验及统计、乡村教育及实习等。

特别师范科的课程分两种：以高中毕业生为招生对象的教学科目有国文、体育、图画、音乐、劳作、教育概论、教育心理、小学教材及教学法、小学行政、教育测验及统计、地方教育行政及教学视导、民众教育及乡村教育、实习等13门课程；以高级职业学校毕业生为招生对象的教学科目有公民、国文、体育、算学、图画、历史、地理、珠算、初中及小学应用农艺、初中及小学应用工艺、初中及小学应用商业、教育概论、教育心理、教学法、教育测验及统计、职业教育、实习等18门课程。

简易师范科的教学科目有公民、体育、卫生、国文、算学、历史、地理、植物、动物、物理、化学、劳作（农艺、工艺、家事）美术、音乐、教育概论、教育心理、乡村教育及民众教育、教育测验及统计、小学教材及教学法、小学行政、实习等21门课程。

简易乡村师范学校的教学科目有公民、体育、卫生、国文、算学、历史、地理、植物、动物、物理、化学、劳作（工艺）、美术、音乐、农业及实习、水利概要、农村经济及合作、教育概论、教育心理、小学教材及教学法、教育测验及统计、乡村教育、小学行政、实习等24门课程。

简易师范科的教学科目有体育、国文、算学、历史、地理、自然、劳作（农艺）、图画、音乐、教育概论、教育心理、小学教材及教学法、小学行政、实习等14门课程。

6. 教材使用

师范学校须采用教育部编辑或审定的教科书。教员自编教材须适合部定课程标准，并须于每学期末将全部教材送呈主管教育行政机关审核，转报教育部备案。教材选用的原则为教材要达到确定的培养目标、要适应社会的需要、要适应国家民族的需要、要适合时代的要求、要适应生活的需要、要适合发展的需要、要适合专业的需要。

7. 服务年限

师范生服务年限按其修业年限加倍计算，1935年颁布的《修正师范学校规程》改为一律三年。师范学校每届毕业生应由各省、市、县教育行政机关分配至各地方担任小学或相当学校教员。师范学校毕业生在规定服务期限内不得从事升学或教育之外职务，违者追缴学费、膳费。如是升学，仍由所升学校令其退学。但如有特殊情况,经省市教育行政机关核准者可暂缓其服务期限。简易师范学校及简易师范科学生毕业后,担任简易小学、短期小学及初级小学教员。服务期满、成绩优良者,可升入师范学校及幼稚师范科学习,但仍须入学考试及格。

8. 教员资格

师范学校教员必须品格健全,其所任教科为其所专习之学科,并于初等教育具有研究,且合于下列规定资格之一:① 经师范学校教员考试或检定合格者;② 国内外师范大学或大学教育学院、教育系科毕业者;③ 国内外大学本科、高等师范本科或专修科毕业后,有一年以上教学经验者;④ 国内外专科或专门学校本科毕业后,有两年以上教学经验者;⑤ 在有价值之专门著述发表者;⑥ 具有精炼技能者(专适用于劳作教员)。

简易师范学校的教员资格与上述规定资格大致相同,仅第三条及第四条有所改动,分别如下:国内外大学本科、高等师范专科、专修科、专科学校或专门学校毕业后,有一年以上教学经验者;与高级中学程度相当学校毕业,曾任中等学校教员有三年以上教学经验,于所教科确有研究者。

此外,师范学校为便于学生实习及实验初等教育,应于学校附近设附属小学,并附设幼儿园。附属小学应领导附近各县小学对教育问题的研究及实验,以谋改进。各省教育厅得依各省情形,将全省划分为若干师范区,每一师范区内须设师范学校及女子师范学校各一所。各省如不能设立女子师范学校,必须在师范学校内设立女子师范科。[①]

在此阶段还正式建立并实施了师范学校教师审定制度和小学教师审定制度,这一制度的实施保证和提高了师范学校的师资水平。随着蒋介石军阀集团逐步取得军阀混战的胜利,南京国民政府在全国的统治地位逐步得到巩固,使得客观上战乱减少,新制定的有关中等师范教育的法令法规在更大范围内的推行成为可能。在广大教育工作者的积极努力下,国民党统治前期的小学教师教育在规模上有所发展。到1931年,全国共有简易及简易乡师283所,在校生20 875人。到1936年,全国共有简师及简易乡师616所,在校生50 117人。短短五年间,学校数增加118%,在校生数增加140%。而同期的师范学校及乡村师范学校则由1931年的584所,在校生73 808人,降为1936年的198所,在校生37 785人。学校数减少66%,学生数减少49%,可见速成师范教育占据了中等师范教育的主导地位。但如此快速的增长模式,使得本来就捉襟见肘的师范学校师资力量难以为继,培养质量自然不高,同时,因

---

① 曾煜:《中国教师教育史》,商务印刷馆,2016,第111-114页。

为学生数量的急剧增加,教师都忙于应付教学,无暇开展教师教育理论和实践活动的研究。[1] 教育行政部门也因关注速成师资的培养以解燃眉之急,而忽视对教师教育的改革发展和长期规划,在一定程度上影响教师教育的长期发展。

(二) 南京国民政府统治中期的小学教师教育

1937年7月7日,日本策划了"卢沟桥事变",发动了对中国的全面侵略战争,中国守军奋起抵抗,揭开了全面抗日战争的序幕,在中华民族生死存亡的关头,中国共产党呼吁停止内战,一致抗日。在教育方面,南京国民政府从抗日战争的需要出发,对以前制定的各级各类教育法令、法规等做了必要的修改、补充和完善,同时还制定了一些新的规章制度,采取了一些新的办法来满足长期抗战和后方建设对人才的需要,在教育政策的保证下和社会的努力下,小学教师教育获得了一定的发展。

在全面抗战的八年中,南京国民政府从"战时需做平时看"的方针出发,出台了一系列规章条例,有力地促进了小学教师教育的发展,其改革的关注点主要有:一是按照《国立中学暂行规程》设立国立中学办法,设置了国立师范学校。二是加强对特别师范生和简易师范生的培养。三是设立简易师范学校。四是增设社会教育师范科、体育师范科、音乐师范科、美术师范科、劳作师范科、童子军师范科。有些师范科可单独设立成专门的师范学校,也可以作为一个科附设于师范学校内。五是建立边疆师范学校。由此,在全面抗战期间,中等师范学校明显增多,呈现出国立、省立或市立以及私立并存,以普通师范教育为主体,多类师范教育学校共存的比较丰富的中等师范教育格局。这些学校虽然在性质和名称上略有差别,但都是培养小学师资的机构,为小学教师教育的发展提供了相当大的空间。

在课程设置方面,上述师范学校、简易师范学校及各分科师范学校课程的设置,在基本上保持以往所形成的师范学校科目数、教学时数和专业知识与专门知识结构比例的同时,充分反映了各类师范学校的专业性质和特色,使各类师资的培养目标进一步落实。

此外,南京国民政府还在其他方面对中等师范教育体制进行了变革与加强,在对师范生毕业实习的实施与管理方面,1941年12月,教育部公布了《师范学校(科)学生实习办法》,要求各师范学校建立师范生实习指导委员会,专门负责师范生实习计划、指导和管理等,并对该委员会的组成以及师范生实习

---

[1] 曾煜:《中国教师教育史》,商务印书馆,2016,第156页。

时间、内容、场所和实习的展开、成绩的评定等做出了原则性的规定,具有极大的可操作性。① 在教师检定制度方面,小学教师的任职资格有学历限制。小学教员凡属师范学校毕业,旧制师范本科或高中师范科或特别师范科毕业,师范学院或大学教育学院教育系毕业者,均被认为具备了小学教师资格。如不具备上列资格之一者,则应受主管教育行政机关的检定,检定合格者由市教育行政机关给予检定合格证书,小学教员合格证书有效期为4年,这对小学教学质量的提高提供了有力保障。

(三)南京国民政府统治后期的小学教师教育

1945年8月15日,日本裕仁天皇广播《停战诏书》,宣布接受《波茨坦公告》所规定的各项条件,无条件投降。中国人民经过艰苦卓绝的十四年抗战终于取得了胜利。同日,教育部长朱家骅向收复区教育界发表讲话,要求其"暂维现状",听候接收。教育部电颁《战区各省市教育复员紧急办理事项》14条,要求各省市政府转饬教育厅局遵照办理。其主要内容包括:限期恢复各级教育行政机关;立即将战时临时使用的教育工作人员改派复员工作;立即派员接收敌伪各级文化教育机关;尽先接收敌伪档案,连同原有档案加以整理;迅速清理各项教育资产;令各级公立学校及社教机关一律暂维现状不得停顿;立即组织甄审委员会,甄审教育行政人员、学校教员及社教人员;在半年内恢复战前各级学校及社教机关;各级学校教科书应采用战前审定本,销毁敌伪教科书及一切宣传品。②

1946年1月,依照国民政府早日普及国民教育的政策,将收复区各省市与后方各省市相互配合,使全国各地所有学龄儿童与成年失学民众均能分别接受当时的义务教育与补习教育,教育部制定了《全国实施国民教育第二次五年计划》,该计划对小学教员做出如下规定:① 各省市应按计划估计逐年设校及所需教员人数,增设师范学校或简易师范学校,预为培养师资;② 各省市应在实施本计划之前,举办全省市小学教员总登记,合格者予以分配任用,不合格者应分别举行检定或施以短期训练;③ 各省市为适应师资迫切需要,得依照各省市国民教育师资短训班训练班实施办法,分期举办六个月或一年之师资短训班,造就国民学校代用教员;④ 各省市应依照部颁省市小学教员假期训练实施计划,自1946年暑期举办小学教员假期训练班,分别训练小学教员;⑤ 各省市为督导中心国民学校及国民学校教员进修办法大纲,举办各种进修事业;⑥ 各省市应依照部颁国民学校及中心国民学校教员等级任用待遇保障

---

① 可参见,李友芝,等:《中国近代师范教育史资料(第2册)》,1983,第441-445页。
② 教育部教育年鉴编撰委员会:《第二次中国教育年鉴》,商务印书馆,1948,第14页。

办法及提高小学教员待遇实施办法,订定县市国民学校教员标准,切实提高小学教员待遇。①

为满足国民政府第二次实施国民教育计划对初等教育师资的需求,1946年6月,教育部颁布《战后各省市五年师范教育实施方案》,通令各省一律从8月开始实施。

1. 发展师范教育的基本原则

第一,师范学校要独立设置,且侧重扩充女子师范为原则。中学与师范混合设立的学校,必须限期独立设置。

第二,师范教育应由政府统筹设置,各省市的私立师范学校或班,除由政府委托办理者外,应立即改归政府办理。

第三,师范学校的增设要与国民教育师资的需要相配合,计划今后五年内增加师范生50万人,并注意各地域设立师范学校的平衡发展,改善师范生待遇,严格管制师范毕业生服务。

第四,实施师范教育在素质方面应谋求逐渐提高,并特别注意师范生的精神训练,对于师范学校的课程设备、教学训导、问题研讨以及培养优良学风,发动社会人士普遍认识师范教育的重要性,均需研究改进,以加速其速度。②

2. 发展师范教育要点

第一,师范学校设置及校班的增加。师范学校应独立设置,并得附设简易师范部(科)。简易师范学校须提高学生入学年龄至15岁,改为三年制,短期训练班应逐渐废止。师范学校以省办为原则,简易师范学校以县办为原则,私立师范学校科班改归政府或受政府委托办理。特别师范科及简易师范科照旧办理,并注意培养国民教育、音乐、美术、劳作等专科师资。在国民师资缺乏时,尽量推行训练实习间期制及初高级中学中得附设一年制之特别师范科或简易师范班,招收初高中毕业学生,予以师范专业训练。每省所划的师范区应加以调整,面积不可过大,每一师范区至少应设立师范学校两所,每校至少应有学生12班,每班足招学生50人,其中至少有一所为女校。每县应设立简易师范学校1所,至少应有学生6班,每班足招学生50人,必要时可联合数县共同设立。各省市应依照国民教育师资的需要作按年增设校班的具体计划。

第二,提高师范学校素质,加强师范生精神训练。各省市依照师范学校教

---

① 中国第二历史档案馆:《中华民国史档案资料汇编(第五辑第三编)·教育(一)》,凤凰出版社,2010,第156-160页。

② 教育部教育年鉴编撰委员会:《第二次中国教育年鉴》,商务印书馆,1948,第938页。

导环境实施要点充实各学校设备,并研究教学方法的改善,师范学校教学科目及内容的增减应切实研究以备改善。原有专业训练各项办法应切实实施。加强师范学校教员问题研究并提高其薪给,厉行师范学校教员检定,各师范学校、简易师范学校应尽量选用检定合格的教员。师范学校及简易师范学校应严格举行学生入学考试,同时亦须采用保送优秀学生入学办法。各省市应拟定师范生训练实施方案,加强师范生精神训练,其内容包括:精神训练注意坚定其对三民主义之信仰,发扬其爱护国家民族之精神,并注重为公服务、自觉自动自律之良好品性及国民道德之培养。学科训练注重各科均衡发展,充实其内容,以提高学生程度;生活训练应以新生活教条为根据,养成各种优良生活习惯;专业训练特重教学技术之培养,并使对教育事业发生强烈之信念。

第三,改善师范生待遇,管理师范生毕业服务。在校师范生待遇应依照《全国师范学校学生公费待遇实施办法》办理。依照规定发给优秀师范生奖学金。原有规程办法如《修正师范学校毕业生服务规程》及《师范学校指导毕业生服务办法》等仍需继续实施。切实施行师范毕业生服务手册。

第四,辅导地方教育。各项师范办法继续实施。师范学校辅导地方教育工作应与各级辅导机关密切联系。师范学校应根据辅导结果改进其学校设施。

第五,推进师范教育运动。按照规定每年继续举行师范教育运动周,本部颁行之树立社会风气、倡导师范教育实施要点应加紧推行。扩大师范教育运动周范围,请各机关团体及社会认识参加形成社会运动[①]。

总体上,抗战胜利后南京国民政府对中等师范教育政策的调整是根据教育复员和发展国民教育对师资的急需而制定的,其最大的变化就是取消了国立师范学校,恢复了抗战前师范学校以省立、简易师范学校以县立的原则,其余则大体是恢复战前的中等师范教育制度,并在此基础上强调了发展师范教育的基本原则及重点,尤其是注意到师范教育发展不均衡问题,重新规划和调整了师范教育在全国的布局,力求在师范教育办学规模和质量上有所提高,以推进国民教育工作的开展。

然而由于国民党进行了独裁统治,违反民意,违背历史发展趋势,蓄意发动内战,将所谓的"教育第一"变成"战争第一",全国再次陷于战争之中,小学教师教育在进行了短暂的高潮之后难以实行,虽然教育部颁布了一些措施,但南京国民政府所制定的教育政策随着国民党对大陆统治的结束而走向了完结。

---

① 曾煜:《中国教师教育史》,商务印书馆,2016,第245-246页。

第二节　安阳县立师范学校发展历程

民国政府成立后颁布的一系列兴学政令促使河南中小学教育在民国初期获得了快速地恢复和发展。中小学教育的快速发展使得中小学师资短缺问题不断凸显出来,尤其是河南中小学教师群体中存在着大量的旧式文人、未经新式教育训练的塾师等不合格教师,使得这一时期对新式师范学校毕业生的需求更加迫切,这种需求促成了河南小学教师教育的发展。本书以"安阳县立师范学校"统称这一时期的各种办学形式,包括安阳县师范传习所、安阳县立师范学校、安阳县立简易乡村师范学校、安阳县立女子师范学校、安阳县立女子简易乡村师范学校和伪彰德县立师范学校。

一、安阳县师范传习所

1912年民国成立后,民国政府教育部先后颁发《普通教育暂行办法》和《中学校令》,分别规定:"从前各项学堂,均改称为学校,各州县小学校,应于1912年3月4日一律开学。中学校、师范学校视地方财力,亦能以开学为主。"[①]"各县于设立法令所定应设学校外尚有余力时,得依本令之规定,或一县或联合数县设立中学校,为县立中学"[②]。政府通过立法的形式,敦促各地中小学尽快复校,在此背景下,河南中小学教育发展起来,尤以小学学校发展最为迅速,大量小学的兴办急需大量师资。

1912年民国成立后,孙中山提出"惟教育主义,守贵普及,做人之道,尤重童蒙,中小学校应急开办"[③],提倡尽快发展中小学教育。因此,政府部门颁布了一系列的兴学条令。在此背景下,这一时期河南乡村中小学尤其是乡村小学如雨后春笋般地发展起来。然而中小学教育成功与否的关键在于是否拥有合格的师资来教育学生。虽然教育部先后于1912年9月和1915年7月颁布了《中学校令》《高等小学校令》,分别规定:"中学教员以经检定委员会认为合格者充之。"[④]"国民学校、高等小学教员须在师范学校或教育总长指定的学校毕业或经同级学校教员检定合格,并持有许可状者才始得充任"[⑤],这对教员

---

① 宋恩巧,章咸:《中华民国教育法规选编·1912—1949》,江苏教育出版社,1990,第194页。
② 宋恩巧,章咸:《中华民国教育法规选编·1912—1949》,江苏教育出版社,1990,第338页。
③ 安树芬,彭诗琅:《中华教育通史(第9卷)》,京华出版社,2010,第2092页。
④ 可参见,《法令:教育部公布中学校令:部令第十三号(中华民国元年九月二十八日):兹定中学校令十六条特公布之此令》,《教育杂志》第4卷第8期,1922年,第22页。
⑤ 可参见,《高等小学校令》,《教育公报》第2卷第4期,1915年,第15页。

的师资资格进行了规定。但在民国初期河南的中小学校多由旧式学堂改造而来,学校往往以庙宇、祠堂作为校址,以庙产营田公款作为学校基金,经费不足导致学校很难聘请新式教师人才。此外由于新式教育刚刚兴起,受过中学教育和师范教育以及更高等教育人才十分稀少,这导致乡村中小学更难招揽这些优秀教师。直到1929年,河南各县乡村小学仍有大量的不合格教师。其中不仅有知识欠缺者、教法不合者,更有大量的私塾先生充斥其中,更有甚者,还有大量的地痞充任小学教师。这样的师资力量,严重地阻碍了河南小学教育的发展。由于小学生的知识有限,学习经验不足,因此需要中小学教师拥有更多的教学经验和知识去指导教育。中小学教师质量的参差不齐,迫切要求河南小学教师教育的发展。

安阳顺应时势而为,1916年在山西钟楼巷尚志两等小学堂内,校长罗桂生创办了一年制师范讲习所,招生一个班,年经费500元。1917年,尚志两等小学堂撤销。改为安阳县师范讲习所,附设初等师范2个班,年经费2 000元,以满足当地对小学教员的需求。1919年暑假后,安阳县师范讲习所迁至学巷街府学内,学制改为两年。1927年春,驻军与会民冲突,安阳大乱。安阳县师范讲习所及中、小学均被会坛或军队占据,学校图书、桌凳、用具被盗,学校被迫停办[①]。

但在其存续期间,安阳县师范讲习所承担着考察、指导本学区小学教育的职责。这样既可以使本学区培养的师范毕业生供一学区之用,益于教育的普及,又可促使讲习所根据本地区经济发展的需要,指导改良小学教育。

二、安阳县立师范学校

1927年北伐战争在河南取得胜利之后,冯玉祥第二次入驻河南,河南的政治局面得到逐步稳定。1927年6月18日,冯玉祥就任河南省政府主席,发布六条治豫方针;统一军政、刷新吏治、整理财政、党化教育、抚恤灾民、整肃盗匪。[②] 经过近两年的治理,冯玉祥初步整顿了河南吏治、清理了财政,并且相继消灭了河南内部的各个势力,稳定了对河南的统治。"宁汉合流"后,河南省政府隶属于南京国民政府,冯玉祥任省政府主席。在冯玉祥等人的治理下,到1929年第一次蒋冯战争结束这一段时间内,河南省政治比较稳定,经济初步恢复和发展。1930年中原大战后,刘峙接任河南省政府主席,施行了"救济灾

[①] 安阳师范学院校史编写组:《安阳师范学院校史(1908—2008)》,高等教育出版社,2009,第5页。

[②] 程有为,王天奖:《河南通史(第4卷)》,河南人民出版社,2005,第309页。

民、建设廉能政府、振兴教育"的施政方针。统一的国民政府为河南政治的稳定和经济的恢复提供了外部环境基础,从1930年至抗战爆发前,这一时期内河南政局稳定,经济得到恢复和发展,小学教师教育在此时期也获得发展。

(一)安阳县立师范学校建立的背景

河南师范教育在1927年冯玉祥第二次主豫后,得到了河南各级政府的普遍重视。战乱期间河南虽然财政紧张,但为了保证教育的发展,冯玉祥在河南贯彻实施了"非常工资制度",即各级学校教员,尤其是中学和师范学校的教职员,原有工资照额发放,而普通公务人员仅发给26元的生活费及伙食补贴。这项"非常工资制度"坚持推行了两年,在此期间,教师工资普遍比行政人员高出5至7倍,由此可见冯玉祥对师范教育的重视程度。[①] 此外,1927年8月河南省政府颁布《河南各县县长办学奖惩条例》,条例规定:第一条,凡县长办理教育成绩卓著,得依本条例之规定分别奖惩之,其办学不利者,得分别惩戒之;第二条,奖励办法如下:一、传令嘉奖,二、记功记大功,三、给予奖状,四、给以奖章;第三条,惩戒方法如下:一、惩戒,二、记过记大过,三、撤人;第四条,第二第三条办法应于县长到任三个月后行之;第五条,办学之事项如下:一、推行之迟速,二、行施之当否,三、成绩之优劣,四、经费之多寡;第六条,应受奖励或训诫记过之处分者,由教育厅列举事项,咨请民政厅行之。[②] 河南省政府通过立法的形式,促使各县官员保障河南教育的发展,有力地促进了这一时期河南师范教育的发展。

1930年中原大战后,河南省在南京中央政府的直接管辖下迎来宝贵的稳定时期,此后直到全面抗战爆发前,河南省师范教育在政府的大力支持下,获得了较快地恢复和发展。1931年河南省教育厅在公布第一期施政计划时提出:河南地处中原,人民以农为业,多数聚集乡村。历经多年战乱,乡村学校数量稀少,教师人才更是缺乏。现在军事既定,训政逐渐实施,欲实现三民主义教育,即应由乡村彻底的做起。对于培养此项领导地方,训练民众,教育儿童,改造民生,兼为地方师资之母的实际人才,实已刻不容缓。且较普通师范更为急需。特拟于最短时间内筹办乡村师范学校,以为改进地方教育之第一步。[③] 这些行政计划为小学教师教育的发展提供了政策依据。

[①] 王日新,蒋笃运:《河南教育通史》,大象出版社,2004,第192页。
[②] 可参见,河南教育厅编辑处:《河南教育特刊(全一册)》,1929,第21-22页。
[③] 可参见,《河南教育厅十年第一期施政计划:关于中等教育方面》,《河南教育行政周利》第一卷第16/17期,1931,第27页。

(二)安阳县立师范学校的发展历程

师范教育的主旨在于用适宜的科学教育和严格的身心训练,养成一般国民道德上和学术上的健全师资。所以师范教育是一国教育的根本,师范教育制度在整个的学制系统中占有重要位置。然而在壬戌学制实施后,我国师范教育制度丧失了独立的地位,师范教育的发展日益破碎支离,病态毕露。[①] 河南各师范学校并入中学后,河南的师范教育出现混乱。由于中师合并,一些中学校的规模过于庞大,管理困难,导致各校缺乏统一的管理和严密的教育监督,严重损害了师范教育的发展。此外,由于各学校相互合作,导致教育职位减少,河南教育界各派系之间为争夺有限的教育权利,开始新一轮大规模争斗,造成了河南教育界出现混乱,这对河南师范教育的发展来说无疑是雪上加霜。在此背景下,河南教育界呼吁师范教育独立,在各界人士的积极参与与努力之下,整理师范教育制度案在1928年成为南京国民政府召开的全国教育会议的中心议题之一。

在此次会议之上通过的整顿师范教育制度办法对中国师范教育制度进行了重新改革,其部分内容如下:一、为促成义务教育起见,应于高中师范外,由各省多设独立之师范学校或师范讲习科,特别训练小学师资。二、师范学校废止六年制,修业年限,三年制初中毕业入学者,三年;四年制初中毕业入学者,二年。三、师范学校或高中师范科,得酌行分组选科制。四、为补充乡村小学教员之不足,得酌设乡村师范学校,收受初级中学毕业生或相当程度学校肄业生之有教学经验,且对于乡村教育具改革之志愿者。五、为补充初级中学教员不足,得设二年之师范专修科,附设于大学教育学院或师范学校,收受高级中学及师范学校毕业生。六、各省如不能特设女子师范学校时,必须在师范学校中,特设女子师范科。[②] 此次制定的学制被称为《戊辰学制》。在《戊辰学制》中,师范教育重新获得了独立,并且乡村师范教育的发展也受到了重视,师范教育体系更加完善。师范教育肩负着培养各级师资的使命,是保证教育成功的根本因素,所以师范教育应该自成一个独立的完整的系统,以免漫无标准,丧失师范教育的目标和作用。河南师范教育在《戊辰学制》实施后获得了独立的地位,此后开始快速发展起来,1928年至1936年成为河南师范教育的黄金发展时期。对安阳地区小学教师教育的培养体系产生了深远影响。

1928年上半年,安阳县教育局局长张鸿瑞利用原师范讲习所遗址,筹设

---

① 程天放:《第一次全国教育会议重要论文:对师范教育的几点意见》,《河南教育》1930年第2卷19/20期。
② 可参见,河南教育厅编辑处:《河南教育特刊(全一册)》,1929,第35-36页。

小学教师训练班，先后毕业学员 170 人。同年暑假后，正式改为三年制师范学校，校名为安阳县立师范学校。招生一个班，并附设小学 2 个班，用于学生实习。

1929 年，郭世良任县立师范学校校长期间，由于学校规模扩大，学生人数增多，教室、宿舍均不敷用。1930 年，学校招生 3 个班，学生 103 人，教员 10 人，年经费 5 226 元。

据《河南教育月刊》第三卷(1932)第 6 期记载："安阳气候不调，水旱交加，农产收获，每况愈下，百业萧条，民生凋敝，毒品泛滥。文化事业，以潮流所驱，日新月异，风气先开，留学学生，为全省首屈一指。"当年，学校呈请县政府批准，扩大范围，增建校舍，学校面积已达 8 040 平方米，校舍 198 间。改造后的校舍较前大有改善，教室通风采光尚好，礼堂可供合班上课，运动场设置网球、篮球设备。学校教学设备也有所增添，有图书 900 余册，杂志数份，日报 5 份，各种教学挂图 60 余幅，运动器械及游娱用具若干件(套)。至此，学校共有师范班 3 个，一、二、三年级各 1 个班共 151 人。教员有杨俊峰、张述黄、刘士鹗、孙季芳、牛尚荣、李金相。根据河南省 1932 年颁布的《河南各县立乡村师范学校暂行科目学分表》，对乡村师范学校的课程设置及学分标准进行了初步的规范(如表 2-1 所示)，师范班开设的课程有公民、国文、历史、地理、算学、物理、化学、生物、体育、卫生、军事训练、劳作、美术、音乐、伦理、教育概论、教育心理、教育测验及统计、小学教材及教学法、小学行政、实习等。

表 2-1　河南各县县立乡村师范学校暂行科目学分表[①]

科目 \ 学年、学期 时数 学分	第一学年 第一学期		第一学年 第二学期		第二学年 第一学期		第二学年 第二学期		第三学年 第一学期		第三学年 第二学期		各科学分数
	时数	学分	时数	学分	时数	学分	时数	学分	时数	学分	时数	学分	
公民	2	2	2	2	2	2	2	2	1	1	1	1	10
国语	4	4	4	4	4	4	4	4	4	4	4	4	24
数学	4	4	4	4	4	4	4	4	4	4	4	4	24
史地	3	3	3	3	3	3	3	3	3	3	3	3	18
植物	3	3											3

---

① 可参见，《河南各县县化乡村师范学校暂行科目学分表》，《河南教育月刊》1993 年第 3 卷第 10 期。

(续表)

科目 \ 学年、学期 时数 学分	第一学年 第一学期 时数	第一学年 第一学期 学分	第一学年 第二学期 时数	第一学年 第二学期 学分	第二学年 第一学期 时数	第二学年 第一学期 学分	第二学年 第二学期 时数	第二学年 第二学期 学分	第三学年 第一学期 时数	第三学年 第一学期 学分	第三学年 第二学期 时数	第三学年 第二学期 学分	各科学分数
动物			3	3									3
生物			1	1	1	1							2
矿物					2	2							2
物理							2	2	1	1			3
化学							1	1	2	2			3
科学概论	2	2	2	2									4
教育概论	2	2	2	2									4
伦理					2	2	2	2					4
心理													
小学行政									3	3			3
教育法					3	3	3	3					6
社会教育									3	3			3
乡村教育问题											1	1	1
教材研究											2	2	2
农学通论	3	3	3	3									3
作物					3	3							3
肥料							3	3					3
畜牧及造林									3	3			3
农产制造											2	2	2
美工	4	2	4	2	2	1	2	1	2	1	2	1	8
音乐	3	1.5	3	1.5	2	1	2	1	2	1	2	1	7
体育	2	1	2	1	2	1	2	1	2	1	2	1	6
地方自治					3	3	3	3					6
乡村社会及问题研究	3	3	3	3									6
合作事业									3	3	3	3	6
实习					4	2	4	2	6	3	6	3	10
总计	35	30.5	36	31.5	37	32	37	32	39	33	35	29	188

根据该课程设置,河南县立师范学校的课程设置除包括一般的师范教育类课程外,还设置了大量的适应农村社会的课程,如植物、动物、肥料、作物、畜牧及造林、地方自治、乡村社会及问题研究等科目,这些科目共计51学分,占学分总数的27%还多。由此可见,乡村师范学校对学生在从事乡村小学教育中及在农村社会生活中的实用性技能的培养十分重视,这为学生毕业后回到农村从事小学教育打下了坚实的知识基础与技能基础。这一时期河南乡村师范学校对学生的培养提出了严格的标准要求,要求学生要养成忠孝仁爱信义和平的美德以及农夫的身手、科学的头脑、艺术的兴趣和优美的习惯,同时要求学生能够不为恶劣的旧社会腐化,能以乡村教育为中心,努力宣传工作,训练民众,领导民众,从事乡村改造;在教育技能方面要求学生要明确的认识当地乡村社会的实际,认识乡村儿童的本质,儿童身心及乡土需要,认识乡村文化及乡村生产事业发展的路径,能身体力行,利用乡村环境,本教学做合一的精神教导儿童,要对于儿童教学的各种教材,确有预前的熟识,有把握,能运用自如,教导儿童成为适于实际生活家庭良好分子,三民主义社会有用的健全公民。①

在学校管理上,校长郭士良管理不善,有负众望。据《河南教育月刊》第三卷(1932)第六期记载:"校长郭士良,性情圆滑,似嫌敷衍,对于师范教育,亦缺乏研究精神,至课程分配,管训实施尤次欠当,内容腐败,精神涣散,拟请撤换,遴选妥员接充,积极整顿,彻底改革。"②

1935年,根据南京国民政府教育部颁布的《师范学校规程》规定,安阳县立师范学校更名为安阳县立简易乡村师范学校,招收小学毕业生或同等学力的学生,学制为4年。此外依据国家政策开设的教育类课程主要有:教育概

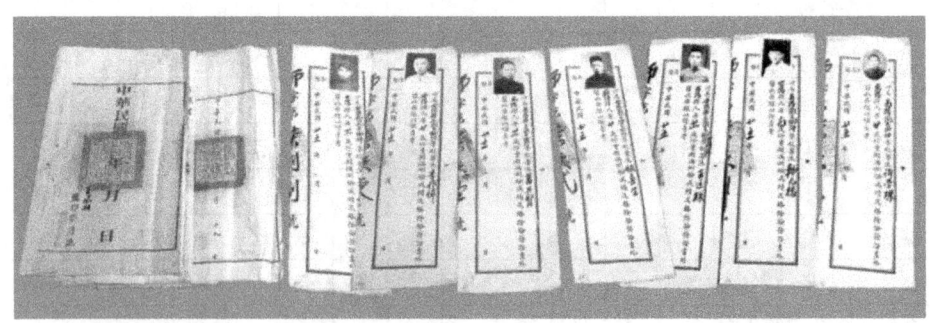

图2-1 安阳县立简易乡村师范学校毕业证存根(1936年,河南省图书馆)

---

① 河南省教育厅法令编辑委员会:《河南教育法令汇编》,开明印刷局,1932,第643-644页。
② 安阳师范学院校史编写组:《安阳师范学院校史(1908—2008)》,高等教育出版社,2009。

论、教育心理、小学教材及教学法、小学行政、教育测验及统计,实习继续作为独立科目在最后学年分两次进行。1937年冬,因日寇进犯中原,沦陷区处于战乱之中,许多学校受侵袭无法上课,安阳县立简易乡村师范学校被迫停办。①

二十世纪二三十年代,在中央政府以及河南省各项政策的指引下,不断对小学教师培养机构进行调整,使其能够顺应时势,发挥自己的余热,这对于培养合格的教师人才起到积极的促进作用。同时乡村师范学校的进一步规范反映了乡村师范教育的发展。近代以来河南历经战乱的破坏,农村社会残破不堪,乡村师范教育的发展,培养了大批的乡村小学教师,对乡村小学的发展乃至乡村风气的开化及乡村经济的恢复起到了积极作用。

(三) 安阳女子师范学校的创立

河南女子师范教育的兴办较男子师范稍迟。安阳的女子师范教育是在民办的基础上发展起来的,安阳的女子师范教育创始于1920年,据当年的河南《新中州报》报道,安阳创设有新型女校,但创办后时间不长,就被封建军阀扼杀在摇篮里了。因为"古人立教,男女并重未尝有所偏倚于其间"②。几千年的封建社会专制统治,使得女子除了要受封建社会政权、神权、族权的禁锢外,在家里还要受夫权的奴役,自己的聪明才智被压抑与埋没,排斥于社会生产之外,禁锢于家庭中,成为家庭的奴隶,男子的附属,所谓"妇无公事",女子被剥夺了受教育

图 2-2　民国时期安阳女子师范学校大门
　　　　(《安阳县教育志》)

---

① 安阳师范学院校史编写组:《安阳师范学院校史(1908—2008)》,高等教育出版社,2009。
② 可参见,陈虹治平通义·救时要义,清光绪十九年瓯雅堂刻本。

的权利。

虽然西方的女权主义已经在沿海地区发展得火热，但河南地处中原，受传统文化根深蒂固的影响以及地方风气闭塞，对女子教育素有歧视，所以女子教育发展比较缓慢。光绪二十一年(1895)，加拿大牧师左约翰、季理裴在彰德府北关钟楼街建基督教堂，并在教堂内设三育女校。1923年，三育女校易名为三育女中。

1925年，"五卅"运动爆发，教育界反映尤为强烈。安阳三育女中的学生激于义愤，举行罢课，并突破了加拿大教会的层层封锁，冲出教堂，参加了声势浩大的反帝斗争。是年秋季，三育女中停办。同年，与三育女中学生一起参加反帝爱国斗争的教师孙佩堂和宁邵东以及部分学生，毅然脱离教堂，另辟新校，这一行动深受当地士绅的支持，官绅协同救济，由纪家巷朱仲逸借给私宅，创办了一所女子学校，校名为安阳女子师范学校，后因经费无着，1927年由于地方动乱四起，学校一度处于暂时停顿状态。

民国时期，南京国民政府的妇女教育一直处于封建统治的框范之中，认为妇女除要有一定的知识外，最重要的就是接受"家事"训练和进行儿童教育。因此，在普通学校教育中，国民政府曾多次强调妇女的家事训练，也曾规定每一学区需设男、女师范各一所。并原则规定，各省除高等师范招收女子学习师范外，各省还应设立女子师范和女子师范部，各县要添设女子简易师范学校或班级。

1928年，安阳县教育局局长张鸿瑞向安阳县教育行政委员会提交了关于成立安阳县立女子师范学校的提案。经决议后，将民办的安阳女子师范迁至县西街(原同善济世社旧址)，筹措经费，添招班次，正式成立安阳县立女子师范学校，由张鸿瑞任校长，学制为4年，招收3个师范班90名学生。女师还附设小学部，三级两班，有学生172人。是年，安阳县立女子师范学校有校舍64间，教职员16人，全年经费7 242元。

1930年，安阳县立女子师范学校招收新生3个班，学生85人，教职员8人。1931年，孙国庆到该校就职，学校规模有所扩大。1932年，安阳县立女子师范学校规模继续扩大。师范部有教职员6人，附小教职员5人。全校共有学生236人，学校的条件也有所改善。据当年《河南教育月刊》第三卷第六期记载："县立女子师范学校暨附属小学，有校舍六十四间，院宇清洁整齐，前院散植树木花草，颇称优雅。教室7所，礼堂三间，运动场1处，图书室3间，书籍712册，杂志5种，日报8份，运动器械大致完备。"安阳县立女子师范学校的校长孙国庆，精明强干、治校有方；教务处主任张金富，治学严谨、善于钻研。

赵质辰在《安阳县地方教育视察报告》[①]评价二人道:"校长孙国庆,努力任事,热心校务,按步进行,成绩卓著。教务处主任张金富学识优良,虚心研究。教师李景楠、朱的祉、刘慧礼、(指导主任杨静仪)、王守娴、田静斋、李锦云、连志华、吴淑亭、(主任张逢谓)。"赵志宸的视察报告还指出:"课外活动,各年级墙报、演说会、自治周会、学生自由活动,教职员参加指导。学生成绩多属优良,该校办理有方,前途发展,大有蒸蒸日上之势。"这说明当时的安阳县立女子师范学校办的有声有色,颇见成效。

1933年,安阳县立女子师范学校的各项事业进一步规范化。当时学校的行政组织为:设校长1人负责全校校务,由全校教职员组成校务会议,校务会议下设总务课、教务课、训育课和事务课,各课均设主任1人,分管全校行政、教学、训练、经济和文书等事项。

学校拥有教职员8人,其中大学毕业者1人,专门毕业者1人,师范毕业者5人,中学毕业者1人。党义教员1人,数理教员1人,教育兼国文教员1人,史地1人,国文兼史地1人,公民兼国文1人,英文1人,艺术兼体育1人。学校编制为二年制师范,一、二、三年共3个班。师范部共有学生86人,学生最小年龄13岁,最大年龄22岁。

学校各科教材除国文采用北新书局活页文选,及艺术选授活动教材外,其他各科均采用书局出版的优良课本。教学标准和具体实施,根据中华民国教育宗旨,参照社会生活需要,以养成全民政治下独立的个人。尊重个性,使之自由活动,以发展其特长。注重实际作业,与实际生活相沟通。在具体的教学实施中,注重教学理论方法的探讨研究。注重实习,以训练学生服务教育的能力。在教学方式上,注重学生自学,教师辅导。各科教学效果的考查,除采取教师随时查阅各科学生笔记、作业外,并有教务课不时抽阅。学生成绩考核的方法有平时考查、月考、期考。学生科目成绩以百分位满取其30%,将各科月考总平均中取其70%,两者相加之和为学生每科总平均分数并报告家长。除规定的必考科目之外,学校还对学生课外作业实行计分制度,要求各级学生每日须作日记,每周递交国文教师查阅。每日须写大字一张,小楷100字,同时要求学生课余到图书馆阅览书籍须随时做读书笔记。

1935年,学校根据国民政府教育部《修正师范学校课程》的规定,将学制改为4年,校名改为安阳县立女子简易乡村师范学校。1934年,河南省教育厅对乡村师范学校的课程进行了调整(如表2-2),安阳县立女子简易乡村师范学校设有公民、体育、卫生、国文、算学、地理、历史、植物、动物、化学、物理、

---

① 载于《河南教育月刊》第一卷11期,1931年6月6日。

劳作(工艺)论、教育心理、教育概论、美术、音乐、农业及实习、水利概要、农村经济及合作、小学教材及教学法、教育测验及统计、乡村教育、小学行政、实习等24门课程。此外,第四学年增设家务课程。

1936年,据安阳县立女子简易师范学校教职员学生调查表中记载:当时学校一年级有学生31人,二年级有学生31人,三年级有学生24人,共计学生86人。本年度无毕业生。教职员数11人,其中师范大学毕业者2人,大学毕业者1人,大学肄业者1人,师范学校毕业者4人,中学毕业者3人。学生结构:16～21岁。安阳籍65人,林县3人,内黄4人,汤阴2人,临漳3人,汲县1人,太康1人,河北天津1人,河北成安2人,武安4人。学生家长职业:农界30人,工界2人,商界14人,教育界18人,政界7人,军界6人,医界5人,警界1人,其他3人。

1937年,因日寇逼近安阳,形势危急,学校被迫停办。[①]

表2-2 修正师范学校教学科目及各学期每周教学及自习时数表
(设在乡村之师范学校及乡村师范学校适用)[②]

学年、学期 科目　时数	第一学年		第二学年		第三学年	
	第一学期	第二学期	第一学期	第二学期	第一学期	第二学期
公民	2	2	2	2		
体育	2	2	2	2	2	
军事训练	3	3				
(军事看护)	(3)	(3)				
(家事)			(3)	(3)		
卫生			1	1		
国文	5	5	5	5	3	3
算术	3	3				
地理	3	3				
历史			4	4		

---

① 安阳师范学院校史编写组:《安阳师范学院校史(1908—2008)》,高等教育出版社,2009,第6-8页。
② 《修正师落学校教学科目及各学期每周教学及自习时数第二表(设在乡村之师范学校及乡村师范学校及乡村师范学校适用)》,《河南教育月刊》1934年,第4卷第11期。

(续表)

科目 \ 学年、学期	第一学年 第一学期	第一学年 第二学期	第二学年 第一学期	第二学年 第二学期	第三学年 第一学期	第三学年 第二学期
生物	3	3				
化学			3	3		
物理					6	
伦理学	2					
劳作（工艺）	2	2	2	2	2	2
美术	2	2	2	2	2	
音乐	2	2	2	2	2	
农业及实习	4	4	4	4	3	3
农业经济及合作					3	
水利概要					3	
教育概论	3	4				
教育心理			3	3		
小学教材及教学法			3	3	3	3
小学行政						4
教育测验及统计					4	
乡村教育						3
实习					3	18
每周授课时数	36	36	36	36	36	36
每周课外运动及在校自习时数	24	24	24	24	24	24

注：一、师范学校，第一学年第二学期自四月十一日起至七月十日止，实施集中军事训练。二、实施集中军训时所缺少之教学时间，除各学年年假春假酌量缩短以资抵补外，其各学科教学时间缺少较多者于其他学期中酌量增加。三、军事训练施于男生，军事看护及家事施于女生。四、师范学校学生每日上课，自习课及课外运动总时数规定为十小时，每星期以六十小时计算。五、每日除上课时间外，以一小时为早操及课外运动时间，余为自习时间。六、在校自习及课外运动时间均需有教员督促指导。

七、在校自习无论住校学生或通学生均需参加。

修正师范学校教学科目及各学期每周教学及自习时数表为安阳县令女子简易乡村师范学校的课程设置提供了依据，使其在国民政府教育部的带领之下走向正规教育。

安阳女子师范学校部分教学实录：

节选自 1933 年 1 月 15 日,安阳教育局编辑出版的《安阳教育半月刊》(第二卷一、二、三期合刊)上发表的安阳县立女子师范学校校长孙国庆撰写的题为《一年来安阳女师》的文章。较为详细地记录了安阳县立女子师范学校 1932 年的概况。

一、教务概况

(一)教务会议组织:由教务主任,及全校教员组织教务会议,隶于全校教务会议之下,每两周开会一次。

(二)教员

1. 人数:八人。

2. 资格:大学毕业者一人。专科毕业者一人,师范毕业者五人,中学毕业者一人。

3. 担任学科:党义一人,数理一人,教育兼国文一人,史地一人,国文兼史地一人,公民兼国文一人,英文一人,艺术兼体育一人。

(三)学生人数及年龄:

1. 人数:师范部一、二、三年级三班共八十六人。一年级二十八人,二年级二十八人,三年级三十人。

2. 年龄:最低十三岁,最高二十二岁。

(四)选择教材:各科教材除国文,采用北新书局活页文选,及艺术选授教材外,余均采用各书局出版之优良课本,兹录其各课本出版局之名称于下:

1. 教育学科:中华书局,世界书局出版。

2. 自然学科:世界书局,商务书馆出版。

3. 社会科学:世界书局,中华书局,北平文化学社出版。

二、教学

(一)标准:

1. 根据中华民国教育宗旨,参照社会生活之需要,以养成全民政治下的独立个人。

2. 尊重个性,使之自由活动,以发展其特长。

3. 注重实际作用,使与实际生活相沟通。

(二)实施:

1. 注重教学理论上方法上的探讨与研究。

2. 实施:(1)注重教学教育理论上方法上的探讨与研究。(2)注重实习,以养成训练服务教育之能力。(3)各科教学方式,注重学生自学,教师辅导。(4)各科学识,平均助长,并重平常考查。(5)查阅各科笔记:除由各科教员,随查阅外,并由教务课不时抽阅,以重学业。(6)成绩考核:学业成绩之考查法,共分四项:A. 平时考查:由担任学科各教师,随堂提问,所教各科要点,以测验学生平日听讲,是否注意? B. 月考:每至学月月终,则将本月份所教各科,随堂举行笔答测验。C. 期考:每一学期终了,举行学期总测验,用三班混合方式,并依厅令,鼎有考试规则,籍免发生流弊。D. 成绩统计法:科目成绩,以百分为满取其百分之三十,于各月月考,总平均中,取其百分之七十,二者相和,作为每科总平均分分数并报告各学生家长查照。(7)课外作业:课外作业计分:a. 日记:各级学生,每日须作日记,每周送国文教师查阅。b. 大小楷:各级学生每日须写大字一张,小字一百。c. 读书札记:各级学生,于课余后,至图书馆阅览书籍,须随时做笔记。

三、训育概况

(一)训育目标:

1. 思想:要正确、纯洁、周密,有系统。

2. 精神:要活泼、要团结。

3. 生活:要简朴、勤劳,有秩序,重卫生。

4. 态度:要温和、诚恳,淑静,从容。

5. 见识:要远大,中正。

6. 能力:要充实。

7. 行为:要忠恕,仁爱,信义,勇敢,有纪律,有操守。

(二)组织:设训育主任一人,管理全校训育事项,各级教职员辅助训导学生。

（三）训练方法：A. 训练历：依照训育标准，及学生需要，规定训练历及实施办法，逐周实行。B. 训话：(1)团体的：于纪念周,早操时行之,遇有特别事故,临时召集学生训话。(2)个别的：遇有学生个人方面之事发生,不能与团结合作者,则施以个别训话。C. 自治指导：指导学生进行自治事项。D. 健康指导：指导学生日常生活,应行主要之卫生事项,及疾病之预防。E. 家庭联络：调查学生家庭状况,报告学生在校实况,举行成绩展览会。

（四）自修：有早晚自习,由训育课按时点名。

（五）课外活动：A. 校刊：由各学生负投稿编辑之责,内分：文艺,教育,常识等类。B. 演说会：各级均有演说会,每周开会一次。C. 自治组织：按县组织方式,以全校学生为主,崇德县县政府,设县长一人,县政府之下,分设公安,教育,卫生,建设四局,每局设局长一人,又按地域分为二区,各设区长一人,各职员均由县民选举之,任期为半年。D. 民众学校：本校附设妇女班一,除主任教员外,由三年级学生轮流负教学责任,以练习教学经验。E. 周会：举行各种有益于学生身心之集会,有演说竞赛会。远足会,球类比赛会,时事测验……

（六）奖惩办法：A. 奖励方面：品学兼优得结以奖状,奖章,奖品,或加增总成绩分数,记功,酌免学费。B. 惩戒方面：警告,记过,函告其家长,或保证人,其情节较重者,开除学籍,追缴学费。

（七）操行考查法：A. 平时考查：由教职员分认之。B. 总平均：于学期终时,训育主任,会同校长及教务主任,核算操行总成绩。

四、将来计划

（一）筹设幼稚师范班：幼儿园教育为教育之基础,而幼儿教育之师资,尤为教育基础之基础,近来一般教育家,皆热心提倡,不遗余力,以期幼儿教育之稳固,而幼稚教师,尤以女子负教育责任,为最合宜,本校拟于最近草订计划,呈请教育局,核准试办。

（二）添设幼稚园：幼儿教育之重要,尽人皆知,本校拟于下期,开办稚园一班,籍资试验,而谋提倡。

（三）筹设毕业生短期补习班：本校毕业生已有三届,多半服务县区各小校,唯思教育日新月异,教学方法,层出不穷,服务各生,或因工作过忙,无暇阅览新书,或因处境闭塞,思想陈腐,教法落后,不能适应潮流,非但个人不利,而且有碍教学进展,以教育立场而论,本校学生,固应负指导训练责任,即毕业生服务社会者亦不应漠不关心,信念及此,因思筹设本校毕业服务生短期训练班,授以最新之教育学说,教学方法。教学原理,实施方法,以及行政组织提纲摘要,务于最短期间,收较大效果,既不妨其服务后可增加其学识,一举而数善略备。似亦经济办法也。

（四）增加图书：课内学习,固极重要,课外作业,当可补充调剂课程,本校图书缺少实收兹效果。

（五）改变实习教学办法：本校过去三年学生,每届毕业,仅作二三周之实习,只论其不能实事求是,即令尽力教学,极短时间,何能收宏大之经验,故拟改订办法,于三年级第一学期后半期,即抽暇试行教学,至施行办法,另行草订。

（六）出校刊第一集：本校上期(二十年第二期)各级学生,均有壁报,全系学生自动,登载各级学生作品,本期已续出三次,后为扩充内容起见,提交本校第四次校务会议,决议改组为女师校刊,每周出版一次,拟到一学期总,终了时,汇印成册,名为校刊第一集,并继续依次刊印。

（七）本届毕业生改向江浙参观：本校第二三界毕业时,均赴平保参观,对于北方小学教育,已略悉梗概。江浙一带,为中国文物富庶之区,教育事业尤为发达,本校为小学教育前途计,拟于明年第四届毕业时,赴江浙参观教育,以广见闻,而资镜鉴。

五、1932年课程标准

1932年10月16日,安阳县立女子师范学校由本校教务主任张韵之草订的女子师范学校暂行课程标准报送省厅,17日,河南省督学李凤章认为该课程标准除略加补充外,余均可用。现将课程标准草案全部记录如下(如表2-3)。

表2-3 县立女子师范学校暂行课程标准草案

学科		第一学年				第二学年				第三学年				各科学分数
		第一学期		第二学期		第一学期		第二学期		第一学期		第二学期		
		时数	学分	时数	学分	时数	学分	时数	学分	时数	学分	时数	学分	
党义	三民主义	1	1	1	1									2
	建国方略					1	1	1	1					2
	建国大纲法制知识									1	1			1
	民众组织训练											1	1	1
	国语	6	6	6	6	5	5	5	5	5	5	4	4	31
	数学	6	6	6	6	5	5	5	5	4	4	4	4	30
	史地	4	4	4	4	4	4	4	4	4	4	3	3	23
教育	教育概论	4	4	3	3									7
	伦理	2	2	2	2									4
	教学法					3	3	3	3					6
	社会教育									2	2			2
	小学行政									2	2			2
	教材研究											2	2	2
	幼稚教育											2	2	2
	乡村教育											2	2	2
	心理					2	2	2	2					4
自然	植物	3	3											3
	动物			3	3									3
	生理			2	2	1	1							3
	矿物					2	2							2
	物理							2	2	1	1			3
	化学							1	1	2	2			3
	科学概论											2	2	2
	美工	4	2	4	2	4	2.5	3	1.5	3	1.5	2	1	10.5
	体育	2	1	2	1	2	1	2	1	2	1	2	1	6
	音乐	3	1.5	3	1.5	2	1	2	1	2	1	2	1	7
	地方自治					2	2	2	2					4
	合作事业									2	2	2	2	4
	家事									1	1	3	3	4
	实习					4	2	4	2	5	2.5	6	3	9.5
	习字	1	0.5											0.5
	总计	36	31	36	31.5	36	31.5	36	30.5	36	30	36	32	185.5

第二章 曲折发展 安阳县立师范学校

县立安阳女子师范学校课程标准草案

韵之

此课程标准草案，系君韵之依据社会现有之需要，教育将来之趋势，及服务教界多年之经验，拟具成的，张君性嗜研究，凡事无不彻底去研讨，以求其真理；近服务女师二年之久，感觉现有之课程标准，有不适合县立女师，特参考许多专家对师范课程标准之意见，以作教育研讨、试验。

少识话 三十一日

导言

这个课程标准是凭个人片面的见解，而臆定出来的，自己既不是教育专家，缺乏远大眼光和见识，根本不敢来谈课程，学校又不是教育行政机关——教部，教厅，教局，更没有决定课程的权限，何敢妄自而夸，来定课程标准，而所以草此案的究竟，是因二十一年度十一月省督学李凤章先生莅彰视察本校时，鉴于现行课程多半仍沿旧标准，有失时代性质，未免不合，而教厅二十年度六月所颁之课程标准，又多侧重县立乡村师范，对于女子师范课程尚未顾及，乃承督学之命，著依据所颁标准按照女校性质，酌量地方情形及需要草此方案并附说明十三则呈送，督学转呈教育厅审核，如能适用或将通令全省县立女师施行也。

韵之于安阳女师校　　　　一九三二年十二月三日

六、1935年学月工作

安阳县立女子简易乡村师范学校每学期每一个月均编写有学月工作表。现将1935年第二学期第一学月工作表摘录如下：

第一周；纪念周；1. 讲演：非常时期的教育；2，报告：(1)新聘董、张两先生即日到校；(2)新购风琴一架；(3)学生到校须领入学证。

第二周：1. 讲演：妇女的责任；2. 报告：(1)规定正式课表；(2)排定寝室位次；(3)一律着童子军服装；(4)各年级教科书到齐(5)各年级笔记本至齐。

第三周：1. 讲演：国际大势；2. 报告：(1)课外运动开始；(2)三年级分组练习风琴；(3)重新规定清洁公共场所办法。

第四周：1. 讲演：日本政变与我国；2. 报告：(1)规定课外请假手续；(2)各室清洁应有室长负责督催；(3)学生商店应成立；(4)学生伙食应自己管理。

会议：1. 纪念周拟由教职员轮流担任报告及演讲案；2. 升降旗全体教职员均须出席案；3. 本期预备费应如何分配案；4. 学生伙食拟改为自为经理案；5. 拟购买风琴案；6. 各级作文应于本日晚集早前缴齐案；7. 通宿生应自逢书包案；8. 规定学生上下课常规案；9. 规定课外阅读及日记如何记载及考察成绩案；10. 教职员轮流值日办法稍予变通案；11. 拟定值日员办事细则案；12. 拟定各级级任先生案；13. 本校童子军拟举行登记案；14. 一、二、三年级教室应加修案；15. 本学月月考定期举行案；16. 年级自治会应规定常会日期案；17. 学生应各备一字典案；18. 拟定工艺教材大纲案；19. 拟定中心训练历案。

教务：1. 预定各级教科用书；2. 定临时上课时间表；3. 定临时功课表；4. 定作息时间表；5. 公布新聘教职员姓名；6. 制定教科用书一览表；7. 出席校务会议；8. 举行教导会议；9. 订定各科笔记本；10. 拟定充实学生学业大纲。

事务：1. 开始收费；2. 清洁并修理教室、寝室；3. 修理教室用具；4. 添购清洁服务分配完结开始工作；5. 购置清洁用具；6. 修理厕所；7. 造本月经济出纳月报表。

训育：1. 排定寝室床位；2. 选定寝室室长；3. 寝室清洁服务分配完结开始工作；4. 晚上开始点到；5. 寝室清洁检查开始；6. 公布各寝室整洁成绩。

收支实况：薪俸479元、工资49元、修缮165元、购置15元、文具20元、邮电5元、杂支54元、消耗63元，共计671.5元。

注：该部分主要源于安阳师范学院校史。

安阳女子师范学校部分教学实录可以清晰地看出，其基本的发展状况与发展目标,尤其完整的课程标准的制定,为我国教师教育的发展提供了依据,也为安阳地区培养了一批又一批的优质师资。

(四) 伪彰德县立师范学校

全面抗日战争之前,国民政府曾一度实行"中师合一",停办初级师范,将师范学校并入中学,作为高中的师范科。后来虽恢复了一些师范学校,但中等师范学校一直处于萎靡状态。全面抗日战争爆发后,许多师范学校停办。安阳县立简易乡村师范学校、安阳县立女子简易师范学校先后停办,学生被迫中断学业,多数外地学生纷纷弃学离安,流失严重。

1937年7月7日,卢沟桥事变爆发后,日本帝国主义进入了蓄谋已久的全面侵华新阶段。随即日本以30万人的兵力分逼华北和华东,妄图在三个月内把中国消灭。卢沟桥事变不到半年,日军沿平绥、津浦、平汉铁路三路进击,华北重镇北平、天津、张家口、石家庄、太原、济南相继沦陷,大片国土沦入敌手。华北国民党正面战场上的溃败,使历史上兵家必争之地的河南成为战局的中心和首当其冲的前线。河南地处中原,战略位置十分重要,它是"毗连冀鲁,紧接晋南,屏障西北,掩护华中的地理位置"[①]。又因平汉、陇海铁路贯通其间,更增加了它在军事上、战略上的重要性,因此它成为日军侵华的必占之地。1937年11月,日军攻占了豫北重镇彰德今安阳,日军占领豫北重镇安阳后,一方面对部队稍事休整,并暂时松弛了江浙、山西战场的攻势,集中进行大举进攻河南的准备。另一方面迅即着手组织伪政权。当时华北伪政权正在组织筹划中,不能对外发号施令。河南伪政权全是日本侵略者一手炮制起来的。经日军头目土肥原贤二等人的策划,日本侵略者在中国的民族败类中选拔、收买了一批汉奸走狗,在安阳建立了河南沦陷区第一个伪政权——伪河南省自治政府,下辖民政、建设、财政、教育等厅。伪自治政府的重要成员,全部是日本在东北时培养的走卒,大部分秘书、科长以及股长,是由伪冀东自治政府调来。为了骗取河南沦陷区人民的信任,日本侵略者任命在外流浪多年、不学无术、甘愿做傀儡的河南人萧瑞臣担任伪河南省自治政府主席,于成龙接任伪彰德县知事。

1938年春,日伪彰德县立公署教育科成立。1940年7月23日,伪河南省公署转发伪教育总署的令文并根据现实情形制定了如下八条训育方针:"① 尽力提倡我国固有之美德,以领导学生之思想趋于正轨,而为建设东亚新秩序之始基;② 根绝容共思想,以亲仁善邻之旨,谋东亚及全世界之和平;③ 善用我国

---

① 河南省地方史志编纂委员会:《抗日战争时期的河南》,河南人民出版社,1985,第308页。

固有之家族精神,以顿风纪而固国本;④阐发修齐治平之道,以儒家精义为依归,摈弃外来之功利主义;⑤注重人格之修养,品德之陶冶,宜使学生有以国士自许之志向,稗将来能以担负复兴东亚之重任;⑥厉行节约运动,纠正奢侈陋习,以养成勤苦耐劳之精神与习惯;⑦个人生活与团体生活,宜有严格的规律,稗公私德行双方得以平均发展;⑧加强竞技运动等训练,以锻炼强健之体格及振奋有为之精神。"①这篇挖空心思所杜撰出来的训令,企图为日本侵略者涂脂抹粉,把恶狼装扮成菩萨,美化日本的侵略,同时它又是一种亲日、复古的奴化教育方针,是让河南沦陷区的民众服务于日本的殖民统治。

1939年,暂就马号街原大公中学校址,成立伪彰德县立师范学校。学制为4年,采用一校两部的办学方法,即:分为男子部、女子部。男子部在学校西院,女子部在东院。首届招收男、女生各一个班。之后,原安阳县立简易乡村师范学校和女子简易乡村师范学校的部分学生,陆续进入彰德县立师范学校学习,该校后来班次增至男女各四个班。

在课程设置上是按照伪华北政务委员会教育总署指定的标准实施的。学校使用的课本教材由日伪华北政务委员会教育总署教科书编委会统一编审,华北新民书局统一印行。②学校的主要课程是日语课,所占课时和国文课差不多,甚至超过汉语授课时数。修身课、国文课,都是满篇充斥着奴化教育的思想内容,里面大肆宣传"中日亲善""共存共荣""大东亚共荣圈""大东亚战争必胜"等殖民侵略理论,目的是为了解除中国青年的反侵略思想武装,老老实实地做日本侵略者奴役下的"顺民"。学生在严密的思想控制之下,民族观念、国家意识被扼杀在萌芽中。

在殖民教育阴云的笼罩下,教育行政部门只知道按上级指令办事,从不想方设法增加教育经费,改善教师待遇。当时教育界素号清苦,生活维艰。由于抗战后物价飞涨,通货膨胀,生计日趋困顿。教职员薪金颇低,使得教员生活尤为困窘。每至学期之末,常有不受聘而失业之虑。因此,凡有门路者宁可另谋生路,也不愿投之教育界。

1942年,伪彰德县立师范学校校长为郭鉴堂(曾任豫鄂皖绥靖督办公署少将参事)。当年在校男生3个班,女师1个班,附小2个班,共200余人。教职员17人,即教务处主任李翰杰、指导主任杜鸿志。教育学教员牛廷茂、国文教员李震泽、陈楚良,数学教员陈景森,理化教员李汉兴,数学教员兼附小主任张韵轩,日语教员石桥又三郎(日本人,曾任国民学校史地教员),体育主任兼

---

① 邢汉三:《日伪统治河南见闻录》,河南大学出版社,1986,第55页。
② 申志诚,等:《河南近现代教育史稿》,河南大学出版社,1990,第284页。

教育学教员杨时中,女子部主任兼博物教员张佑仁,艺术教员李淑媛,事务员张长富,附小教员文和新,孙邵文,书记李云龙,义务职古文教员张栢泉。

该校作为当时安阳唯一的中等师范学校,其办学经历之坎坷、艰难,饱尝了奴化教育之苦。然而,身居殖民教育环境中,也不乏敬业悉心教书之人;处于奴化、毒化教育之下的莘莘学子,才学之优者也大有人在。在1942年该校毕业生《同学录》序言中写道:"虽值此东亚风起云涌之际,西欧波惊骇之秋,卒能不顾艰辛,惨淡经营,始由一班扩充至三班,并添开女师一班,附小二班,区区成绩未始非。""彰德官立私立各学校不下数十处,而以县立师范为最高,男、女学员不下二百人,虽不敢与他省、他县相比较,然人数之众,才学之优,当然可以为彰邑之冠。课程则比初中,校名曰师范,似乎毕业后可以为人师矣,然诸生意气切不可以此自盈自满,要知学问无止境,求学亦无穷期,足以冠本邑,未必以冠他邑,足以冠他邑,未必足以冠他省、他国"。[①] 这说明彰德县立师范学校在安阳教育界还是颇有影响的。

(五) 复校与南迁

抗日战争胜利后,安阳县立简易乡村师范学校和安阳县立女子简易乡村师范学校先后复校。1947年,中国人民解放军围困安阳城后,安阳县立男、女简易师范学校南迁。在安阳简易师范学校时期,广大师生不畏强权,涌现出不少革命志士。

1. 安阳县立简易乡村师范学校

1945年秋,安阳县城光复后。国民党县政府派仝示雨负责接收伪彰德中小学和师范学校。1945年8月27日,伪彰德县立师范学校被撤销,安阳县立简易乡村师范学校恢复,校址由马号街迁回西大街原校址,并将县立第二、四完全小学改为简易师范附属小学。王兆祥出任复校后的校长,王早年毕业于省立汲县师范学校,曾任安阳县教育服务团主任,安阳县教育局督学兼安阳县立战时小学校长,河南省立安阳初级中学豫北分校史地教员。魏金龄任教务主任,李思诚任附小主任。

[①] 安阳师范学院校史编写组:《安阳师范学院校史(1908—2008)》,高等教育出版社,2009,第26页。

(1) 学校行政组织及机构设置

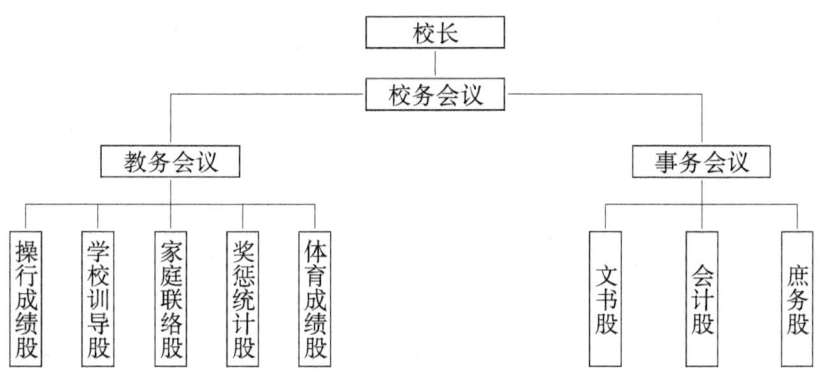

(2) 教职员

1945年，全校共有教职员31人。其中，教员15人，职员8人，校役8人。

(3) 教学科目

恢复后的安阳县立简易乡村师范学校仍实行4年学制，按照其教学计划共开设24门课程。

表2-4 安阳县立简易乡村师范学校的课程设置表

科目 \ 学年、学期 时数	第一学年 第一学期	第一学年 第二学期	第二学年 第一学期	第二学年 第二学期	第三学年 第一学期	第三学年 第二学期	第四学年 第一学期	第四学年 第二学期
公民	2	2	2	2	2	2	2	2
体育	2	2	2	2	2	2	2	
卫生	2	2	1	1	1	1		
国文	6	6	6	6	6	6	4	3
算学	4	4	3	3	2	2	2	
地理	3	3	3	3				
历史	3	3	3	3				
植物	2	2						
动物	2	2						
劳作(工艺)	2	2	2	2	2	2	1	
美术	2	2	2	2	2	2	1	
音乐	2	2	2	2	2	2	1	

(续表)

科目＼学年、学期＼时数	第一学年 第一学期	第一学年 第二学期	第二学年 第一学期	第二学年 第二学期	第三学年 第一学期	第三学年 第二学期	第四学年 第一学期	第四学年 第二学期
农业及实习	5	5	5	5	5	5		3
化学			3	3				
教学理论			3	3	2	2		
物理					3	3		
水利概要					2	2		
教学心理					3	3		
小学教材及教学法					3	3	4	
农业经济及合作							4	
乡村教育							3	
小学行政							3	
实习							3	24
教育测验及统计								3

表2-4清晰地反映出了安阳县立简易乡村师范学校的整体课程设置，总体而言是在借鉴修正师范学校教学科目的同时，又能结合该校的实际所开展的教学科目，但在实际教学过程中，有些课程由于无任课教员，或其他因素均有删减。

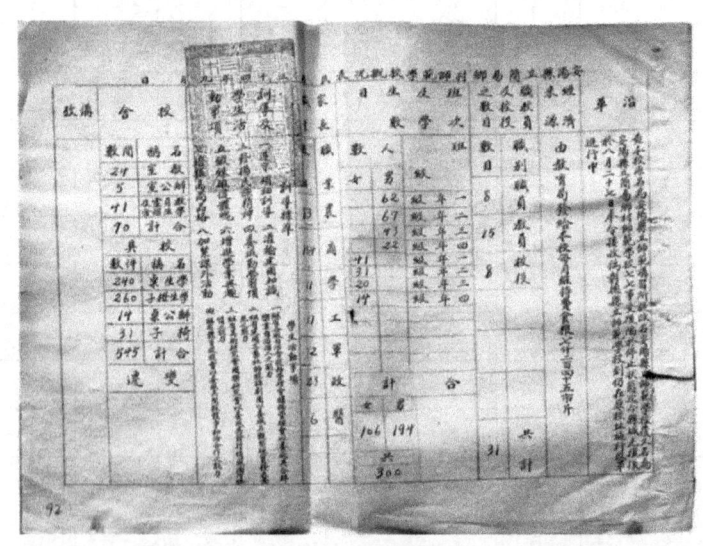

图2-3 安阳县立简易乡村师范学校概况表(1945年，河南省档案馆)

(4) 训导及学生活动

学校比较重视对学生的训导,训导的形式有开训育会议;每日由教师轮流值日指导学生课外活动;早晚集中训话;成立三民主义研究会启发学生思想。通过训导,旨在使学生尊重领袖,发扬民主精神,灌输建国知识,养成劳动习惯,锻炼雄健体魄,增加学习兴趣,培植高尚品格,加紧课外活动。

学校对学生的考查办法有三:一是教导课考查;二是各导师考查;三是考试,分期考、平时考、周考和自考等。

学校组建了学生自治会、寝室管理会、膳务管理会、建国文艺社、话剧团和体育促进会等课外活动组织。学生自治会、寝室管理会、膳务管理会等培养了学生自治的能力,建国文艺社、话剧团等以养成学生观察显示发表意见的能力。其他如美术研究会、国乐研究会活动,以培养学生抒发情感、陶冶性情之能力;体育促进会以养成学生坚毅竞争和融洽合作能力。[①]

安阳县令简易乡村师范学校通过建立自己的行政组织及机构设置使得学校的运行整体规范化,通过对教学科目的设定以及对学生训导活动的组织,使得该校学生有自己的规划和方向,这是继抗战胜利之后学校稳步发展的开始。

2. 安阳县立女子简易乡村师范学校

1945年抗日战争胜利后,安阳县立女子简易乡村师范学校与安阳县立简易乡村师范学校同时奉命复校,前者后并入安阳县立简易乡村师范学校,作为其女子部。

1946年春,安阳县女子简易乡村师范学校从安阳县立简易乡村师范学校分离,校址由马号街迁至新邺镇中正街(同善济世社旧址),学校拥有礼堂1座,办公室两间,会议室1间,普通教室13间,校卫生间1间,教职员寝室6间,接待室1间,厨房1间。当年全校经费总额78 769元。后又迁回县西街路南原址,并将安阳县立第一、三完全小学改为女师附属小学。

韦向和出任复校后的校长,韦向和早年毕业于国立北平师范大学教育学院体育系,曾任安阳县立高中公民教员,县教育局局长等职。薛明轩任教育、教导主任,李子佩任事务员、李兴邦任书记、王复兴任校医。学校共有教员9名,其中包括国文教员张福荣、李继春,教育教员徐怀本,技术教员李萃文,史地教员朱清抱、吴文蔚,数学教员史梅雨,数理教员萧光瑞,体育教员孟在民。

复校后学校仍实行四年制,全校共设4个年级,每个年级1个班。其中,一年级学生有学生58名,二年级有学生39名,三年级有学生23名,四年级有

---

① 安阳师范学院校史编写组:《安阳师范学院校史(1908—2008)》,高等教育出版社,2009,第28-30页。

学生10名,全校共有学生130人。

学校应开设的课程有国文、教育、劳动技术、史地、数学、物理、体育、图画、音乐等。但由于教员配备不齐,部分科目无法开设。学校缺少必要的教学设备,体育器材仅有篮球2个,排球1个。图书资料更是稀缺,全校共有中文书籍30册,外文书籍5册,日报5份,挂图3张。虽然如此,学校的教学等各项活动仍相当正规。除正常上课外,学校每周都拟定团体训练纲领,利用早晚集会讲述指导,由训育及各级导师随时指正学生失误。学生的课外活动也比较丰富,学生自治会、墙报社、音乐会、学术研究会、演讲会等学生团体均在教员的指导下开展课余活动,并在每周周会举行各类比赛。

1946年夏,国共两党爆发内战。国民党政府为保障庞大的军费开支,日益缩减教育经费比例。安阳县女子简易乡村师范学校的经费总额也一再被压缩,由于教育经费不能保证正常供给,教职员逐步减少,学校招生数量锐减,学校再也无力添置校具和设备,办学形势每况愈下[①]。

3. 南迁

1947年,中国人民解放军围困安阳城。从7月20日至30日,在国民党安阳当局的强行逼迫下,安阳城内中学以上教师、学生5 000余人被空运到郑州,安阳男、女简易乡村师范学校的部分师生遂被国民党当局裹挟至郑州。安阳男、女简易乡村师范学校、第三行政联立师范学校、县立中学和建邺中学等校在郑州组成河南省临时师范。新中国成立前,学校又迁至江西樟树镇和广西桂林一带。桂林解放后,河南临时师范学校被解散。

在学校南迁的过程中,由于河南省教育厅当局密谋策划及一系列欺骗宣传,加之当时河南许多地方战火不断。一批批衣食无着的师生,上当受骗,陆续来到江西、广西一带。只想寻找生路、继续学业的广大师生,结果仍然摆脱不了饥饿和贫困的窘迫命运。但是南迁的师生却成了河南省教育厅当局和地方教育局当局向南京国民政府邀功请赏、升官发财的资本。

另外,安阳县立男、女简易师范学校南迁后,1948年安阳县城内暂时没有师范学校。于是在安阳县水冶镇南关成立了安阳县立初级师范学校,后迁至蒋村马氏庄园。该校成立之初有教职员5人,其中校长1人、教员4人。有学生77名,设2个班。其中,一班39人,二班38人。文化层次及学生结构为:初小25人,高小46人,初中简师6人。时任校长孙尚志受党的委托,参与筹建了这所初级师范学校学校。学校虽然于1954年撤并,但在短短的5年时间

[①] 安阳师范学院校史编写组:《安阳师范学院校史(1908—2008)》,高等教育出版社,2009,第31-32页。

里,为解放区培养了一批教师。

安阳解放前夕,虽然男、女简易乡村师范学校,因南迁暂时停办,但周边的解放区彰南县、邺县也先后成立了两所初级师范学校,并以安阳县初级师范学校为主,形成了安阳师范教育的一大分支。这些师范教育分支机构的建立,无疑是安阳师范教育史上很重要的组成部分。[①]

第三节　安阳县立师范学校小学教师培养的特色

一、安阳县立师范学校小学教师培养的特色

在民国时期这样一个动荡不安的将近四十年的发展过程中,小学教师教育经历了重生与毁灭,又在毁灭中重生,漫漫的曲折发展之路,却不曾停下,为落后的中国培养一批又一批初等教育的教师,并在漫长的发展过程中形成了自己独有的年代标志。

(一) 学校办学类型多样

民国初年为了弥补师资不足创办了师范传习所、小学教师训练班。到北伐战争之后,顺应地方时势发展创立了安阳县立师范学校、安阳县立简易乡村师范学校。与此同时,针对女子教育设立的安阳女子师范学校,开化了女子的思想。由于日军侵占安阳,安阳县立师范学校与安阳女子师范学校被迫停办,但是小学教师教育发展的步伐却没有停止,在此期间成立的伪彰德县立师范学校,虽然受日伪奴化,但是不乏敬业悉心教书之人,为安阳教育界做出了自己独特的贡献。抗日战争胜利之后,安阳县立简易乡村师范学校与安阳县立女子简易乡村师范学校先后复校,为安阳小学师资培养做出了巨大贡献。

(二) 重视师范专业培训以及学生的教育实践活动

师范生在学校所接受的专业知识的学习、教育技能的培训等,目的就是为其毕业后从事教育事业打下坚实的基础。然而,师范学校教师在课堂上对学生所能教授的仅仅是理论性的知识,这些理论性的知识是前人总结出来的,未必对每个人都适用。"如果一个师范生只学了许多理论,形成了许多理想,但却无法使理论及理想与实际结合而相印证,那么其必将成为教育领域的纯学者而已,却无法成为专业化的学者"。[②] 该时期的师范教育非常注重学生的专

[①] 安阳师范学院校史编写组:《安阳师范学院校史(1908—2008)》,高等教育出版社,2009,第31-33页。

[②] 林永喜:《师范教育》,文景出版社,1986,第69页。

业培训与教育实践。如安阳县立师范学校与安阳女子师范学校在课程设置中均有实习科目,以训练学生服务教学的能力,并在师范学校附设小学,用于师范生的实习,注重实际作业,使之能与实际生活相融通。

(三) 重视学生的训育工作

小学教师教育最主要的宗旨是培养优秀的师范生,为社会输送合格的小学师资力量。"学高为师,身正为范",教师不仅需要丰富的学识,而且需要高尚的道德品行,这样才能教育好学生。师范生毕业后即需要从事教育事业,为人师表,因而师范生在学校中不仅需要学好专业知识,更需要培养高尚品质,在智识、感情、意志和行为上严格要求自己。为培养这样的教师,各个时期的小学教师教育都比较重视训育,但是由于该时期教育部与河南省没有公布具体的训育标准,因而该时期的训育制度大多由各个学校根据自身情况来制定,如安阳女子师范学校制定的训育制度:① 思想:要正确,纯洁、周密,有系统。② 精神:要活泼,要团结。③ 生活:要简朴、勤劳,有秩序,重卫生。④ 态度:要温和,诚恳,淑静,从容。⑤ 见识:要远大,中正。⑥ 能力:要充实。⑦ 行为:要忠恕,仁爱,信义,勇敢,有纪律,有操守。并对训育组织与训练方法做出了规定,加强对小学教师教育的质量要求。

(四) 乡村师范教育受到重视

二十世纪二三十年代,河南省根据中央政府的指导以及本省实际的状况,不断调整各类师范学校的课程设置及学分标准,使其能够根据自身的教育宗旨设置适用性课程,这对于培养合格教师人才可以起到积极的促进作用。同时安阳的乡村师范学校的课程设置也进一步反映了乡村师范教育的发展,安阳县立师范学校的课程设置除包括一般的师范教育类课程外,还设置了大量的适应农村社会的课程,如植物、动物、畜牧及造林、农业及实习、水利概要、农村经济及合作等。因而可以看出乡村师范学校对于学生在从事乡村小学教育及农村社会生活中的实用技能的培养十分重视,这为学生毕业后回到农村从事小学教育打下了坚实的知识基础与技能基础。这一时期河南乡村师范学校对学生的培养提出了严格的标准要求。这对于乡村师范学校教育目标的实现以及小学教育教学的发展起到了积极的促进作用,而安阳县立师范学校与安阳女子师范学校也遵循该标准,积极为地方培养优良的小学师资。

第三章　革故鼎新　安阳师范学校

1949年10月1日,毛泽东主席站在天安门城楼向世界庄严宣告:"中华人民共和国中央人民政府今天成立了!"这一庄严的宣告标志着中国结束了一百多年来被侵略、被奴役的屈辱历史,真正成了独立自主的国家,中国人民从此站起来了,成了国家的主人,开辟了中国历史的新纪元。新中国成立之初,旧中国遗留下来的教师教育不仅数量贫乏、基础薄弱,而且系统紊乱、设备简陋、课程庞杂、内容陈旧,教育专业思想淡薄,无论在数量上还是质量上均不能满足社会主义建设的需要。师资建设不解决,文化建设高潮就难以达到,甚至影响经济建设,改造旧有教育体制,建设新的教育体制成为该时期的迫切需求。这一时期,小学教师教育的发展也经历了曲折的过程,甚至走了不切实际的弯路,但所走弯路的经验对教师教育的发展同样具有积极的意义,它促使教师教育又破茧重生,散发出自己独有的魅力。

第一节　20世纪50—70年代我国小学教师教育发展概要

1949年9月,中国人民政治协商会议第一届全体会议通过了《中国人民政治协商会议共同纲领》,确立中华人民共和国教育的总方针为:"中华人民共和国的文化教育为新民主主义的,即民族的、科学的、大众的文化教育。人民政府的文化教育工作,应以提高人民文化水平,培养国家建设人才,肃清封建的、买办的、法西斯主义思想,发展为人民服务的思想为主要任务。"提出人民政府"应有计划有步骤地改革旧的教育制度、教育内容和教学法""有计划有步骤地实行普及教育,加强中等教育和高等教育,注重技术教育,加强劳动者的业余教育和在职干部教育,给青年知识分子和旧知识分子以革命的政治教育,以应革命工作和国家建设工作的广泛需要"。[①] 这一文化教育方针的确立,为中华人民共和国教师教育的改造、发展指明了方向。

---

① 中央教育科学研究所:《中华人民共和国教育大事记(1949—1982)》,教育科学出版社,1983,第3-4页。

一、新中国成立初期的教师教育

（一）师范教育法规的制定

新中国成立之初，百废待兴，改造国民党遗留下来的旧师范教育，培养大批适应新中国建设需要的人民教师成为当务之急。1951年8月，《人民教育》发表了题为《大力稳定和发展小学教育，培养百万人民教师》的社论，指出："师范教育好比工业中的重工业，机器中的工作母机，它是国家教育建设的根本，是全部教育工作的中心环节。"[1] 同年8月到9月期间，教育部在北京召开了一次全国初等教育和师范教育的会议，时任教育部长马叙伦提出："师范教育是整个教育建设的中心环节，师资问题如不解决，文化建设的高潮就很难到来，甚至会影响经济建设。"[2] 并指出当时最主要的问题是全国师范教育的发展未能与新中国教育建设的实际需要相适应。全国29所高等师范学校地域分布很不平衡，在教育方针、制度、教育内容等方面，都没有统一的标准，毕业生"数量既小，质量又差"[3]。会议明确指出了当前师范教育的工作方针，提出为了有效地供应大量师资，要使正规师范教育与大量短期训练相结合，在办好正规学校的同时必须开办各种短期师资训练班等办法。特别是今后三到五年内，应以大量短期训练为重点。[4] 此次会议明确了新中国师范教育的发展方向，大体上奠定了新中国师范教育的基本格局。同年10月1日，政务院颁布《关于改革学制的决定》，进一步促进了师范教育的发展。

1952年颁布试行的《关于高等师范学校的规定（草案）》和《师范学校暂行规程（草案）》确定师范学校分级设立。[5] 对全国高等师范学校办学的一系列方针和措施做了统一的规定："高等师范学校招收高级中学及师范学校（须服务期满）毕业生或具有同等学力者。师范学院修业年限定为四年，师范专科学校修业年限为二年。"[6] 1953年，教育部在北京召开了第一次全国高等师范会议，提出："高等师范教育，是我们全部教育事业的一个重要环节。如果抓不紧这一环节，我们就要犯政治上的错误。"[7] 同年，政务院在公布的《关于改进和

---

[1] 可参见，《大力稳定和发展小学教育——培养百万人民教师》，《人民教育》1951年第10期。
[2] 可参见，李友芝，等：《北京近代师范教育史资料（4册）》，1983，第1628页。
[3] 刘英杰：《中国教育大事典（上）》，浙江教育出版社，1993，第802-803页。
[4] 刘英杰：《中国教育大事典（上）》，浙江教育出版社，1993，第803页。
[5] 可参见，李友芝，等：《北京近代师范教育史资料（4册）》，1983，第1631-1632页。
[6] 中国教育年鉴编辑部：《中国教育年鉴（1949—1981）》，中国大百科全书出版社，1993，第967页。
[7] 可参见，李友芝，等：《北京近代师范教育史资料（4册）》，1983，第1641页。

发展高等师范教育的指示》中指出:"高等师范教育是办好和发展中等教育的关键……高等师范学校的数量和质量直接影响中等教育,影响中国青年一代的培养,间接影响高等教育的发展和提高,也就影响国家培养建设干部的计划和国家建设任务的完成。"①应当说,建国初期,从国家政策而言,师范教育已经摆在了相当突出的地位,但限于财力,对师范教育的投入还未完全到位。

为了确保师资的培养,根据当时的具体国情,我国的普通师范教育机构采取了独立设置的方式。1951年8月,第一次全国师范教育会议确定:每一行政区至少建立一所健全的师范学院;现有师范学院,要加以整顿和巩固;现在大学中师范学院或教育学院以逐渐独立设置为原则;根据需要和条件,得以个别大学的文理学院为基础,改组成为独立的师范学院;师范学院教育系的主要任务为培养师范学校教育、心理学科目教师,大学文学院中的教育系应该逐渐归并与师范学院。② 随后,1951年10月,政务院颁布的《关于改革学制的决定》③将师范学校归入中等专业学校,与普通中学分列;师范大学和师范学院、师范专科学校归入与工矿、农林、医药并列的专门院校。1952年7月,为解决中小学师资严重不足的问题,教育部颁布《关于大量短期培养初等及中等教育师资的决定》,提出在今后五至十年内,师资培养工作应以短期训练为主。短期训练班主要由各级师范学校主办,修业年限以不超过一年为原则,学生待遇比照各级正规师范学校。按照此规定,各地开始大量招收城乡失业知识分子、家庭妇女和年龄较长的高小毕业生施以短期培训后即充任小学教师,力求在较短时间内,迅速和有效地训练大批初等和中等教育的师资,以1952年中等师范学校招生情况为例,当年招收新生26.2万人,其中,师范学校招26 700人,占招生总数的10%;初级师范学校招65 700人,占招生总数的25%;短期训练班招17万人,占招生总数的65%。④ 初级师范学校的迅速膨胀,导致中等师范教育师资与设备供应严重不足,小学师资短训班更使得小学师资质量低下。针对上述问题,教育部从1953年起,开始对师范学校的发展进行调整。决定从1953年起,除少数民族地区外,小学师资短训班一律停止招生,对小学师资短训班学员采取升学、保留做小学教师、动员回家等方式进行妥善处理。

---

① 中国教育年鉴编辑部:《中国教育年鉴(1949—1981)》,中国大百科全书出版社,1984,第781-782页。

② 中国教育年鉴编辑部:《中国教育年鉴(1949—1981)》,中国大百科全书出版社,1984,第258页。

③ 中国教育年鉴编辑部:《中国教育年鉴(1949—1981)》,中国大百科全书出版社,1984,第686页。

④ 何东昌:《中华人民共和国重要教育文献(1949—1975)》,海南出版社,1997,第166页。

同时，还纠正初级师范学校盲目发展的倾向，收缩其发展规模。1954年1月，教育部召开全国中学教育会议，明确"中等师范教育今后的发展方针，应是有计划地发展师范学校，将现有初级师范学校逐步改办为师范学校或小学教师轮训班。今后小学师资的供应，除师范学校外，可另办师范速成班招收初中毕业生（高中毕业生多的地区也可招收高中毕业生）训练一年"①。最终高等和中等师范院校独立设置体制最终占了主导地位，同时为数不少的综合大学或其他专门院校毕业生也补充到普通中小学或职业学校的教职岗位。在基础教育和初等、中等职业师资严重紧缺、供不应求的条件下，在计划经济的大背景下，师范院校独立设置的体制，对于支撑穷国办大教育，为中小学源源不断地提供专业思想巩固的师资，做出了不可磨灭的贡献。其负面代价则是师范院校学科和专业较单一，培养目标和模式过分划一，影响了毕业生质量和学校自身功能的开拓。

在教育体系方面，1952年7月，《师范学校暂行规程（草案）》颁布实施，对中等师范学校的学校类别、培养目标、学校设置、招生对象、修业年限、课程设置、教导原则、组织管理、学生待遇及服务做了说明，这就促进了中等师范教育的发展。

关于高等师范学校的专业设置，1950年教育部颁布的《北京师范大学暂行规程》和1951年教育部《关于第一次全国师范教育会议的报告》分别有暂行规定和调整建议。1952年教育部颁布的《关于高等师范学校的规定（草案）》中，规定高等师范学校专科设12个系科，在师范学院和师范专科得合并设置。此后，又做出局部调整。1957年，全国高等师范院校设置的专业共21种，即中国语言和文学、中国少数民族语言、俄语、英语、历史学、政治教育、学校教育、学前教育、教育学、数学、物理学、化学、生物学、地理学、体育、音乐、美术、国画制图、历史政治、数理、生化等。至1963年又调整为17种。② 总之师范院校专业的设置是根据中小学开设的课程来开设相应的课程，这种做法短时期能够培养现成的中小学各科教员，但由于专业面狭窄不利于师范生的长远发展。

（二）学习苏联教育经验进行教学改革

1949年6月，毛泽东在《论人民民主专政》一文中指出："苏联共产党就是我们最好的先生，我们必须向他们学习。"同年10月5日，中苏友好协会总会召开成立大会，总会会长刘少奇在大会讲话中指出："苏联有许多世界上所没

---

① 何东昌：《中华人民共和国重要教育文献(1949—1975)》，海南出版社，1997，第318页。
② 中国教育年鉴编辑部：《中国教育年鉴(1949—1981)》，中国大百科全书出版社，1984，第260页。

有的全新的科学知识,我们只有从苏联才能学到这些科学知识。例如,经济学、银行财政学、商业学、教育学,等等。"①在上述思想指导下,教育领域开始全面学习苏联的教育经验。

1950年12月,苏联凯洛夫所著的《教育学》中文译本(1947年版)出版,此书被列入当时的"大学丛书",并作为师范院校教育学课程的教材。此后,又翻译出版了多种苏联教育书籍、报刊,介绍了大量苏联教育专家论著。1952年,教育部以苏联相关制度为参照开始制定我国高等师范院校、师范专科学校、中等师范学校的教学计划。1954年4月,教育部颁布了《师范学院暂行教学计划》,然后制定出我国各专业统一的教学大纲。全国各师范院校对于苏联的教学组织形式进行了全面学习,因此形成了所谓"凯洛夫教育理论体系"。在这个体系中,要求"在学校的一切教学工作中,绝对保证教师的领导作用",视教师为教学中"最重要的、有决定作用的因素",最终导致了中国当代"三中心"(以课堂为中心、以教师为中心、以教科书为中心)课程实施模式的产生。②

全面学习苏联的教育对建国初期稳定教学秩序,提高教学质量起了积极的作用,但在学习过程中灵活性不够,照搬情况比较严重。主要表现为教学大纲过于强调统一,限制了学生个性的发展。特别是老师和学生的主体性、自觉性几乎被完全抹杀,人民异化为教育的"附属场",中国教育在凯洛夫教育学说的影响下长期陷入极端化、教条化的机械思维。③

二、全面建设社会主义时期的教师教育

1956年,我国生产资料私有制的社会主义改造基本完成,国内主要矛盾已不再是工人阶级和资产阶级的矛盾,而是人民对于经济文化迅速发展的需要同当前经济文化不能满足人民需要的矛盾。集中力量发展社会生产力,实现国家工业化,逐步满足人民日益增长的物质和文化需要成为我国社会主义建设的主要任务。从1956年到1966年是建设社会主义的十年,教师教育也得到较大发展。随着中苏关系的恶化,中国开始在政治、经济、文化各个领域探索适合本国发展的道路。教师教育在经过前期全盘照搬苏联模式后,人们开始逐渐发现其存在着教师教育体系封闭僵硬,培养渠道单一狭窄,忽视生产劳动教育,教学内容脱离中国实际等弊端。尤其是用全面、系统、彻底地学习苏联的教师教育经验来代替我国教师教育的积极探索、自我创建的做法,颇值

---

① 北京市教育志编纂委员会:《北京市普通教育年鉴(1949—1991)》,北京出版社,1992,第5页。
② 丹增:《为了人人都享有的权利》,人民出版社,2007,第128-129页。
③ 丹增:《为了人人都享有的权利》,人民出版社,2007,第128-129页。

得反省。另外,苏联教育学,特别是"凯洛夫教育学"以"教师为中心""课堂为中心""知识为中心"的教育理念是与苏联 20 世纪 30 年代经济建设需要培养大批具有初级文化劳动者的社会需要相适应的,具有浓厚的经验主义色彩。随着社会的发展,这一缺陷日益明显,一些教育界的有识之士试图打破这一模式的弊端,摆脱原先那种以外化为主、内生为辅的发展道路,力求探索出一条适合中国国情的教师教育发展道路。

(一)师范教育的超越发展及教育质量的大幅下降

1956 年 9 月,中共八大的召开,使社会主义建设的方针路线得以确立。师范教育在经历了建国初期的改造以及按苏联教育模式全面调整之后,已初步建立起了新的体系和体制。随着八大会议上"第二个五年计划"的提出,师范教育的发展面临着新的挑战。由于前一时期全盘借鉴苏联教育模式,结合我国实际情况不够,暴露出许多问题,然而,由于"反右派"斗争严重扩大,错误地开展"反右派"运动,以及随之而来的"大跃进",师范教育界试图突破苏联教育经验局限的进程被打乱了。

1. 改革政治课程

1957 年 3 月,教育部在北京召开第三次全国教育行政会议,会议指出中学取消政治课,改设宪法课程是忽视政治,机械照搬苏联的教条主义做法。为此,当年 8 月《教育部关于中学、师范学校设置政治课的通知》发出,要求中等学校全面恢复政治课,并规定初中一、二年级讲"青年修养",初三讲"政治常识",高中一、二年级讲"社会科学常识",高三讲"社会主义建设"。但"反右"运动开始后,中学和师范学校将政治课内容一律改为以"反右派"斗争为中心的社会主义思想教育课程。1958 年 9 月,《中共中央、国务院关于教育工作的指示》发布,强调在一切学校中,必须加强马克思列宁主义的政治教育和思想教育,培养教师和学生的工人阶级的阶级观点、群众观点和集体观点、辩证唯物主义观点。[1] 据此精神,各师范学校加强政治课的教学,将理论与革命实际相结合。有的学校还改革政治课的考试方法,以政治思想考核取代政治课考试,采取由党团组织、政治课教师和学生三结合的方式,自上而下根据学生的政治理论认识和实际表现进行评议,再给予评分。[2] 政治课的改革虽然给学生的思想政治教育带来了一定的积极作用,但过于强调政治,则陷入形式主义倾向。

2. 增加生产劳动教育

1958 年 1 月,为突破苏联教育经验的局限性,建立适合中国国情的教育

---

[1] 何东昌:《中华人民共和国重要教育文献(1949—1975)》,海南出版社,1997,第 859 页。
[2] 曾煜:《中国教师教育史》,商务印书馆,2016,第 306 页。

制度,《共青团中央关于在学生中提倡勤工俭学的决定》发布,在全国范围内开展以勤工俭学、教育与生产劳动相结合为中心的教育革命。2月,教育部关于大力支持共青团中央《关于在学生中提倡勤工俭学的决定》的通知颁发,认为实行半工半读、勤工俭学是革新我国教育制度,使学校教育与生产劳动相结合的重大措施之一,各地要根据当地的具体条件有计划、有步骤地去做,注意发现经验,并及时地加以总结和推广。① 但在此过程中,大搞生产劳动,使得生产劳动占用了教师与学生太多的教学与学习时间,严重影响了教学秩序,破坏了教学进度,导致教学质量下降。

3. 调整教育专业课程

1958年3月,《教育部关于1958年度中等师范学校教学计划的通知》提出,各师范学校的教育实习可不必限于原有限定,可大胆创新。4月,又通知师范学校三年级的教育学课程原有教材内容停止讲授,改为讲授有关我国教育方针政策的内容。8月,北京师范大学邀请北京、天津有关高校和科研机关的部分教师、研究人员进行座谈,批判心理学教学中的资产阶级方向。与会代表认为,北京师范大学资产阶级专家讲授的心理学是资产阶级的心理学,主要表现在以心理分析代替阶级分析,排除阶级社会对人心理的影响,极力从生物学观点说明人的心理现象。次日,《光明日报》发表题为《拔掉资产阶级教育科学中的一面白旗》的社论,对北京师范大学彻底批判心理教学中的资产阶级方向予以充分肯定。此后,全国相继开展对心理学的批判,把心理学视作伪科学。由此,多数师范院校停开心理学课程,取消教育实习,教育学课程变成教育方针及政策课,师范学校的教育专业性被严重抹杀。

1958年5月,中共八大二次会议上通过"鼓足干劲,力争上游,多快好省地建设社会主义"的总路线。9月,中共中央、国务院发出了《关于教育工作的指示》,提出要使全国在三到五年时间内基本扫除文盲,普及小学教育,使大多数学龄前儿童都能入托儿所和幼儿园的任务。要争取在15年左右时间内,基本上使全国青年和成年受到高等教育,在这种高指标催促下,一时间各类学校数目猛增,从而迫使师范教育迅速膨胀。② 据统计,从1957年到1958年,高等师范学校数量猛增,导致教育质量大幅下降。

在《关于教育工作的指示》中,提出党的教育方针是教育为无产阶级政治服务,教育与生产劳动相结合。该方针对于培养德智体诸方面都得到发展的

---

① 何东昌:《中华人民共和国重要教育文献(1949—1975)》,海南出版社,1997,第799页。
② 中国教育年鉴编辑部:《中国教育年鉴(1949—1981)》,中国大百科全书出版社,1984,第965页。

社会主义事业的建设者和接班人,加强教育与社会实践的结合,具有重要的指导意义。但是,在当时举国上下"大跃进"的背景下,师生卷入过多的社会活动和生产劳动,严重影响了教育质量。

(二) 师范教育专业化的曲折发展

在当时,"教育大跃进"的错误并没有得到及时地纠正。相反,当时教育行政领导部门最为关注的问题之一就是如何走出一条我国多快好省地办师范的路子。1960 年 4 月,教育部部长杨秀峰在全国人大二届二次会议上提出:"在改革中小学教育的同时要相应地改革师范教育。高等和中等师范学校文化科学知识水平应该适当地提高,使其分别相当于综合大学和普通中学程度,教学学科要切合实际,精简集中。"[1]1960 年 4 月,教育部在新乡召开了师范教育改革座谈会。会后提出了三个文件,即《关于师范教育教学改革的初步意见(草稿)》《关于改革高等师范教育的初步意见(草稿)》《关于迅速提高在职教师政治文化业务水平的初步意见(草稿)》。会议提出改革建议,要求提高课程的文化科学知识程度,要能够反映出现代科学的最新成就。高师院校要大力开展科学研究工作,努力向综合大学看齐,要本着精简集中的原则,改革教育课程内容,增加毛泽东思想、党的教育方针、中国先进教育经验等内容。高师院校应把教育学、心理学、教学法三科合一,教育实习也可以取消,把省下来的时间用于提高文化科学水平。

(三) 师范教育质量的恢复

1961 年 1 月,中共八届九中全会确定了国民经济实行"调整、巩固、充实、提高"的方针。从 1961 年起,党中央对因受错误批判而遭到处分的党员、干部和知识分子进行平反,分期分批为"右派分子摘帽子"。接着召开了文学艺术和科技座谈会,周恩来、陈毅分别在会上发表了重要讲话,重申党的知识分子政策和"双百方针"。这使我国的教育科学文化事业一度形成了较为宽松的环境,出现了繁荣发展的新局面。各条战线纷纷总结经验教训,制定出各种条例、制度和措施,包括《教育部直属高等学校暂行工作条例(草案)》等。从 1961 年到 1965 年,各类师范学校分别采取了停办、合并等措施,调整后,中等师范学校数量有所减少,教学质量明显提高。[2]

为了统一对师范教育思想的认识,1961 年 10 月底,教育部在北京召开了第二次全国师范教育会议。此次会议就是否需要办高师的问题展开了大讨

---

[1] 可参见,李友芝,等:《北京近代师范教育史资料(4 册)》,1983,第 1666 页。
[2] 中国教育年鉴编辑部:《中国教育年鉴(1949—1981)》,中国大百科全书出版社,1984,第 981 页。

论。通过热烈的讨论,与会者达成共识:高等师范不是办不办的问题,而是如何办好的问题。教育部副部长周荣鑫在大会总结报告中指出:师范是不能取消的。师范是培养师资的重要阵地,这个阵地要坚持。① 在讨论如何办好师范教育时,会议代表指出了前一阶段师范教育中存在的问题,如由于受"大跃进"的影响,学校数目急剧增加所导致的师资短缺及师范院校课程设置不够合理,劳动、科研等活动过多,没有很好地贯彻"以教学为主"的原则等。针对上述问题,会议进一步明确了师范教育的主要任务是培养中小学师资。会议认为高师院校必须进行科学研究,并以教育科学研究作为自己的重要任务,肯定了教育类课程在高师课程中的地位。此次会议虽然提出了一些解决师范教育问题很好的建议和具体方法,但在以后的实践中却未能很好地贯彻实施。在师范教育工作会议上,还印发了调整后的《三年制中等师范学校教育计划(草案)》,并于1963年8月正式印发各地征求意见。

在培养目标上,师范学校招收年满16岁至25岁的初中毕业生,修业年限为三年,培养合格的小学教师。具体培养要求是:① 使学生具有爱国主义和国际主义精神,具有共产主义道德品质,拥护共产党的领导,拥护社会主义;初步树立工人阶级的阶级观点、劳动观点、群众观点、辩证唯物主义观点;愿意为人民服务,热爱人民教育事业,热爱儿童,在思想行为上成为小学生的表率。② 使学生具有高级中学的文化水平,理解党的教育方针政策,具有教育科学的基础知识和从事小学教育工作的能力。③ 使学生具有健康的体质,养成良好的生活习惯。

在教学时间、生产劳动时间和假期安排上,师范学校各年级全年教学时间为九个月,校外劳动一个月,寒暑假两个月。

在课程设置方面,"在加强文化课的同时,开设必要的教育课程,加强政治、语文、数学、教育学,特别是加强语文和数学,注意结合小学教学实际,开设必要的小学教学法课程和教育实习,注意师范生将来教小学,特别是农村小学,需要具备较广博的知识和必要的音乐、美工的知识与技能"②。因而师范学校设政治、语文、数学、物理、化学、生物、历史、地理、教育学、教育心理、小学语文教材教法、小学算术教材教法、体育、音乐、美工、教育实习、农业科学技术知识、劳动等课程。调整以后,政治课占总课时的7%左右,文化课占64%左右,教育专业课(含教育学、教育心理学、教材教法、教育实习)约占14%左右,

---

① 马啸风:《中国师范教育史(1897—2000)》,首都师范大学出版社,2003,第50页。
② 刘英杰:《中国教育大事典(1949—1990)》,浙江教育出版社,1993,第987页。

艺术、体育课占15%，①参加生产劳动的时间每年定为四周。在这一计划中，原来的8门教法课变成了只有两门教法课。这一计划对稳定中等师范的教育教学工作起到了积极作用。

纵观1956至1966年这十年间师范教育的发展，前五年由于受极"左"思想的影响，出现了不少失误，特别是1958年的教育大革命违反了教育规律，给教育事业整体发展带来很大损失，后五年，以党的"调整、巩固、充实、提高"八字方针为指导，师范教育的质量才得以恢复。

三、社会主义教育遭到严重破坏时期的教师教育

1966年5月16日，中共中央政治局扩大会议召开，会议通过了《中国共产党中央委员会通知》（即《五·一六通知》）。《通知》提出："彻底批判学术界、教育界、新闻界、文艺界、出版界的资产阶级反动思想，夺取在这些文化领域中的领导权。"从1966年5月到1976年10月，这十年间，中国师范教育的发展遭到严重的破坏，师范院校停止招收学生，教师身心遭受残酷的迫害和摧残。十年"文革"挫伤了广大教师从事教育教学工作和进行自我专业发展的积极性，对师范教育造成了无法估量的破坏。

（一）师范教育培养目标被篡改，教育质量严重下降

培养目标问题是师范教育的根本性问题。它一方面通过培养一定规格的师资服务社会，集中体现和反映社会对师范教育的要求；另一方面又直接规定着师范院校办学的指导思想与师资培养计划、内容、组织与实施。因此，明确培养目标是办好师范教育的关键所在。"文革"前高师院校的系科被任意裁并，教学计划被彻底搁置，教育学、心理学、教学法课程被取消，教育实习也名存实亡。在教学模式上，文科按战斗任务来组织教学，理科结合典型工程进行教学，致使学生不能系统掌握科学知识。这种混乱的教学秩序，导致教育质量大幅度下降。

（二）否定高师教育的专业化要求，中小学教师的专业化完全中断

十年"文革"使教育事业遭受到重大损失。从1966年下半年开始，各地高师院校停止招生长达5年之久，停止派遣留学生近7年，停招研究生12年。从1966年至1976年，各级师范院校的教学、科研工作基本停顿。多数中师学校从1967年至1969年停止招生。1965年至1971年间，高师院校从110所

---

① 何东昌：《中华人民共和国重要教育文献（1949—1975）》，海南出版社，1997，第1208-1209页。

减到44所,学生从94 268人减少到16 940人,中师生从15.5万人减少到1969年的最低谷1.5万人。① 十年间,我国教育事业包括师范教育遭到了最严重的挫折和打击,所造成的损失是极为惨重的。

(三)扰乱师范院校的教学计划,改革毕业生的分配制度

"文革"时期各级师范院校的"教育革命"只讲批判,不讲继承,强调"破字当头,立在其中",否定行之有效的课程设置和衔接顺序,提出"以典型产品组织教学""以生产战斗任务组织教学",大大削减了基础理论课程。由于割裂理论和实践的统一,片面抬高实践的教育作用和直接经验的作用,强调"开门办学",号召师生走出校门参加农业生产劳动,以至高师两年制的文科学生真正在校学习时间不到八九个月,三年制的理科学生真正在校学习时间不到十二三个月,足见这一时期师范院校教学秩序的混乱。"文化大革命"爆发后,师范院校和其他高校、中专的应届毕业生分配问题同样中断。1967年6月,《中共中央关于大专应届毕业生分配问题的决定》发出,规定大专学校1966年毕业生、1965年待分配的毕业生应立即分配,1967年毕业生原则上也应于本年七八月完成分配。② 但由于"文革"的混乱,此决定未能执行。1968年6月15日,《中共中央、国务院、中央军委、中央文革关于1967年大专院校毕业生分配工作问题的通知》和《中共中央、国务院、中央军委、中央文革关于分配一部分大专院校毕业生到解放军农场锻炼的通知》颁发,明确提出毕业生分配应坚持面向农村、面向边疆、面向工矿、面向基层,与工农兵相结合的方针,打破大专院校毕业生一出校门只能分配当干部,不能当工人、农民的制度。③ 11月,《中共中央关于1968年大专院校毕业生分配工作问题的通知》发出,除继续强调大专毕业生分配必须坚持"四个面向"原则外,还进一步把"面向农村"具体化,如改造盐碱地、兴修水利、到人民公社插队等。这一系列政策的颁布与实施使得师范院校的教学计划被扰乱,专业不对口也造成了毕业生的大量流失,难以满足基础教育对新教师的需求。

(四)中小学教师遭到残酷迫害,专业素质和专业能力下降

特别是在中共中央《五·一六通知》和"十六条"发表后,全国很多地方的

---

① 中国教育年鉴编辑部:《中国教育年鉴(1949—1981)》,中国大百科全书出版社,1984,第981页。

② 中央教育科学研究所:《中华人民共和国教育大事记(1949—1982)》,教育科学出版社,1983,第413页。

③ 中央教育科学研究所:《中华人民共和国教育大事记(1949—1982)》,教育科学出版社,1983,第418-419页。

中小学教师遭受到严重迫害。"各县中小学骨干教师在运动中都有被迫害致死的现象"[①]。在这种情况下,中小学教师的地位一落千丈。

由于普通中学数量猛增,高等师范院校毕业生锐减,高中教师只好从初中选拔,初中教师从小学选拔。"层层选拔"的结果,使绝大多数高中教师有名无实,同时也拖垮了初中和小学。这种人为的恶性循环使许多初中和小学甚至高中,只好大批招用城市知识青年到学校任教,民办教师和代课教师在各市、县急剧膨胀。

纵观新中国成立以来的师范教育,初等师范、中等师范和高等师范教育都获得了巨大的发展。但是新中国成立初三十年左右的师范教育的计划性和稳定性不够。特别是"文革"十年,中小学教师的专业能力和专业水平的提高受到了严重的影响,其影响在很长时期内仍然无法消除。

第二节 安阳师范学校发展历程

20世纪50—70年代属于建国初期,也是百废待兴,大力搞发展搞建设的时期,随着各项政策的出台,教育也迎来自己的稳定发展期,其间经历了平原省立安阳师范学校(1949年7月—1952年底)对旧有的教育体制进行了根本的改造,使得学校发展从新民主主义教育向社会主义教育的过渡;河南省安阳师范学校时期(1952年—1962年5月),1962年5月15日与安阳第二师范学校合并之后成为豫北有影响的师范学校,主要培养小学师资;频繁变更下的安阳师范学校(1957年12月10日—1958年12月29日),已不再是纯粹的培养小学师资的场所,而是其中的中师部负责;其中安阳第二师范学校作为安阳师范学校的有机组成部分,经过多方组建,如彰南县立师范学校与邺县县立师范学校之间合并成为安阳初级师范学校,最终发展成为安阳第二师范学校,主要培养小学师资;经历了调整巩固、"文化大革命"的冲击、以及拨乱反正慢慢步入正轨等阶段。其间值得肯定的,但也有对师资培养造成影响的。本节以安阳师范学校统称安阳地区该时期小学教师培养机构。

一、平原省立安阳师范学校

平原省立安阳师范学校(1949年7月—1952年底)时期,学校顺利完成了对旧教育体制的根本改造,初步实现了从新民主主义教育向社会主义教育的过渡。

---

① 刘霄,贺宝月:《南阳教育文化》,河南大学出版社,2003,第187页。

(一) 整顿与接收

1949年5月,人民解放军早已横渡长江,解放了南京,正在江南和西北几千里的战线上勇猛前进,扫清残敌。四野战军胜利南下,势如破竹,一举解放了豫北国民党土匪军队的最后据点——安阳,人民解放军入城后,根据党中央的政策,接收了全部机关、学校和企业。

安阳师范专科学校的前身是接收的原西大街的一所简易师范学校,当时虽名为一所学校,由于国民党官吏的贪污,学校各项硬件设施缺乏,校舍破烂不堪,只有几间低矮潮湿、四面透风的破房子权充当教室,学校教学经费严重不足,教师无心上课,学生寥寥无几。当时党和政府派孙尚志、韩涛负责接收学校。接收后,学校迁至马号街校址。1949年7月,学校被命名为"平原省立安阳师范学校",归平原省政府文教厅主管,袁觉民任校长,路富智任教导主任。

学校成立后,遵循"维系教育现状,逐步改造"的方针,在上级大力支持下,在校长袁觉民的努力下,进行了扎实有效的改革调整工作。废除了旧的教育制度,废除了旧课程和旧教育方法,建立了新的教育制度,增设了政治、文史、教育、地理等科,采用新教材,实施了新的教育方法。自外地选调来一批教师,为学校进一步整顿和发展打好了基础。政府及时下拨了教育经费,扩充了校舍面积,新建了操场,扩大了招生规模,学校面貌焕然一新。学校对外也展示了良好形象。

图3-1 平原省立安阳师范学校大门(2009年,王野平根据校友回忆复原,原照不存)

此时,由于战乱而南迁的师生也回到安阳本部,当时除1个毕业班外,其余 4 个班改编为初师三年级 1 个班,二年级 2 个班,又招收初师一年级 2 个班,共 5 个班,在校学生 228 人;精选各方才俊来校任教,教职工队伍扩充为 40 人。[①] 学校各项工作逐步迈入新的轨道,此时学校主要培养小学教师。

但由于当时的中国还未完全解放,且由于在校学生多来自国统区,国民党残余势力的伺机反扑,使得学校师生的整体思想混乱,一时难以统一,这就给学校的教学与发展带来了困难与挑战。为了肃清封建的、买办的、法西斯的思想影响,系统地贯彻党的教育方针,在征求广大师生的意见中,决定建立党组织,1950 年 2 月,学校建立团的组织,团支部书记赵自堂,在学生中发展团员,并吸收个别教师参加。1950 年

图 3-2　平原省立安阳师范学校印
（1949 年,濮阳市档案馆）

3 月,召开了全体教职员大会,明确了党对学校的领导,建立了政治学习制度,认真宣传党的政策,帮助大家认清形势,分清是非,划清界限,解除顾虑,逐步地把教职员团结在党的周围,进行自觉地改造,同年秋季开始进行党课教育。1950 年 9 月前,学校只有校长袁觉民和教导主任吕云为党员,尚未建立党的支部。1950 年 9 月,明确袁觉民为学校党支部书记,未设支部委员。1951 年 3 月正式建立了党支部,路富智任书记,袁觉民任组织委员,贾建西任宣传委员,全校共有党员 15 人,共青团员 93 人（其中教职工 2 人,学生 91 人）。到 1951 年,党组织建立后,开展了扎实有效的领导宣传工作,党员的模范带头作用在学校中产生了积极的影响,学校各项工作开展顺利。[②]

（二）招生条件

平原省人民政府文教厅对于刚成立的师范学校的招生条件做了统一部署,如 1950 年暑期统一招生通告如下:

平原省人民政府文教厅

关于省立中学、师范学校暑期统一招生通告

为了有组织地进行招考新生,及便于各地学生投考起见,本厅特制定本年暑期省立中学、师范学校统一招生办法,分别在各地举行,希各省立中学、师范

---

① 安阳师范学院校史编写组:《安阳师范学院校史(1908—2008)》,高等教育出版社,2009,第 39 页。

② 安阳师范学院校史编写组:《安阳师范学院校史(1908—2008)》,高等教育出版社,2009,第 39 页。

学校及各地暑期投考学生,注意本通告事项认真执行。

一、招生学校性质、班次及报名考试时间

1. 菏泽中学高中一个班;菏泽师范后师一个班;聊城中学高中两个班;武安师范后师一个班;新乡中学高中一个班,初中两个班;新乡师范后师三个班;卫辉中学初中三个班;卫辉师范后师两个班;焦作中学初中一个班。以上九个学校统一于八月十五日(夏历七月二日)起报名;八月二十日(夏历七月七日)考试。

2. 安阳一中高中一个班,初中一个班;安阳二中初中两个班;安阳师范后师两个班;道口中学初中两个班;濮阳中学初中一个班。以上五个学校统于八月二十日(夏历七月七日)起报名;八月二十五日(夏历七月十二日)考试。

二、名额

高中、后师、初中每班均为五十名(男女兼收)

三、资格

1. 高小毕业生或具有同等学力者,年在十二岁以上,十八岁以下者,投考初中。

2. 初中毕业或具有同等学力者,年在十四岁以上,二十二岁以下者,投考高中。

3. 初中毕业或具有同等学力或小学教员有县人民政府介绍信及初师毕业服务满两年者,年在十六岁以上二十五岁以下者可投考后师。

4. 女生及在职教师的录取标准应略宽。

5. 在同等程度情况下,工农子女有录取优先权。

四、报名手续

1. 须持有毕业证书或区级以上政府介绍信。

2. 须呈缴一寸半身脱帽相片一张(录取与否概不退还)。

3. 报名费免收。

五、考试科目

1. 高中、后师——国文、数学(算术、代数、几何)、史地、自然(理化、博物、卫生)、政治常识、体格检查、口试。

2. 初中——国文、算术、常识(史地、自然、政治)、体格检查、口试。

六、新乡、安阳、汲县、菏泽四处的省立中学、师范学校,必须采取联合招生办法,统一报名、考试,投考及格录取后,按投考生志愿,分别编班,投考生于报名时,须注明第一志愿住学校及第二志愿住学校。

七、报名及考试地点

均在各校所在地。

八、修业年限

高中、后师、初中各三年。

九、待遇

1. 录取学生除住宿、灯油（水电）、卫生设备由学校供给外，伙食、被服、课本、文具等概自备。

2. 家庭贫寒，学业优良，思想进步者，根据规定，可享受人民助学金。

（注）1. 各校可根据本通知，制定招生广告，自行印发，在附近地区散贴。

2. 各校若有人数不足之班次，可于招生广告添招插班生，补足名额。

厅长　王振华

副厅长　巩阆如　王儒林　白桦

一九五〇年六月二十八日

——引自《平原日报》1950年7月2日，第4版

为了宣传学校组织招生，1950年，学校发布招生广告：

省立安阳一、二中、师范三校联合招生广告

一、宗旨：中学——为新民主主义国家培养具有中等文化水平，及基本科学知识的青年。

师范——为新民主主义国家培养与提高小学师资及初级教育行政干部。

二、修业年限：三年毕业

三、班次和名额：初中一年级新生四个班二百名。后期师范一年级新生两个班，共一百名。

四、资格：高小毕业或具有同等学力的男女青年在十八岁以下均有投考初中资格；在十六周岁以上，二十五周岁以下，初中、初级师范毕业生或具有同等学力者，均有投考后期师范资格。现任小学教员，民校教员，及其他工作人员，年龄在二十八岁以下者经区级以上机关之介绍信可投考师范。

五、考试科目：初中——国语、算术、常识（史地、自然、政治）、体格检验、口试。

后师——国语、数学、史地、自然、常识（理化、博物）、政治常识。

六、报名日期：自广告之日起至考试前一日止。

七、报名手续：(1)须携带毕业证书或毕业证明书，或区级以上机关介绍信。

(2)须携带个人鉴定表（学习成绩，生活表现，家庭状况）。

八、报名地址：安阳城内一中、二中、师范。

九、待遇：师范——按省府规定给以人民助学金待遇。

中学——除住宿、水电由学校供给外，伙食、被服、课本、文具等均归自备，如家庭贫寒，成绩优良者，按省规定酌予人民助学金。

十、考试日期：三月八日（农历正月二十）。

十一、考试地点：安阳城内各本校。

>
> 安阳一中　校　　长　李亘川
> 　　　　　副校长　李天祥
> 安阳二中　副校长　张云生
> 安阳师范　校长　　袁觉民
> 　　　　　一九五〇年元月二十八日

——引自《平原日报》1950年1月31日,第4版

这两则招生文件,对平原省立安阳师范学校的招生班次、名额、考生资格、报名手续、考试科目、报名及考试时间、地点、学生待遇等做了详细的规定,这对未来教师教育的发展提供了值得参考与可资借鉴的价值。

(三) 学制与课程方面

平原省立安阳师范学校成立后,沿袭原来的3年学制。1950年,学校开始招收中师班,学制仍为3年。1952年教育部明文规定,"师范学校修业年限为三年,招收初级中学毕业生,或具有同等学力者,入学年龄暂定为十五至三十岁"。其后学校一直按此规定执行。在学校规模的发展上,1950年春为安阳专区代办班。1951年暑期,增招了1个中师班和1个师范速成班,其中师范速成班主要招收初中毕业生或具有同等学力者。至1952年秋季开学时,有初师6个班,中师3个班,师范速成2个班,共11个班,学生497人。1949年至1952年,学校共培养毕业生285人,教职员工也从1949年的40人发展到61人。[①]

在课程设置方面,1952年7月,《师范学校暂行规程(草案)》颁布实施,中华人民共和国独立封闭型的中等师范教育制度正式确立。其中三年制初级师范学校的具体教学科目包括语文及教学法(语文、语文教学法)、数学及算术教学法(算术、代数、平面几何、算术教学法)、物理、化学、自然及教学法(植物学、动物学、生理卫生、自然教学法)、地理及教学法(地理、地理教学法)、历史及教学法(历史、历史教学法)、政治(中国革命常识、时事政策)、心理学、教育学、学校卫生、体育及教学法(体育、体育教学法)、音乐及教学法(音乐、音乐教学法)、美术及教学法(美术、美术教学法)、参观实习。

师范速成班的具体教学科目包括语文及教法(语文、语文教学法)、算术及教法(算术、算术教学法)、自然教材教法、地理教材教法、历史教材教法、政治(共同纲领、时事政策)、心理学、教育学、体育及教学法、音乐及教学法、美术及教学法、参观实习。[②]

[①] 安阳师范学院校史编写组:《安阳师范学院校史(1908—2008)》,高等教育出版社,2009,第42页。
[②] 中国教育年鉴编辑部:《中国教育年鉴(1949—1981)》,中国大百科全书出版社,1993,第750-755页。

按照规定,师范生享受人民助学金,毕业后由县教育行政机关负责分配工作。师范学校毕业生至少服务教育工作三年(师范速成班毕业生两年),在此期间不得升学或担任其他职务。

(四) 积极参加抗美援朝运动

1950年10月,中国人民志愿军跨过鸭绿江,和朝鲜人民一起共同抗击以美军为首的"联合国军"。国内掀起了轰轰烈烈的抗美援朝运动,但不少群众对抗美援朝战争的前景并不乐观,一些人的心中还存在着恐美怕美思想。在上级党委的领导下,学校党支部及时对广大师生进行爱国主义与国际主义思想,教育批判恐美崇美亲美言论,培养民族自尊心和自信心,树立仇恨与蔑视美帝国主义的英雄气概。

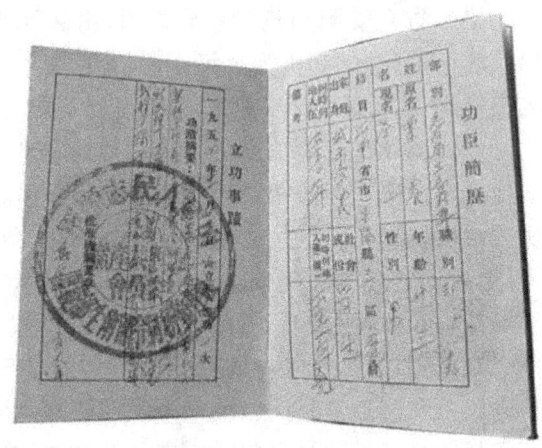

图3-3 学生栗恭抗美援朝立功证明书(1954年,栗恭提供)

图3-4 学生栗恭抗美援朝纪念章(1954年,栗恭提供)

在中国人民志愿军取得一系列光辉胜利的背景下，经过抗美援朝教育后，学校的广大师生普遍提高了爱国主义与国际主义思想水平。在此基础上，学校党支部及时组织全体师生开展了抗美援朝宣传活动和支援国防建设的捐献运动。同时，在校内掀起了参军高潮，全校师生都热烈地响应党的号召，他们组织起来，走上街头，大力宣传保家卫国的先进思想，积极报名参加国防建设。1950年12月与1951年7月，学校党支部先后两次批准28名学生光荣地参加中国人民志愿军。他们在战场上冲锋陷阵，不怕流血牺牲，用生命和鲜血谱写了保家卫国的光辉赞歌。

（五）思想改造[①]

1950年12月，全国开展镇压反革命运动。学校党支部组织师生学习了《中华人民共和国惩治反革命条例》，反复讲解了"镇反"政策，号召师生主动向党交代政治历史问题，登记了反动党团员。

1951年5月，在上级党委的指示下，学校党支部带领全校师生开展批判武训的学习运动，以提高教职员分辨文化是非的能力。

1951年7月，安阳市委趁暑假时间组织全市中小学教师集中进行思想改造学习，以整顿教师队伍，清洗反革命分子，批判反动思想，提高思想觉悟，划清革命与反革命的界限。根据安阳市委的指示，学校党支部组织领导思想改造学习活动，正确地贯彻了党的知识分子政策。经过学习整顿和思想改造，巩固了党在学校的领导地位，端正了办学方向，统一了师生思想。

1952年春季，在全国范围内开展"三反""五反"运动。学校在党支部领导下，开展了两方面的斗争：一方面进行反对贪污、浪费、官僚主义的斗争，处分贪污分子，贯彻移风易俗、勤俭办校的精神；另一方面，初步开展对资产阶级教育思想的批判，对学校中存在的损人利己、唯名唯利、个人至上、教师本位、享乐主义等资产阶级思想进行批判。开展社会主义教育，强调培养学生社会主义的人生观。同时，大力贯彻教育为工农服务、教育向工农开门的方针，注意进行劳动教育。招生时优先录取工农子弟，各班普遍建立了青年团支部，在学生中积极发展青年团员。学生中有团员157人、党员10人，形成学生中进步的核心力量。与此同时，在办学条件改善方面，1949年至1952年的三年中，除添置了足够的桌椅及各种教学设备与办公用具外，图书仪器、生物标本从一无所有的状态，发展到有图书5 200多册，理化仪器及生物标本1 000多件。

[①] 安阳师范学院校史编写组：《安阳师范学院校史（1908—2008）》，高等教育出版社，2009，第43-44页。

处在新中国成立之初的平原省立安阳师范学校,根据国家发展的需要通过整顿与接收,建立党组织稳固师生的思想;根据战时需要参加抗美援朝运动,激发了学生的爱国之情;根据国情需要,通过三年制初师班、中师班与师范速成班培养了具有马克思列宁主义与中国革命实际相结合的毛泽东思想的初步基础、中等文化水平和教育专业知识、技能,全心全意为人民服务的小学师资。

图3-5 平原省立安阳师范学校毕业证书

二、河南省安阳师范学校

1952年平原省撤销后,平原省立师范学校更名为河南省安阳师范学校,归河南省人民政府教育厅直接领导。1957年至1958年,学校多次易名。1958年12月,学校更名为河南省安阳师范专科学校。至1962年5月,学校与安阳第二师范合并之前,河南省安阳师范学校已初具规模,成为豫北颇有影响的师范学校,为当地培养了大批师资,满足了当地教育和各项事业的需要。

(一)迁入新址

为适应国家建设形势的需要,创造学校发展的物质条件,1952年春,学校开始在安阳市第二区南关1号筹建新校舍,年底基本完成。平原省撤销后,安阳划归河南省,学校更名为"河南省安阳师范学校",归河南省人民政府教育厅直接领导。1953年2月,学校迁入南关新址办学。

这一时期,学校的领导管理体制也得到了初步的确立,根据1952年教育部颁布的《师范学校暂行规程(草案)》,学校实行校长负责制,设校长一人,负责领导全校工作。学校还设教导、总务两处,负责学校日常的教学及后勤工作。路富智任书记兼校长,教导主任刘清,副主任赵自堂,总务主任张师夔。

图3-6　河南省安阳师范学校二门复原图(2009年,王野平)

为了便于学生观摩学习,《师范学校暂行规程(草案)》规定师范学校应附设小学和幼儿园,或由所在教育行政机关指定附近小学及幼儿园为实习场所。[①] 学校遵照国家规定,在1953年附设了一年学制的师范速成班,后来根据安阳小学教育发展形势的需要,又分别开办了"小学教员训练班"和"小学教员轮训班",学制为半年或1年,对未达到初级师范毕业程度的教师进行一至两年的培训,使其在主要学科方面能够达到初级师范毕业水平,学员按教育部制定的二年制或一年制小学教师轮训班教学计划(草案)进修各科课程,修业期满,经考查准予毕业,发给小学教师轮训班毕业证书,其效用与初级师范毕业证书相同。与此同时,学校还开始设立师范附属小学培养小学生。

(二)学习苏联办学经验

1949年9月30日,中国人民政治协商会议第一届全体会议通过了《中国人民政治协商会议共同纲领》,其中明确规定"人民政府的文化教育工作,应以提高人民文化水平,培养国家建设人才,肃清封建的、买办的、法西斯主义思想,发展为人民服务的思想为主要任务。"[②] 学校积极贯彻这一新的教育方针,扭转旧的教育思想和教育模式。

1949年12月,中共中央召开第一次全国教育工作会议,明确提出"建设

---

① 何东昌:《中华人民共和国重要教育文献(1949—1975)》,海南出版社,1997,第161页。
② 王俯民:《中华近世通鉴》,中国广播电视出版社,2000,第207页。

新教育要以老解放区新教育经验为基础,吸收旧教育某些有用的经验,特别要借助苏联教育的经验。"当时的河南省学习苏联主要经历了两个阶段:一是1950年到1952年,主要是借助苏联教育理论和教育经验,进行旧教育的改造和确立建设新教育的指导思想、教育理论基础;二是1952年下半年至1956年,以改革教育内容为中心,全面学习苏联教育制度、教育内容和方法,建立中国社会主义教育和教学制度,提出学习苏联与中国国情相结合的原则,争取探索出一条符合中国实际的社会主义教育发展的新路。

1952年下半年,学校积极响应上级号召,开展学习苏联教育经验活动,开展教学改革。组织教师学习凯洛夫的《教育学》,学习叶西波夫·冈察洛夫的《教育学》,学习马卡连柯的教育著述以及苏联优秀教师们写的经验总结和学术论文。学习五级分制记分方法,学习苏联教师的工作方法和课堂艺术。在教学上,要求教师加强备课,做好课时计划,掌握教学原则,运用教学环节。语言要简练明确,板书要眉目清楚,讲解的系统性逻辑性要强,以便学生能够懂透、记熟。

学习苏联经验的步骤是由表及里、由浅及深、由易及难的,大体上是1953年着重学习五级分制记分方法,组织教师进行学习,制定五级分制记分的根据与标准,全面推行教学日志制度。1954年春季,进一步强调掌握教学原则,运用教学环节,提高课堂教学艺术。1954年秋季,在深入系统地学习和贯彻政务院《关于改革和发展中学教育的指示》后,全面开展从钻研教学大纲和教材着手,大力进行教学内容的改革。

为了贯彻通过业务领导实现思想领导,通过业务改造进行思想改造,以达到通过正课进行思想教育的目的,1953年实行集体备课、集体办公和教案审批制度。党支部强调指出:通过业务研究,开展批评与自我批评。通过教学改革,改造教师思想,以克服教学上的自由主义、兴趣主义和主观主义等思想。学校组织观摩教学、集体听课,以检查学习苏联先进经验和教学改革的成绩。1954年春季开始重点地进行教学质量检查。组织教师检查作业成绩,检查教学计划与课时计划,检查作文。召开评议会和师生座谈会,全面检查教学质量与学生学习成绩[1]。

国家为了普及小学教育,逐步实行小学的五年一贯制,必须以较快的速度发展师范学校。1953年春,该校已有六个初师班,三个中师班和两个师范速成班。而中师和速成班的学生大部分都是招收安阳市的初中毕业生。这些学

---

[1] 安阳师范学院校史编写组:《安阳师范学院校史(1908—2008)》,高等教育出版社,2009,第45-46页。

生大部分受了旧社会轻视小学教育工作的恶劣影响,到校后情绪低落,纪律涣散,学习效果差,生活秩序较乱。为了安定学习情绪,提高学习效果,按期完成教育任务,党支部以青年团为核心,领导全体师生,自课内至课外,大力贯彻党的教育方针,加强政治思想教育,明确学习目的,稳固专业思想,经较长时期的艰苦工作,成功解决了这个问题,为安阳地区培养了大批优秀小学教师。

(三)贯彻全面发展的教育方针

为了培养出适应国家需要,适合社会发展,满足教育需求的小学优质教师,河南省安阳师范学校在教育方针的指导之下落实相关政策,开展劳动教育,增强纪律教育,重视思想品德以及开展丰富多彩的活动,以应革命工作和国家建设工作的广泛需要。

1. 落实相关政策

1953年,党支部组织师生学习党在过渡时期的总路线,贯彻"学校教育为总路线服务"的精神,提出"为祖国而学习"的口号,1954年提出"为实现社会主义而学习"的口号。发动青年响应毛泽东"身体好、工作好、学习好"的号召,开展"争取做三好学生"的活动,每学期评定"三好学生",大大鼓舞了师生的工作热情和学习的积极性。当年,党中央再次强调贯彻全面发展的教育方针,学校党支部根据实际情况,提出在全面发展的基础上,以爱国主义教育为准绳,加强劳动教育,自觉纪律教育和专业思想教育。在教学方面大力贯彻"面向小学"的方针;要求教师认真学习有关小学教育的政策法令,熟悉小学教材。教学中紧密结合小学实际,经常到小学听课,定期与附小教师联系,搞好教育实习工作。要求学生认真学习业务课程,学习小学模范教师的工作态度,各班普遍与小学建立友谊班,经常保持联系,以培养热爱儿童的情感。并经常聘请经验丰富的小学教师来校做报告。当时提出的口号是:"把学习目的和祖国建设挂上钩,把学习活动和小学实际结合起来。"[1]这就有利于理论与实际的结合,使得师范生既懂理论,又能更好的结合实际教学进行运用。

2. 开展劳动教育

作为人类最基本的实践活动,劳动不仅创造了人类本身,而且也创造了巨大的物质财富和精神财富,保证了人类社会的延续与发展。正如苏联教育家马卡连柯所言"劳动永远是人类生活的基础,是创造人类生活和文明幸福的基础。劳动教育不仅是造就未来好公民,而且是提高公民将来生活水平及保障其幸福生活的教育。"因此造就一个优秀的小学老师,必须学会劳动,河南省安

---

[1] 安阳师范学院校史编写组:《安阳师范学院校史(1908—2008)》,高等教育出版社,2009,第46页。

阳师范学校的学生除了进行基本的劳动教育外,还组织学生参加体力劳动,把校内空地分配给各班,利用课余假日时间,结合生物教学,培养蔬菜谷物。1953年春季栽种了400多棵果树和1 000余棵柳树、槐树。为了美化学校环境,建立了校内菜园。组织全校师生利用星期日与假日参加安阳市的义务劳动和附近农村的麦收劳动。参加抗旱点种工作,以培养劳动习惯,学习劳动技能。在劳动中要求教职员带头参加,以身作则。① 这就增强了师生的劳动意识,培养了师生的劳动习惯,为祖国的建设与发展贡献自己的力量。

3. 增强纪律教育

一所学校要想发展得更好,纪律教育必不可少,一个人要想在社会中立足,遵纪守法必须牢记心头。该校在自身的发展过程中,也特别注重学生的纪律教育,除强调通过正课经常地进行纪律教育外,每学期都要在课外组织关于纪律教育的学习和检查,好的表扬,坏的批评。1953年秋,制定《学生暂行守则》,作为加强纪律教育的准绳。②

4. 重视思想品德教育

从古至今,许多教育教都把思想品德教育置于一个特殊而又崇高的地位。德国著名的教育家赫尔巴特曾说:"道德普遍地被认为是人类最高的目的,因此也是教育的最高目的。"对于该校的发展,德育也必不可少,河南省安阳师范学校在总结苏联办学经验的基础上,根据本国的教育方针,结合师范教育的特点与学生的年龄特征,在学校的统一组织下进行了专门的师范教育,除此之外,还通过政治课、班主任工作和共青团的活动进行思想政治教育。从学生的思想实际出发,进行正面教育,爱护学生,尊重学生,循循善诱,以理服人,启发他们的思想自觉性。避免简单粗暴和脱离实际,不讲实际效果的主观主义,形式主义的做法。强调教师要以身作则并身体力行,以榜样的力量去影响学生。③ 这就为培养一个有德行守纪律的未来好教师奠定了基础。

5. 开展丰富多彩的活动

1953年至1955年,学校的体育工作得到了很大的发展,各项运动的成绩显著提高,男子篮球在1954年、1955年均取得安阳市冠军。男子排球自1953年起连续4年蝉联安阳市冠军。男子足球自1954年起连续4年夺取安阳市

---

① 安阳师范学院校史编写组:《安阳师范学院校史(1908—2008)》,高等教育出版社,2009,第46页。

② 安阳师范学院校史编写组:《安阳师范学院校史(1908—2008)》,高等教育出版社,2009,第47页。

③ 安阳师范学院校史编写组:《安阳师范学院校史(1908—2008)》,高等教育出版社,2009,第47页。

冠军。在1954年春季举行的安阳市田径运动会上,取得了各个项目的冠军,荣获全市总分第一名。1954年秋季,安阳市举行男子8 000米选拔赛,共取25名,该校学生占了19名,其中前10名中,该校学生占了9名。

1953年至1956年,学校创作了10种小型舞蹈和歌曲,许多工厂和小学聘请学校学生在星期日和假日去教他们舞蹈和唱歌。不仅活跃了学校的学习生活,而且也帮助带动了其他单位。许多节目取得了较好的成绩。1954年安阳市各中等学校文艺汇演,学校的"施新民舞""藏胞歌唱解放军"均取得了一等奖。1956年安阳市青年业余文艺汇演,学校的大合唱荣获一等奖。①

图3-7 运动会比赛场景(濮阳市档案局)

(四) 教学改革

1954年春季,为了积极稳步地改革教学工作,提高教学质量,学校要求教师进一步学习苏联先进的教学经验,加强教学的计划性,掌握教学原则,运用教学环节,提高课堂教学艺术,把集体听课、观摩教学发展为"公开教学评议",以便开展教学上的批评和自我批评,互相学习,取长补短,推动教学改革。强调教师全面负责,不能只负责知识的传授,亦应负责学生道德品质的培养。为了加强师生的联系,实行了"教师值周制",贯彻"依靠教师办好学校"的精神。要求值周教师深入到课堂、饭厅、寝室和操场里去,和学生一同吃饭、一起活动。学校还开展"计划学习"活动。向学生提出"加强学习劳动,提高学习质量,开展计划学习,贯彻学生暂行守则,培养自己成为德才兼备的合格的人民教师"。并让学生明确"计划学习"是完成"三好"任务、达到全面发展的手段。经过动员酝酿之后,在党团员的带动下,每个学生都制定了正课学习、课外阅读、体育卫生、课余生活等方面的具体计划。每天的时间都做了科学的分配,

---

① 安阳师范学院校史编写组:《安阳师范学院校史(1908—2008)》,高等教育出版社,2009,第47页。

克服部分学生单学几门功课的偏向,消除学习生活中的忙乱现象。结合开展"计划学习"活动,向教师提出加强教学与留作业的计划性,避免重理轻文,忽多忽少的现象。为了保证学生能够科学地支配时间,对各科自习时间与课外活动均做了原则性的划分,实行班主任统一调度作业的办法。并要求各科教师减少作业分量,提高作业质量,以减轻学习负担,保证全面发展教育方针的贯彻。此时的学校最主要的还是培养小学师资,在苏联先进教育经验的带领之下,结合实际进行了一系列的改革,着力培养德、智、体、美全面发展的社会主义建设者。1956年春季开学时,根据上级指示,将学校中师6个班的三年级学生,选优抽出147人参加了分科学习。开设语文、史地、数学等3个专科班,掀开了学校发展历史上新的一页,开始为国家培养初中师资。在深入贯彻党的知识分子政策的基础上,钻研业务,"向科学进军"的情绪空前高涨,纷纷制订业务进修计划,积极提高教学质量,对专科班认真贯彻了"短期速成,精简集中,切合初中实际,重点讲授,教会会教"的方针,经过半年的努力,1956年暑期毕业时,全部参加分科学习的专科班学生都能胜任和基本胜任初中教学工作,不仅服从了政府的分配,还有部分学生,响应党的号召,自愿报名赶赴新疆,参加边疆的教育建设。暑假后,学校正式招收专科生,设立了语文、数学、生物3个专科班,学制两年。

1956年春季,根据上级指示,组织教职员深入系统地学习教育部颁发的《师范学校规程》《师范教学计划》《师范学校附属小学条例》《师范学校教育实习办法》,回顾了过去几年来的经验教训,总结了学习的心得收获。根据《师范学校规程》第43条规定的13项内容,确定了学校的《学生守则》,并大力进行贯彻。

根据党的指示,在教学上开始克服"三脱离"的现象。指出教学必须与政治相结合,与生产相结合,与实际相结合,并强调增强基本生产技术教育(综合技术教育)的因素。1956年秋季开学后,根据学校的性质,结合劳动教育和专业教育,开始大力实施基本生产技术教育。根据自然科学、美术和手工劳动科的教学,紧密结合生产实际。1957年初步总结了一些经验,在当时的情况下,实施基本生产技术教育的时候,适当地结合专业还是对的,但过分强调结合专业,让生产技术教育的实施缺乏灵活性,限制了它向现代化的科学技术方面发展。

1956年春季,在学生中广泛开展了丰富多彩的"学科小组"活动,成立了50个"学科小组"。有三分之二以上的学生,经常参加小组研究活动,同时开始在全校范围内推广普通话。5月,根据教育厅的指示,撤销了集体办公制度。同年秋,进行了考试办法的改革,重点试行了"口试"。

1956年10月,党支部组织全体教员深入系统地学习了"中共八大"文件,进一步鼓舞了教职员的情绪,推动了学校的工作。同时在业务学习上,开展了对资产阶级唯心主义学术思想和实用主义教育思想的批判,进一步克服资产阶级思想对教育工作的影响。

教师对学生课内学习、课外活动全面负责,并通过各科教学和各项活动培养学生科学的世界观、革命的人生观及为人民服务的专业思想。以上课为教学的基本形式,着重启发学生学习的自觉性、积极性,以培养其独立思考和工作的能力。除上课之外,还让学生通过参观与实习提高其专业知识与技能,注重理论与实际的联系。

为了加强校际的联系,及时交流教学经验,提高教学质量,1957年7月,安阳专署教育科召集安阳二师、濮阳师范的部分教师来学校进行教学经验交流会,交流了文学、汉语、教育学、心理学等学科的教学经验,进行了热烈的讨论并认真地进行了总结,对提高三个学校的教育质量起了一定的作用。[1]

(五)整风运动下的教学质量

1957年2月27日,毛泽东在第11次最高国务会议上最高会议上做了《关于正确处理人民内部矛盾的问题》的报告。学校党支部向全体教职员进行了传达并组织学习。3月,又传达贯彻了省委宣传会议的精神。

1957年12月,河南省根据中央精神要求,制定一系列发展规划,要求在12年内扫除全省青壮年文盲,7年内争取所有的适龄儿童都能入学,普及小学和初中教育,鼓励私人办学,并要求各级各类学校自动"穿靴戴帽",即专升本,高中升大学,学校必须开设扫盲班和扫盲组,大量工人和农民被招入学校突击扫盲。1952年、1956年和1958年,安阳市掀起了三次大规模的群众性扫盲运动,出现了"万人教""全民学"的运动高潮,学校在这几次活动中发挥了巨大的作用。学校遵照上级号召,除在学校开设扫盲班外,还安排部署部分师生深入工厂和农村田间地头,义务为工人和农民传授知识,深受群众欢迎。

1957年12月10日,学校被河南省政府命名为河南省安阳第一师范学校,书记路富智调安阳地委工作。次年6月,孟蔚文代理支部书记,其后短短几个月里连续改派几任书记。1958年4月,根据上级党委指示,学校的整改工作进一步转向了"双反双比"(反浪费、反保守;比先进、比多快好省地建设社会主义的干劲)运动,提出了横扫官气、暮气、阔气、娇气、教职员上山下乡。精简人员,下放了教师,为贯彻"三勤"(勤俭办学、勤俭生产、勤工俭学)方针,大

---

[1] 安阳师范学院校史编写组:《安阳师范学院校史(1908—2008)》,高等教育出版社,2009,第50-51页。

批学生下工厂,去农村,学理发,学做饭,搞运输,学缝纫。正常教学秩序及教学质量受到了严重的影响。6月,学校开展了向党交心运动,并号召学生进行"自觉革命"。经过教育启发,绝大部分师生向党交出了真心。结合审干工作,一部分教师向组织交代了长期瞒着的历史政治问题和曾参加过反动组织的问题。8月,根据上级党委指示,转入了批判潘杨思想影响的学习,进行了两条道路的斗争,进一步提高了阶级觉悟,划清了大是大非的界限。1959年1月,教职员普遍地进行了自我反省,写出了书面材料,总结了整风收获。

1958年春季,结合整风运动,学校大力贯彻勤俭办学、勤工俭学的方针。在勤工俭学的活动方面,全体学生响应党的号召,决心自力更生,用自己的双手为国家创造财富,向劳动索取学习生活费用,扭转了过去完全依靠助学金,一切费用由国家包下来的思想,贯彻了边学习、边劳动,使学习和劳动相结合的精神。在勤工俭学的活动中,大批学生下工厂,去农村,学理发,学做饭,学缝纫,搞运输,直接参加了生产劳动,学会了许多生产技术。培养了热爱劳动及劳动人民的思想情感,养成了艰苦朴素、勤俭节约的校风。增强了劳动观点,养成了劳动习惯,发扬了集体主义、团结互助的精神,提高了社会主义与共产主义的思想觉悟。为总结勤工俭学方面的成绩,学校于1958年秋季举办了一次勤工俭学展览活动。

图3-8 下乡劳动学生在田间合影(徐景稚摄影)

整风运动在一定程度上促进了教学、生产、科学研究三者的结合,有利于学生将理论与实践相结合,但也不可忽视,由于受运动所迫,学校各项工作的进行都受到了影响,学生过分参与生产劳动也忽视知识学习的重要性,这就不利于师资力量的整体提升。

三、频繁变更下的安阳师范的小学教师教育

1957年12月10日,学校更名为"河南省安阳第一师范学校",安民任党支部书记。1958年10月5日,安阳市划归河南省新乡专区管辖,学校因而易名为"河南省新乡专区第二师范学校"。不久,又改名为"河南省新乡专区第二师范专科学校"。1958年12月29日,学校更名为"河南省安阳师范专科学校"。

1960年8月,学校更名为"安阳第一师范学校",由朱景汉任校长。学校共有校舍356间,教职工67人,在校学生638名。师生中共有党员14人,团员280人,学校设有校务委员会,校务委员会下设教务处、总务处、生产处和工会。还相继成立了马列主义教研室、语文教研室、数学教研室、自然教研室、史地教研室、体艺教研室、教育教研室等。各教研室分别组织骨干教师,深入钻研教材,结合当地实际,探索教育教学新路,积极交流教学心得,并采用传帮带的办法,新老结合,互相促进,学校的教育教学质量进一步提高。学校响应上级"教育与生产劳动相结合"的号召,结合安阳地区实际,在学校建立了附属小学,开办了综合工厂和附属农场,为师生提供了较好的实习基地。[①] 此时的安阳师范学校处于不断变更状态,并且也不再是纯粹意义上的中师在"学制要缩短,教育要革命"的呼声中,进行了学制与专业设置的改革以及教学计划与教学方法的改革。

(一)学制与专业设置

在学制上一直按1953年国家规定的三年制中等师范教育规程培养学生。1958年,学校由中专升为专科学校,根据"学制要缩短,教育要革命"的指示,为了加快人才培养的速度,学校将学制缩短为2年。1960年学制再改为3年(如表3-1所示)。开设的主要课程有:语文及教学法、数学及算术教学法、自然及教学法、历史及教学法、政治、心理学、教育学、学校卫生、体育及教学法、音乐及教学法、美术及教学法、参观实习等,并按要求开办了多种短期培训班,培养学生一专多能的本领,为国家建设输送高质量的优秀毕业生,尽力满足当地教育和各项事业的需要。

---

① 安阳师范学院校史编写组:《安阳师范学院校史(1908—2008)》,高等教育出版社,2009,第55-56页。

表 3-1 学校三年制教学计划表

科目		第一学年 上	第一学年 下	第二学年 上	第二学年 下	第三学年 上	第三学年 下	三学年总计
语文及教学法	语文	8	8	7	7	6	6	732
	语文教学法					1	1	32
数学及算术教学法	算术	6	6					216
	代数			3	3	2	2	172
	平面几何			2	2	2	2	136
	算术教学法					1	1	32
	物理		2	2	2	2	2	144
	化学				2	2	2	108
自然及教学法	植物学	3	2					90
	动物学	3	2					90
	生理卫生			2	2			72
	自然教学法					1	1	32
地理及教学法	地理	3	3	3	3			216
	地理教学法					1		18
历史及教学法	历史	3	3	3	3	2	2	280
	历史教学法						1	14
政治	中国革命常识					2	2	64
	时事政策	1	1	1	1	1	1	104
	心理学			2	2			72
	教育学					4	4	128
	学校卫生					1	1	32
体育及教学法	体育	2	2	2	2	1	1	176
	体育教学法						1	14
音乐及教学法	音乐	2	2	2	2	1	1	176
	音乐教学法						1	14
美术及教学法	美术	2	2	2	2	1	1	176
	美术教学法						1	14

(续表)

科目	第一学年		第二学年		第三学年		三学年总计
	上	下	上	下	上	下	
参观实习					2	2	
每周教学时数	33	33	33	33	33	32	
每学期上课周数	18	18	18	18	18	14	
每学期上课总时数	594	594	594	594	594	448	3418

注：该表源于安阳师范学院校史。

（二）教学计划与教学方法改革

学校严格按照国家规定的教学计划安排课程和选定教材，并根据本地实际适当增加一些教学内容，自编部分教材补充教学。

为了提高教学质量，1957年学校首先进行了工作分配制度的改革。改革坚持一人一职的原则，在一定程度上调动了教师开展业务的积极性，教师的工作态度也变得更加主动、细致和深入，无论是班主任或任课教师，都能结合制定的规划，深入了解每个学生的学习表现，虚心接受他们的意见和要求，进行综合性研究和分类排队，因材施教、因学施教，使教学活动做到心中有数。在备课环节上，广大教师不仅重视个人独立的钻研能力，担任相同课程的教师还加强了集体备课，共同研究教学大纲、教学目的和教学方法，确定重点和难点，共同选定作业。在集思广益的基础上，每人都认真细致地写出了个人的课时计划，不仅做到了超周备课，而且重视课前试讲。在课堂教学上，教师们不仅讲得细致认真，而且方法灵活多样。不仅注意了讲清概念，而且注意到联系政治、结合生产劳动，如数学组的"五好"教学方法就在全校推广运用。在作业批改上，基本做到全批全改。语文课作文批改，有总批、眉批，并对部分学生当面批改。在批改的过程中，注意记录学生作业中发现的问题，及时进行研究和课堂讲评，使知识上的共同缺陷能得到弥补，也能得到及时的纠正。在课外辅导上，除自习时间勤辅导外，还充分利用饭后、空堂、假日等时间，深入学生中进行辅导。数学课教师还别出心裁创造了"辅导预约袋"方法，经常挂在教室里，学生有疑问就将问题投入袋内，教师发现后，在上课及时讲解，此法深受学生欢迎。

"教"与"学"的关系在这个时期得到了更加紧密的联系，虽然方式方法上有点简单和偏激，比如大鸣大放、贴大字报的举动，学生曾经一次贴出了2 206张大字报，当然其中有表扬也有批评，但更多的是提出合理化建议，教师们也虚心接受了有关意见并加以改正。学生在节假日和老师生病期间，也主动到家里慰问,使师生关系变得融洽。为了端正思想和改进学习,学生们开展了"八查、八比、五多、一争取"的群众性活动,在相互对照检查和热烈的评比活动中,掀起了比、学、赶、帮的竞赛热潮。

这个时期,学校的文体活动也开展得十分热烈。1959年的安阳市秋季运动会上,在13个参赛项目中,取得了2个冠军,4个亚军的优异成绩;文艺创作活动中,广大师生积极参加,创作了新诗5万多首,快板书8 954篇,歌曲190多首,舞蹈54个,剧本42个,其中86件先后在《河南日报》《安阳日报》等报刊上登载。学校拥有120多人的文工团,组建了管弦乐队、民乐队、男女合唱队、舞蹈队和曲艺队。他们经常奔赴郊区、农村公社、工厂、部队、街道等单位慰问演出,共演出49次,观众人数达10多万。①

图3-9 文艺演出(1964年,张瑞华提供)

图3-10 学生宣传队(李景佩提供)

---

① 安阳师范学院校史编写组:《安阳师范学院校史(1908—2008)》,高等教育出版社,2009,第58-59页。

通过教学方式的改革提高了学生的学习质量；理论与实际的结合，不仅改变了学生动脑不动手的被动局面，而且提高了学生学习的热情；文体活动的展开，也有利于学生的全面发展，为安阳地区培养了很多优秀的小学师资。

四、安阳第二师范学校

20世纪60年代的安阳第二师范学校是学校的有机组成部分。安阳第二师范学校的历史最早可追溯到1947年7月成立的彰南县立师范学校，同年秋，彰南县并入邺县，9月，学校易名为邺县县立师范学校。1954年6月21日，邺县并入安阳县，1954年夏，在邺县县立师范学校初师班的基础上，并入安阳、林县、汤阴、淇县、浚县等县立中学原有的9个初师班，组建安阳初级师范学校。1956年夏，安阳初级师范学校改名为"安阳第二师范学校"。①

（一）彰南县立师范学校

民国年间，在安阳与临漳之间设置有彰南县。1947年彰南解放。为发展小学教育，中共彰南县委决定创办一所师范学校。经过一个多月的紧张筹备，1947年7月"彰南县立师范学校"在彰南县滑河屯村正式成立。初创时，全校仅有教师5人，学校学制半年，计划招生两个班。由于当时安阳城尚未解放，彰南县立师范又是中国共产党办的学校，所以一般群众还有顾虑。不少学生虽想进校读书，但又怕连累家庭，故报考者不多。为了打消学生的顾虑，学校教职员不辞辛劳，主动下乡动员青年入学。经过努力后，最后学校共招到80余名学生，按计划分为两个班，在课程设置上仅开政治一门课。后期条件比较艰苦，继续发展，为该地区培养小学教师。

图3-11　彰南师范学校旧址——安阳县滑河屯（戴五爱提供）

---

① 安阳师范学院校史编写组：《安阳师范学院校史（1908—2008）》，高等教育出版社，2009，第60页。

(二) 邺县县立师范学校

1. 学校规模

1949年秋,彰南县撤销和邺县合并,9月,学校由高利寺迁到南掌涧村,校名遂改为"邺县县立师范学校",此时,学校学生增加到5个班,共244人。校长于立廷,副校长翟跃生,教导主任刘朝东。

1950年春,学校开始招收轮训班。8月,11班、12班入学。年底,全校共有6个班,297人,创办师资轮训班主要是对未达到初级师范毕业程度的教师进行一至两年的培训,使其在主要学科方面能够达到初级师范毕业水平。

1951年初,13班、14班、15班入学,中学班开始招生。2月末,刘朝东任副校长。5月,14班、16班、18班入学。12月,第10班学生毕业。年底,全校共有9个班,415人。

1952年1月,第19班、20班入学。5月,因邺县急需小学教师,遂招生两个班(即26班、27班)。暑假,21班、22班、23班、24班、25班入学。10月,28班、29班、30班入学。至此,全校共有16个班,742人,规模是创立时的9倍;教职员58人,是创立时的11倍。

1953年我国开始了第一个五年建设计划。为加强党对学校的领导,1953年1月调李芝泉(当时的县长)到学校任党支部书记兼校长,学校正式建立了党支部。7月间,13、14、15、26四个班同时毕业。9月13日,新学期开学时,张兴华任副校长。班次又重新编制,16班、17班分别改为三甲班、三乙班;19班、20班、21班、22班分别改为二甲班、二乙班、二丙班、二丁班;新招小学教师为师一甲班、一乙班、一丙班;初中部23班、24班、25班、26班、29班、30班分别改为二甲班、乙班、丙班、丁班、戊班、已班;新招生的中一甲班、乙班、丙班。是年,全校共有18个班,893人。

1954年上期末,三甲班、三乙班、三丙班学生毕业。[①]

2. 办学条件

1949年9月,在学校到南漳涧后,逐步建立了各种制度。在文化课方面,语、史、数、理、艺术等均具备,各科也有了课本,学校初步走上了正规的道路。另外在图书馆、校舍等方面都有所发展。

3. 教职员的思想改造

由于刚刚解放,教师队伍的思想情况和政治面貌很复杂。为了巩固无产阶级政权,加强党的领导,进行社会主义建设,在上级党和政府的领导下,学校

---

① 可参见安阳师范学院校史。

对教师进行了思想改造工作。

(1) 参加专署师范教育座谈会

1950年2月,全体教师参加了"专署师范座谈会",着重研究讨论如何在教学中贯彻政治思想教育问题。

(2) 进行爱国主义教育

在抗美援朝运动展开后,对教师进行了爱国主义教育,揭露了美国"纸老虎"的外强中干的本质。

(3) 参加思想改造学习

1952年2月到4月,教职员在新乡参加思想改造学习。建立了集体办公集体备课制度,加强了教师间的联系,教师责任心增强了。9月,平原省召开了小学行政会议,明确了学校以教学为中心,并且开始系统地学习苏联的先进教学经验。据统计,1952年下学期,学生各科成绩,及格者占总人数的96%。1953年暑假,部分教员赴省参加了全省中等学校教职员思想改造的学习,经过了一个月的紧张学习,政治觉悟大大提高。

(4) 学习"全国中等教育会议"的有关文件

1954年,学校组织全体教职员学习了"全国中等教育会议"的有关文件,着重研究讨论了过渡时期中等教育的方针和任务,批判了资产阶级思想在教育中的危害性及忽视政治、轻视劳动和个人主义思想。[①]

解放初期,由于小学教师在政治上不同程度地存在着一些旧的思想。邺县县立师范学校采用轮训班的形式,对小学教师进行了思想改造,并组织教师开展业余学习,满足了当地对师资的大量需求,但这样片面的扩大师资数量,严重阻碍了中国教师教育向更广阔的方向发展。

(三) 安阳初级师范学校

1954年6月21日,安阳、邺县合并。是年暑假,根据上级指示,邺县县立师范学校的初师班与初中班进行分校。初中班9个班移交新建的邺县一中(校址白壁集,后改为安阳七中,现安阳二中),由刘朝东任校长。当时安阳、林县、汤阴、淇县、浚县等县立中学原有初师9个班并入安阳初级师范学校,另新招小学教师培训班3个。1954年底,全校有16个初师班,3个培训班,共19个班,学生总数达929人,为刚成立时的10倍之多,学校的性质也随之变为单一化的初级师范。学校的校名也改为"安阳初级师范学校",直属中共安阳地委领导。分别由李芝泉、张兴华分任学校的正副校长。由于学校分班并

---

① 安阳师范学院校史编写组:《安阳师范学院校史(1908—2008)》,高等教育出版社,2009,第62-63页。

校,且学生来自不同的地方,情况比较复杂,就面临着诸多问题,为了改善各类问题,该校还提出了诸多措施,并在一定程度上取得了一些成绩。

1. 成立初期,学校面临的任务

(1) 专业思想不巩固

1955年下学期,将有11个班同时就业,毕业人数之多,在学校尚属首次,因之任务较大,工作较重,尤其是本学期开学初,学生思想十分混乱,部分学生加班加点,废寝忘食复习理化课准备升学,有的打算回家干别的事情,甚至公开说不愿意做小学教育工作。

(2) 新生多于老同学

1955年下半年,招收二年制小学教师培训班10个,这在学校是新的情况,从此,学校又转为培训班性质的初师,新生多于老同学,学生又全是小学教师,他们有一定的工作经历,在党和政府的培养教育下,都具有一定的政治水平,学习积极性和政治知识方面比一般同学高,但科学知识较差。所以工作更为复杂繁重。

(3) 新形势新任务

随着祖国建设事业的快速发展,相应的对学校教育提出了新任务,突破了原定的工作计划,社会主义建设事业新高涨,使学校的政治教育工作,不得不制定出新的制度。

(4) 培训班提前毕业

1956年根据上级指示,为了工作需要,小学教师轮训班决定提前毕业,学生们听到后,大部分向领导表示不愿意提前毕业,愿意继续深造,多学点东西;少部分学生愿意提前毕业,各方面都产生松劲情绪。

2. 迎难而上,克服困难的措施

1954年下半年至1956年上半年,在上级党委的领导和关怀下,学校党支部以政治思想工作为核心,不断地进行政治学习,提高了师生的政治思想水平,才使学校战胜了困难,满足了国家需要,完成了教学任务。其克服困难的措施主要有。

(1) 提高师生的政治觉悟

学校并班虽有一定的困难,但由于学校在原地委的直接领导下,兄弟学校来的教师也带来了各校不少先进经验,由省新分配来的教师也带来了不少业务知识,全体师生又深入学习讨论了过渡时期的总路线及政务院关于改进中学教育的指示,第一届全国人民代表大会有关文件,四中全会的公报以及宪法草案,这一连串的政治学习,使全校师生的爱国主义思想和政治觉悟均有很大提高,这保障了工作的顺利开展。

（2）树立师生的信心

1955年下学期，全体教工同志在祖国社会主义建设高潮的鼓舞下，努力学习，积极钻研，各方面工作都有所提高。首先稳定了学生学习的情绪，加强了纪律教育；又结合国家建设形势，以五年计划和农业合作作为中心进行时事政策教育；结合肃反进行阶级斗争的教育以及为祖国社会主义建设而学习的专业思想教育。

（3）加强教师的思想改造

组织教员学习省中学教师代表会的文件，领会了全面发展教育的意义，学习关于胡风反革命集团的文件和材料，提高了大家的革命警惕性，并进一步认识到思想教育工作的重要性。在此基础上，全体师生又深入钻研教材，提高教学质量，加强思想改造，开展批评，加强团结，并且在贯彻全面发展教育方针和面向小学的方针的同时，钻研教学并取得了显著的成绩。

（4）巩固学生的专业思想

1955年上学期针对学生专业思想不强/不稳固这一情况，曾向学生进行了共产主义道德教育和专业思想教育，并做了系统的报告，各班举行了"我们在前进"为主题的班会。与此同时，又邀请安阳县模范小学教师做报告，参加县教师经验交流会，组织学生和英雄模范人物通信，组织学生配合校内工作需要和社会中心工作参加义务劳动等。一系列有意义的活动，提高了师生的政治觉悟，巩固了学生的专业思想。

（5）教育学生服从国家分配

1956年上学期，为使学生能很好地服从国家分配，学校党政领导专门做报告，讲提前分配工作的意义，又组织全体同学认真讨论，使大部分学生认识到祖国社会主义建设的速度对青年人才需求的迫切程度，认识到为人民服务第一，树立了服从需要的认识。

3. 取得的成绩

在党的领导下，通过上述各项工作，不仅巩固了同学们的专业思想，顺利而完满地完成了国家所交给的教学和学习任务，而且也大大提高了全体师生的政治思想水平。在阶级觉悟、爱国主义、劳动观点、专业思想和共产主义道德品质以及服从祖国分配等方面的提高都是十分显著的。其成绩主要表现为：

（1）树立了爱国主义思想

1956年上学期，广大同学由于学习和讨论了"全国农业发展纲要"，毛泽东主席"关于农业合作化报告"以及周恩来总理"关于知识分子政策的报告"，师生纷纷向家中写信，有的亲自回家动员和说服家属、亲戚参加合作化卖余粮等。

(2) 树立了服从分配的精神

1955年上学期,本来有很多同学专业思想不巩固,想升学。但经过学习、讨论,广大同学纷纷向党写决心书表示:一定要安心学习,毕业后坚决服从分配。1956年上学期,全校共有16个班,其中6个毕业班,10位同学提前分配工作,同学们都能不打折扣地服从分配,积极地走上工作岗位。

(3) 提高了广大师生的政治思想水平

通过学习,提高了全体教师的革命积极性,使其认识到了思想改造的重要性,在此基础上人人注意了深入钻研教材,个个提出了要好好备课,大大提高了教学质量,同时也加强了自我思想改造,开展批评与自我批评,加强团结,更深入地贯彻党的全面发展的教育方针和面向小学的方针,在教师中掀起了一阵比思想、比质量的双比高潮。同时,广大同学思想也有很大提高,1955年下学期,有51人写了入党申请书,申请入团的达112人;为美化祖国,同学们自动买树苗,从家拿树苗,合计2348棵,造"一二九"林一处,获得共青团安阳地委的嘉奖。全体师生又积极响应除四害、说普通话的号召,人人都积极地投入到这一行动中来,在全校掀起了一场轰轰烈烈的除四害、说普通话的高潮。

(4) 培养学生热爱劳动的观点

通过加强劳动教育和参加义务劳动,同学们认识到了劳动创造一切的意义,并初步认识到了知识分子参加劳动,不仅使理论联系了实际,而且也是改造和提高思想的过程。

(5) 为教育事业输送新的血液

1955年上学期,学校毕业11个班,为国家输送了500余名小学教师;1956年上学期,为满足当时教育事业发展的需要,学校10个轮训班又提前分配工作,这对安阳教育事业的发展起到了莫大的推动作用。[①]

该时期学校在上级党委的领导和关怀下,学校党支部以政治思想为核心,不断地进行政治学习,提高了学生的政治思想水平使得学校战胜了困难,满足了国家需要,完成了教学任务。

(四) 安阳第二师范学校

1956年夏,安阳初级师范学校改名为"安阳第二师范学校"。同年下半年,学校招收中师4个班,共16个班,共有学生675人。1957年下半年,为进

---

① 安阳师范学院校史编写组:《安阳师范学院校史(1908—2008)》,高等教育出版社,2009,第63—66页。

一步加强党对学校的领导,地委确定李芝泉任支部书记,赵宝云任支部副书记。

由于受到资产阶级思想的影响,一部分学生对人民教育事业,特别是对小学教育,没有正确认识,认为当小学教师没有前途,没有出息,小学教师地位低等,所以不愿意上师范。学生情绪不安,不断地有人因为专业思想不稳固而要求退学。学校发现此种情况,结合国际国内形势,向学生进行了以爱国主义为基础的守业思想教育。重点讲解了小学教师在国家建设中的作用,小学教师有没有前途,有没有地位等问题。并利用校会时间,向学生报告了"中国共产党第八次全国代表大会"的文件,树立了学生的社会主义政治方向与服从国家分配的思想。1957年上半年,学校向学生进行了合作化优越性的教育,并请模范人物、长征英雄做报告,学生思想觉悟大大提高。同时,师生又学习了毛泽东"关于正确处理人民内部矛盾的问题"的报告。通过一系列的政治学习,提高了学生的政治觉悟,巩固了学生的专业思想。使学生认识到小学教师在国家建设中的作用,都立志要终身做一名光荣的人民教师。1957年暑假,为解决速师班学生出路问题,老师亲自上山下乡指导,对学生家长进行了教育,提高了他们的觉悟,大部分学生当上了民办教师,还有部分学生升了学,全部速师班得到了妥当的安置。[①]

1957年9月,全校教职员利用暑假尚未开学的时机,进行整风学习和反右派斗争。1957年下半年,学校新招中师4个班、培训2个班,共10个班,共有学生450人。为了提高学生的政治觉悟,克服脱离政治的现象,学校首先加强了课外政治思想教育,新设了社会主义思想教育课,并成立了政治备课小组,建立了红旗报编委会,使之成为开展社会主义思想、指导舆论、开展言论、介绍时事的园地。1957年下半年,根据形势的要求及上级指示,学校在学生中停课开展了整风学习。

1958年,学校开展以三结合为中心的教学改革;又以又红又专为目标,大力开展助工俭学。学校开始建立附属工厂、附属农场。学生亲自到工厂、农场劳动,培养了学生的劳动观点和劳动习惯;培养了学生的热爱劳动和热爱人民的思想情感;理论结合实际,学会了很多生产技术。

为迅速提高师资水平,根据中共安阳地委指示,1956年学校增设中师函授师范部。函授师范部当年在安阳招生8个班,共400人;1957年,招生6个班,800人;1959年招生10个班,510人。至1959年,共招生24个班,1 210

[①] 安阳师范学院校史编写组:《安阳师范学院校史(1908—2008)》,高等教育出版社,2009,第67页。

人。1959年，首批函授生分科结业。

函授师范部的教职员初为6人，1959年增至11人。1959年，函授师范部除顺利完成本部教学工作外，又为安阳县代招代培教师1 000余人[①]，为教育事业的普及、发展和提高，打下了良好的基础。但由于招生人数过多，在培养过程中也不可避免地带有一定的局限性。

五、新安阳师范学校

（一）调整巩固

1960年11月，中央文教小组召开全国文教会议，批评了文教战线上的"共产风、浮夸风"，讨论了高等学校和中等专业学校缩短战线、压缩规模、合理布局及提高教育质量的问题，对1956年以来各地师范学校突击性、跃进性办学方式进行了整顿，采取停办、合并等手段加以治理。河南省也对学校进行了大规模的压缩整顿和治理，撤销合并了一些学校。1962年5月15日，遵照河南省教育厅的指示，学校和安阳第二师范学校合并，组建新的安阳师范学校。合并后的安阳师范学校隶属于河南省教育厅，组织行政由安阳专署领导，我们称其为"新安阳师范学校"。合并后的安阳师范学校，由于很好地执行了上级指示，各项教育、教学活动运行规范，走上一条正确发展轨道。

1. 使用规范教材

对过去几年所谓的"形式主义"自编教材进行了清理，纠正在运动期间的一些做法，使教材建设走上了正规化道路，统一按国家推行的教材体系进行订购，从而保证了教学活动不再受外界因素的干扰。各科教师在广泛钻研教材的基础上，博采众长，适当地布置作业以提高学生举一反三的能力。

2. 改革教学方法

学校严格按照教育部颁布的教学计划的要求，加强基本理论、基本知识、基本技术训练，保证学生自学时间和教师从事科学研究的时间，同时减少了学生参加生产劳动时间，并保证每个教师有足够的时间从事教学和科研活动。与此同时，在教学中注意使用因材施教的方法，对学生中的特别优秀者，适当增加学习内容，培养他们向拔尖人才过渡的能力。在师生关系上，既发挥教师的主导作用，又发挥学生的主体作用，提倡尊师爱生，教书育人的优良传统。

---

① 安阳师范学院校史编写组：《安阳师范学院校史(1908—2008)》，高等教育出版社，2009，第67-68页。

3. 狠抓教学工作

第一,学校领导十分重视教师自身素质的培养与提高,鼓励教师进修学习。对读函授本科的教师,学校负责报销他们外出学习面授的差旅费。

第二,教导处提出教师在教学工作中要把好"备课、上课、自习辅导、作业批改、考试、补课"六关。尤其注重抓教师备课环节,要求教师在自己钻研教材的基础上,做到同头课集体备课、观摩课集体备课。

第三,组织教师互相听课。新老教师互相听课,青年教师主动做老教师的助手,开展"传、帮、带"和"一帮一"活动,保证了教学活动科学有序地进行。同时,每学期都积极组织教师到兄弟学校进行听课活动,取长补短,大大促进了教学质量的提高。此外每学期都由教务处组织全校范围内的教学经验交流会。

第四,学校教导处每学期都定期检查学生的笔记本、作业本及各科考卷,全面了解学生的学习情况和教师批改学生作业的情况,使教学互长。

第五,学校组织学生认真填写教学卡片,发动学生对各任课教师实事求是地提出意见,然后由教务处传达给教师本人,以改进教学工作。

第六,狠抓学生的文体活动。如开展读书心得交流会、学习经验交流会、班级及全校文娱晚会、体育比赛等活动。在经费紧张的情况下,学校为音乐班学生购置了全套的管乐器材并成立了管乐队,极大地丰富了学生的文化学习生活。

1964年,毛泽东《关于学校课程和讲授、考试方法问题的批示》发表以后,学校按照这一指示精神,对部分课程教学进行了精简,教师采用启发式教学,把精力集中在如何培养学生分析和解决问题的能力上,同时在部分课程考试上,采用了开卷考试,允许学生在课堂上查阅资料,但不允许交头接耳,交换意见,改变了过去死记硬背的考试方法,考试效果很好,学生比较满意。

为强调精讲多练和基本功训练,学校还应在全校范围内开展了"三字一话"(毛笔字、钢笔字、粉笔字、普通话)活动,精心挑选几位优秀教师,在各年级各班轮流讲演,悉心辅导,定期举行比赛活动,使学生的"三字一话"在短时间内得到提高,为将来走上教师岗位奠定了很好的基础[①]。

4. 重视思想政治教育

1962年,学校党支部组织师生认真学习毛主席著作和刘少奇的《论共产党员的修养》,定期召开理论学习班,并选出学习毛主席著作积极分子列榜公

---

① 安阳师范学院校史编写组:《安阳师范学院校史(1908—2008)》,高等教育出版社,2009,第70-71页。

布,这一活动的开展,从一定程度上提高了大家的思想觉悟和理论水平。

1963年春,"向雷锋同志学习"的运动迅速在全国展开。河南省教育部门及时利用这一时机,在全省广泛开展整治思想教育,强调各校要以马列主义、毛泽东思想为指导,紧密结合向雷锋同志学习的活动,对学生进行爱国主义和国际主义教育,树立全心全意为人民服务的思想。学校针对这一指示,迅速在校内各班建立了学习雷锋小组,大家读雷锋日记、讲雷锋故事,并利用节假日自发走上街头,义务为群众理发、修理家用电器等。

此外,学校还组织班主任学习了"南京路上好八连"的经验,组织学生与安阳驻军联欢。在此基础上,党支部领导全校师生开展评功摆好事活动,并继续组织教职员工和学生学习毛主席著作,从而出现了助人为乐、拾金不昧、关心他人、关系集体、人人争做好事,个个力争上进的好风尚。这年秋季,全国闻名的"硬骨头六连"应邀到学校做模范事迹报告,受英雄事迹的影响和感召,这一年自愿报名参军的学生共20人。①

5. 学校的规模

1963年,学校认真贯彻执行"使学生在德育、智育、体育几个方面都得到发展,成为有社会主义觉悟的,有文化的劳动者"的教育方针,遵照河南省教育厅的指示,试行两种教育制度,即全日制和半工半读制。为适应安阳地区教育事业的需要,同时进行了四种学制的教学和培训工作,即中师班、初中英语训练班、小学教师进修班、小学教师函授班,满足了各类学生的求学需要。1963年暑期,学校又招中师2个班,招初中英语师资培训班1个,3个月后毕业。1963年,学校共有教职员工85人,其中教员39人;共有在校生454人,毕业生228人。师生中共有党员82人,团员273人。

1964年,学校共有教职员工71人,其中教员38人;共有在校生241人,毕业生165人。师生中共有党员10人,团员181人。1965年,学校共有教职员工78人,其中教员42人;共有在校生475人。是年学校占地130亩,校舍356间②。新安阳师范学校通过规范教材,改革教学方法,狠抓教学工作以及重视思想政治教育等形式,来保证学校的顺利开展。与此同时,也使得学校规模迅速扩大,师资类型培养多样,满足了豫北地区小学教师发展的需要。

(二)"文化大革命"的冲击

"文化大革命"期间,学校领导更替频繁,学校的教学秩序受到严重冲击,

---

① 安阳师范学院校史编写组:《安阳师范学院校史(1908—2008)》,高等教育出版社,2009,第71页。

② 安阳师范学院校史编写组:《安阳师范学院校史(1908—2008)》,高等教育出版社,2009,第69页。

但安阳师范学校仍在困境中坚持办学。

1972年,周恩来提出要批判极"左"思潮,加强学校教育工作以后,学校开始抓学生的文化课学习,整顿教学秩序,教师也积极备课,认真讲课。但由于招生不考试(或考试不严格),学生入学基础差,良莠不齐,没有教材,大批判、学工学农占用时间过多,大量文化知识课被削减,各门课程的科学性、系统性、完整性被打乱,加上青少年学生受"读书无用论"思潮的影响,纪律松弛,不好好学习,尤其中学班几乎无法上课。

1969年,学校改招中师班和短期师资培训班。1970年,招收四年制中学5个班,后合并为4个班;1971年,招收四年制中学班5个班;1972年到1976年,每年招收二年制的中师5个班。1970年到1973年,学校共招收3个月的师资短训班48个。在招收的中学班里,学生的文化程度良莠不齐,有的根本没参加过考试。1972年招收的中师班,大部分学生是顶着"工、农、兵"学员的帽子走进校园的。

1975年,学校开始派出部分师生走出校园"开门办学",足迹踏遍安阳地区所辖13个县和市郊区的广大农村。他们和当地百姓同吃、同住、同劳动,和广大社员打成一片。农忙时帮助生产队抢收抢种,闲暇时给农村小学生讲课,给农村民办教师传授经验,并经常帮助农民识字学习,为农村扫盲工作尽一分力量,在条件允许的情况下,联系有关部门,在当地挂牌开办分校,集中培训学员。

在外出教学实践过程中,不少师生注意收集当地工厂、农村的典型材料,注重与有经验的工人和农民进行交往,回校后积极建议聘请那些有经验的师傅们来校为学生讲课,这正好与当时上级要求的"教育革命"活动不谋而合,由于自身素质的局限,这些"请进来"的师傅们虽然实践经验不缺,但他们并不能成为学校讲坛上真正的"老师"[①]。

该时期的安阳师范学校在"文化大革命"的冲击之下,教学秩序处于一种混乱状态,但是其在困境中坚持办学,并能结合实际将教育与生产劳动相结合,对于当时的教师教育的发展产生一定效用,但过分注重生产劳动,使得教师培养机制受到了严重破坏,且该时期学校的师资培训机构也受到了破坏,小学教师培训工作基本上处于停顿状态,严重影响了师资的数量以及质量。

---

① 安阳师范学院校史编写组:《安阳师范学院校史(1908—2008)》,高等教育出版社,2009,第73-74页。

(三) 拨乱反正

1. 开展真理标准大讨论

1978年5月11日,《光明日报》发表了《实践是检验真理的唯一标准》的文章,认为任何理论都要不断接受实践检验,从根本上否定了"两个凡是"的观点。学校为此专门召开全体师生大会,认真学习有关真理标准大讨论的文件和文章,进一步明确和贯彻"解放思想、实事求是"的思想路线。通过学习和讨论,师生们明确了只有以实践来检验真理,才能掌握毛泽东思想的精髓;在对教育战线30年来工作的回顾中,对大是大非问题也有了较为清醒的认识。值得注意的是,这次大讨论真正使广大教师解放了思想,发扬了民主,多年来在各种运动中形成的谨小慎微、如履薄冰的为人处世态度发生了根本性的改变。许多教师表示,今后会以百倍的努力,轻装上阵,为社会主义教育事业做出更大的贡献。

2. 平反冤假错案

1977年夏天,学校在上级教育主管部门的指导下,进行了全面整顿工作。学校的领导成员进行了调整,由李新发任党的核心领导小组组长兼革委会主任,王万里、黄彦修任副组长兼革委会副主任。

根据中央11号和55号文件精神,在1978年到1979年间,学校先后宣布了8个平反决定。其间,1979年7月,为"文革"中受迫害的原安阳师范学校党支部书记兼校长李芝泉、原教导处主任魏世炳、教育学教师杨俊珊三人平反昭雪。1980年上半年,在校党委的领导下,学校进行了审干复查和材料清理工作,给在"文革"中被非法立案的32位同志结了案。其中,撤号处理19人,重写说明10人,更正定性不准结论2人,为1人悬案重写了结论,退还并销毁了不该入档的各种材料1 752份。至此,"文革"遗留问题已基本处理完毕。

3. 落实党的知识分子政策

学校在进行拨乱反正工作的同时,还十分注重落实知识分子政策的工作。在当时广大教师和知识分子政治上遭迫害、人身上受攻击、生活上受打击和歧视,致使他们身心受到严重摧残,教学积极性难以发挥。

随着党的知识分子政策逐步落实,他们的命运发生了重大变化。首先是戴在头上的"帽子"统统摘掉,党和国家充分肯定了他们在社会主义建设中发挥的重大作用;其次,许多优秀知识分子在经历种种磨难后,终于被批准加入了中国共产党;再次,他们被平反后,国家及时归还了抄没的财产,补发了工资,安排他们子女家属就业;最后,国家开始了职称评定工作,大幅度调整了工资待遇,他们的科研工作受到了国家的褒奖,知识分子很大程度上得到了提高。尊重知识、尊重人才成为全社会的共识。《教师法》及其他一些列教育法规的出台,尊师重教风尚的形成进一步保障了知识分子的合法权益,也使他们能够在教育领域心情舒畅地工作,在教学科研战线大显身手。[①]

"文化大革命"之后,安阳师范学校重新走向了正轨,开始了新的探索与发展之路,根据上级指示,学校开始举办专科教育,建立健全各项教学规章制度,不断调整专业结构,努力突出师范特色,促进教学质量稳步提升。

第三节 安阳师范学校小学教师培养的特色

一、建国初期的小学教师培养特色

(一)特点

1. 独立的小学教师教育体制的形成

中华人民共和国成立之初,改造旧的教育体制,保证广大人民受教育的权利,培养大批社会主义建设人才成为当时教育的主要任务之一。在人民解放军解放安阳的神圣时刻,师范院校也迎来了自己的春天,伴随着"平原省立安阳师范学校"的建立,学校遵循"维持教育现状,逐步改造"的方针,在上级大力支持及袁觉民校长的努力下,进行了扎实有效的调整改革工作。废除了旧的教育制度,废除了旧课程和旧教育方法,建立了新的教育制度,并通过校党组织的建立与思想改造建立了社会主义新型学校。由于新中国成立之初,安阳地区的建设需要大量师资,该地区以苏联教师教育体制为蓝本,建立了初等师范学校与中等师范学校专门用于培养小学师资,并在安阳师范学校附设一年制的师范速成班,后又根据安阳小学教育形势发展的需要,分别开办了"小学教员训练班"和"小学教员轮训班",学制为半年或一年,并在师范学校附近设立附属小学用于师资实习,这种理论与实际相结合的培养方式为安阳地区的小学教育事业做出了不可磨灭的贡献。

2. 积极开展教学改革

新中国成立之初,师范教育院校根据毛泽东"关于改革旧教育和学习苏联的指示"精神,积极开展教学改革,以马克思主义的立场、观点和方法逐步把旧的教育教学内容、教学组织和教学方法改革为新的教学内容、教学组织和教学方法。如安阳师范学校为了贯彻通过业务领导实现思想领导,通过业务改造

---

① 安阳师范学院校史编写组:《安阳师范学院校史(1908—2008)》,高等教育出版社,2009,第76-77页。

进行思想改造,以达到通过正课进行思想教育的目的,1953年实行集体备课、集体办公和教案审批制度。党支部强调指出:通过业务研究,开展批评与自我批评。通过教学改革,改造教师思想,以克服教学上的自由主义、兴趣主义和主观主义等思想。学校组织观摩教学、集体听课,以检查学习苏联先进经验和教学改革的成绩。1954年春季,开始有重点地进行教学质量检查。组织教师检查作业成绩,检查教学计划与课时计划,检查作文。召开评议会和师生座谈会,全面检查教学质量与学生学习成绩。1955年,在教学上,进一步系统深入地钻研教学大纲和教材,逐步解决教学上的根本问题,同时加强劳动教育,增强综合技术教育,这一系列的教学改革为小学教师教育的质量的提高奠定了坚实的基础。

3. 注重学生的思想政治教育

由于解放之初,人心不稳,在校的学生又多来自国民党统治区,蒋介石的残部还在伺机反扑,学校里的国民党员、三青团员成员混杂在师生中间,师生思想较为混乱。因而该时期特别注重师生的思想政治教育,通过建立党组织帮助大家认清形势,划清界限,解除顾虑,逐步把教职员团结在党的周围,进行自觉改造;通过思想改造,整顿教师队伍,清洗反革命分子,划清革命与反革命的界限;通过参加专署师范教育座谈会、爱国主义教育、参加抗美援朝、教职员思想改造以及学习"全国中等教育会议"的有关文件等,让师生认清形势,紧密团结在以共产党为中心的党中央周围,提高了师生的政治觉悟与党性教育,培养了一批又一批的态度端正,品行良好的小学优秀教师。

(二) 存在的问题

1. 小学教师教育以国家计划为主,自主性比较差

由于新中国成立之初国家实行的是计划经济,师范院校的专业设置、教学计划、经费使用、招生分配等方面都由国家采取计划的方式、行政的手段进行管理,一切均由国家包办。即:师范生一般由国家统一招生,如平原省立安阳师范学校的招生公告由平原省人民政府文教厅发出统一招生通告,师范生免缴学费,享受助学金,毕业后由国家统一分配到中小学任教,一般不得调离教育系统;教师教育机构的审批、变更或终止都必须经过国家有关部门的批准,办学经费一律由国家投资,这就容易导致"包办太多,统得太死",致使办学单位没有自主权,难以调动师范院校办好教师教育的积极性,也难以激发师范院校的办学活力,甚至削弱了学校的竞争意识,其结果是导致教师教育"画地为牢",严重束缚了其发展。

2. 短期速成师范教育的迅猛发展,致使教师教育质量下降

随着土地改革的完成和工农业生产的恢复,有计划、有步骤地普及中小

教育成为国家的重要任务之一。据估算,从 1950 年至 1955 年这五年时间内,全国至少需要增加 100 万名小学教师,而当时中等师范学校的培养规模远远不能适应初等学校师资的需求。为此,政府提出"在今后五年到十年内,为了适应大量和急迫的需要,我们培养师资的工作应以短期训练为重点"[①]按照此方针,安阳地区积极开展对教师的短期速成教育,吸收和动员城乡失业知识分子和家庭妇女参加为期一年的短期师资训练班后,即充任小学教师,力求在较短时间内,迅速和有效地训练大批初等师资。如平原省立安阳师范学校到 1952 年秋季开学时,有初师 6 个班,中师 3 个班,速成师范 2 个班,共 11 个班学生 497 人。安阳初级师范学校 1955 年上半年,学校毕业 11 个班,为国家输送了 500 余名小学教师;1956 年上学期,为满足当时教育事业发展的需要,学校 10 个轮训班又提前分配工作者,这种大批量的小学教师教育的培养,虽然满足了教师数量的应急对策,但造成了小学教师队伍质量下降,带来了无法估量的后遗症。

二、全面建设社会主义时期的小学教师教育培养特色

(一) 特点

1. 强调对师范生进行思想政治教育

党和政府十分强调师范院校学生的思想政治教育,颁布了一系列规章制度,统一规定思想政治教育目标、内容及要求。1957 年 8 月,《教育部关于中学、师范学校设置政治课的通知》提出,中等学校全面恢复设置政治课。安阳地区的师范学校积极根据党中央的指示,加强对学生的思想政治教育。1962 年,在思想政治工作方面,安阳师范学校党支部组织师生认真学习毛主席著作和刘少奇的《论共产党员的修养》,定期召开理论学习班,并选出学习毛主席著作积极分子列榜公布;1963 年春,"向雷锋同志学习"的运动迅速在全国展开。河南省教育部门及时利用这一时机,在全省广泛开展思想教育,强调各校要以马列主义、毛泽东思想为指导,树立全心全意为人民服务的思想,并组织学生开展学习雷锋的各项活动;此外,学校还组织班主任学习"南京路上好八连"的经验,这一系列活动的开展,有利于提高学生的思想政治觉悟和道德品质,树立工人阶级的世界观,并能真正为人师表。

2. 侧重生产劳动教育

在"大跃进"与整风运动的大背景下,1958 年,安阳师范学校大力贯彻勤

---

① 何东昌:《中华人民共和国重要教育文献(1949—1975)》,海南出版社,1997,第 162 页。

俭办学、勤工俭学的方针。全体学生在党的号召下,决心自力更生,用自己的双手为国家创造财富,向劳动索取学习生活费用,扭转了过去完全依靠助学金,一切费用由国家包下来的思想,贯彻了边学习、边劳动,使学习与劳动相结合的精神。在勤工俭学的活动中,大批学生下工厂,去农村,学理发,学做饭,学缝纫,搞运输,直接参加了生产劳动,学会了许多生产技术;与此同时,安阳第二师范学校开展以三结合为中心的教学改革;又以又红又专为目标,大力开展助工俭学。并在学校建立附属工厂、附属农场,同学们亲自到工厂、农场劳动,培养了同学们的劳动观点和劳动习惯,该时期这种将学习与生产劳动相结合的方式,不仅培养了学生热爱劳动与热爱劳动人民的观点,将理论与实际相结合,也让学生学会了很多生产技术。

3. 重视教学工作的改革

该时期教师教育的发展试图突破苏联教育经验的框框,探索出一条符合中国实际的教师教育发展之路。但由于"左"倾思想影响,在开展以勤工俭学、教育与生产相结合为中心的教育革命,做了许多违背教育规律的事情,破坏了教学秩序,造成教育质量的下降,但是这种根据本地区实际情况,在严格按照国家规定的教学计划安排课程和选定教材,并根据本地实际适当增加一些教学内容,并自编部分教材补充教学的形式还是取得了一些成就的。如1957年,安阳师范学校为提高教学质量,倡导教师集体备课,共同研究教学大纲,教学科目和教学方法,在作业批改过程中,严格按照规范形式进行修改,深入学生当中,对学生进行有针对性的辅导,并在教室里设置了"辅导预约袋",以帮助学生解答疑难问题。合并后的安阳师范学校根据上级指示,在教材与教学方法上也进行了改革,形成了自己独特的"师范"特色,例如采用启发式教学法,改变了传统的教学方式,调动了学生学习的积极性,开展的"三字一话"活动,为学生将来走上教师岗位奠定了很好的基础。

(二)存在的问题

1. 小学教师教育"超越"发展,质量大幅下降

随着经济上"赶超英美"的要求,小学教师教育也走上了一条"大跃进"之路,在毫不考虑人力、物力和财力的条件下,提出了一系列扫盲运动,学校盲目开班;教师教育只讲数量,不求质量,学生来源、师资、教学设施等也面临着严重的困难,这种盲目发展,违背了客观规律,造成教师教育比例失调、质量下降。

2. 以生产劳动代替教学,扰乱教学秩序

从1958年开始,在贯彻教育与生产劳动相结合的教育方针和勤工俭学、半工半读、学校办工厂、农场等的号召下,安阳师范学校也开始实行"双反双

比"(反浪费、反保守；比先进、比多快好省地建设社会主义的干劲)运动,贯彻"三勤"(勤俭办学、勤俭生产、勤工俭学)方针,大批学生下工厂,去农村,学理发,学做饭,搞运输,学缝纫,这种做法把生产劳动放到不恰当的位置,安排师生参加生产劳动时间过多,使得学校的教学工作基本处于停滞状态,严重扰乱了教学秩序。

第四章 铸就辉煌 安阳市第二师范学校

20世纪80、90年代的中师教育是我国在特殊的历史时期采取的一种特殊的小学教师教育方式,为我国"十年浩劫"之后迅速恢复和发展初等教育培养了一大批优秀的小学教师,这些教师大多至今仍然是广大农村小学教育的中坚力量。这一时期的中师教育为我国义务教育的普及做出了不可磨灭的贡献,取得的成功是有目共睹的,这已成为学者们与社会人士的基本共识。深入探究个中缘由,不能忽视的是中师教育的成功有其独特的时代背景与社会机缘,有其别具一格的教学方式与文化特征,也有其始终如一的教育理想与价值追求,这些共同铸就了这一时期中师教育的成功与辉煌。研究这段小学教师教育历史,可以为我们今天的教师教育提供许多有益的借鉴。

第一节 20世纪80—90年代我国小学教师教育发展概要

1976年10月,中国共产党领导全国人民一举粉碎了"四人帮"反革命集团,随着十年动乱的结束,历经磨难的中国教师教育终于迎来了自己的春天,全国各条战线都开始了恢复和重建工作,国家进入了一个崭新的历史发展时期。20世纪70年代末80年代初是小学教师教育的恢复与重建时期,三级师范教育体制的确立与发展为各层次教师的培养提供了科学依据与保证;20世纪80年代到90年代初是小学教师教育的改革与发展并走向巅峰时期,其间以中等师范教育为主体为小学培养了一批又一批的优秀小学教师。随着社会的发展与人才层次的提升,中师培养的小学教师已经不能适应社会发展的需要,90年代初,国家教委针对北京、上海、广州等经济发达地区进行试点,推行专科程度小学教师试验,并于1995年2月,国家教委在总结十年来各地培养专科程度小学教师试验的基础上,颁布《大学专科程度小学教师培养课程方案(试行)》,我国的小学教师教育的培养开始从三级向二级过渡。在此期间,继续教育也得到蓬勃发展,各县进修学校与进修学院承担了大量培养小学教师的工作,支撑了小学教师培养的半壁江山,为小学输送了一批又一批高质量的优秀教师,提高了小学教师的师资质量。

一、小学教师教育体制的恢复与重建

1978年十一届三中全会召开以后,我国社会进入了经济快速发展的新时期。为了早日实现现代化,必须加快提高我国科学技术的发展水平。而提高科学技术水平的关键在于教育。由于该时期我国基础教育发展较为落后,特别是面临着师资队伍数量不足和质量差的问题,小学教师教育体制的恢复与重建就成了教育界与人民为之关心的话题之一。与此同时,作为改革开放的总设计师邓小平同志也敏锐地看到了基础教育对国家发展的重要作用,因而,对中小学教育工作者的工作和生活状况极为关注。在1978年4月召开的全国教育工作会议上,邓小平提出要提高教师的社会地位,要求教育部等行政部门采取各种措施培训师资。

截至1977年,全国新增小学教师的缺额达到60余万,新增中学教师的缺额高达240万。为弥补中学教师的巨大缺口,各地通常采取将部分中等师范学校的毕业生和小学公办教师调配到中学任教的办法,而小学教师的缺口则不得不用民办教师补充,从而导致中小学教师不仅数量上不足且质量大幅下降。据统计小学教师学历达到中等师范学校毕业及以上的,由1965年的47.7%下降为1973年的28%。[①] 中学程度教中学、小学程度教小学的情况比较普遍,教师教育处于百废待兴的局面。1977年8月,中共中央副主席邓小平在全国科学和教育工作座谈会上指出:"十七年中,绝大多数知识分子,辛勤劳动,努力工作,且取得了很大成绩。特别是教育工作者,他们的劳动更辛苦。要特别注意调动教育工作者的积极性,要强调尊重教师。"[②]

1978年10月,教育部印发《关于加强和发展师范教育的意见》,把建设中小学教师队伍作为发展教育事业和提高教育质量的基础,以适应在20世纪内把我国建设成为农业、工业、国防和科学技术现代化强国的基本要求。为此提出应恢复和建立三级师范教育体系,恢复独立封闭型的教师教育制度。该《意见》要求各省、市、自治区认真办好和新建四年制师范学院(师范大学),使其承担起为本地培养高中教师、中师教师和培训师范专科学校教师的任务;一般地区应在1980年以前,依托现有条件较好且已多年担负培训初中师资任务的中等师范学校,充实提高为三年制师范专科学校,使其承担起为本地培养、培训初中教师的任务;努力办好培养小学教师的中等师范学校。[③] 在此精神指导

[①] 何东昌:《中华人民共和国重要教育文献(1976—1990)》,海南出版社,1998,第1649页。
[②] 可参见,李友芝,等:《中国近代师范教育史资料(第4册)》,1983,第1710页。
[③] 何东昌:《中华人民共和国重要教育文献(1976—1990)》,海南出版社,1998,第1649页。

下,全国各地开始逐步恢复以三级师范教育体系为基础的教师教育制度。

进入80年代后,教育事业受到了空前的重视。1980年6月13日至28日,教育部在北京召开第四次全国师范教育会议。此次会议明确了师范教育在整个教育事业中的重要地位和办好师范教育的重大意义,提出师范教育是教育事业中的"工作母机",是造就培养人才的基地。当前的任务就是进一步完善我国的师范教育,建立一个健全的师范教育体系,使之成为培养各类中等、初等学校和幼儿园合格师资的基地。会议重申高等师范院校本科培养中等学校师资,师范专科学校培养初级中等学校师资,中等师范学校和幼儿师范学校培养小学和幼儿园师资,未经上级教育行政部门批准,不得随意变动师范性质。要求教育部办好直属的师范大学和师范学院。各省、市、自治区应根据需要与可能条件,统筹规划本地区各级师范院校的设置。每个省、市、自治区都应有一所或几所高等师范院校。在经济发达地方,每一专区应有一所师范专科学校、几所中等师范学校。这些学校都应实行地方化,面向全省或本地招生,为本地区培养师资,形成一个适应本地区教育事业发展需要的师范教育网。[①] 这样就使得我国独立封闭型的教师教育体制得以再度确立,三级师范教育体系也进一步得到恢复和发展。

1980年,教育部召开了全国师范教育工作会议,提出要建立一个健全的师范教育体系,各省依据实际统筹规划各级师范院校设置。1980年8月,教育部颁布了《关于办好中等师范教育的意见》,对中师的任务、招生条件、学制等做了明确规定。

关于办好中等师范教育意见[②](节录)

中国教育部1980年8月颁发

主要内容:① 中等师范教育的任务:培养具有社会主义觉悟、辩证唯物主义世界观、共产主义道德品质和从事小学或幼儿教育工作必备的文化与专业知识、技能,热爱儿童,全心全意为社会主义教育事业服务,身体健康的小学或幼儿园师资。② 中等师范学校三年或四年制,招收政治思想进步、品德优良、学习成绩优秀、身体健康、志愿献身小学教育事业的初中毕业生或具有同等学力的社会青年。为了贯彻教师地方化的原则和提高民办教师的政治、文化、业务水平,也可招收小学民办教师。可提前单独招生,采取推荐和考试相结合的办法。通过面试和体检,凡口吃、重听、高度近视、五官不正、身体畸形等生理缺陷者,不予录取。③ 重新制定三年制和四年制的教学计划试行草案,从

---

① 何东昌:《中华人民共和国重要教育文献(1976—1990)》,海南出版社,1998,第1852-1853页。
② 可参见,https://baike.baidu.com/item/关于办好中等师范教育意见/22563046。

1981年秋季起试行。特别注重学生的思想政治教育和共产主义道德品质培养,加强基础知识教学和基本技能训练,培养学生勤奋学习、刻苦钻研的精神和独立工作的能力,加强专业课教学,努力提高教育学、心理学、小学语文和数学教材教法等课程的教学质量。重视教育实习,以教学为主,全面安排学校工作。……⑦加强对中等师范教育的领导和管理。各省、市、自治区教育行政部门要对中等师范学校的布局进行合理调整,确定和办好一批重点中等师范学校,加强学校领导班子建设和师资队伍建设,积极改善办学条件,设附属实验小学,幼儿师范学校附设实验幼儿园。

1980年8月22日,教育部又颁布了《中等师范学校规程(试行草案)》①,共分八章:总则、教学工作、思想政治教育、教育实习和生产劳动教育、体育卫生和生活管理、教师、行政领导体制和人员职责、党的工作和其他组织工作。对中等师范学校的各项具体工作做出进一步的明确规定。

1980年10月,《中等师范学校教学计划(试行草案)》由教育部印发,中等师范学校培养目标、修业年限、课程设置、教育实习与生产劳动、三年制和四年制两种不同修业年限的时间分配,以及教学计划表等中师办学的各项问题,有了统一要求。②

1. 培养目标

中等师范学校的培养目标是把学生培养成为德育、智育、体育全面发展的,具有社会主义觉悟、辩证唯物主义世界观、共产主义道德品质、从事小学教育工作必备的文化与专业知识、技能,热爱教育事业,热爱儿童,全心全意为社会主义教育事业服务,身体健康的小学教师。

2. 修业年限

中等师范学校的修业年限为三年或四年两种,招收初中毕业生和具有同等学力的社会青年(招收民办小学教师,修业年限一般为二年)。

3. 课程设置

中等师范学校开设政治、语文、数学、物理学、化学、生物学、生理卫生、历史、地理、外语、心理学、教育学、小学语文教材教法、小学数学教材教法、小学自然常识教学法、体育及体育教学法、音乐及音乐教学法、美术及美术教学法等课。民族师范学校开设民族语言语文课程。

---

① 可参见,http://www.chinalawedu.com/falvfagui/fg22598/35976.shtml。
② 中国教育年鉴编辑部:《中国教育年鉴(1949—1981)》,中国大百科全书出版社,第762-763页。

4. 教育实习与生产劳动

教育实习是中等师范学校专业教育的重要组成部分,通过教育实习使师范生理论联系实际,培养他们具有从事小学教育、教学工作的实际能力。

教育实习包括平时的参观、见习和毕业实习。三年制师范教育实习共八周;四年制师范教育实习共十周,可以分散使用,也可以集中使用,但毕业实习不应少于四周。

要组织学生参加一定的生产劳动,在生产劳动过程中,要注意适当注意对学生进行思想政治教育,特别是重视培养学生的劳动观点和劳动习惯。学习一些工农生产知识和技能。生产劳动时间每学年二周,毕业学年不安排生产劳动。乡村师范学校的生产劳动,可以按照农村生产的季节性等特点做适当安排。

为了提高中等师范教育的质量,在恢复和新建师范学校的同时,采取了一系列措施来努力办好中等师范学校。

1. 制定学生守则

1983年2月制定了《中等师范学校学生守则(草案试行)》,《守则》共八条:① 热爱祖国,热爱人民,热爱社会主义,拥护中国共产党的领导;② 认真学习马列主义、毛泽东思想,树立共产主义理想;③ 热爱儿童,努力学习专业,立志为小学教育事业服务;④ 品德高尚,文明礼貌,诚实谦虚,艰苦朴素;⑤ 锻炼身体,讲究卫生,积极参加文娱活动;⑥ 尊敬师长,团结同学,热爱集体,开展批评和自我批评;⑦ 遵守学校纪律,遵守社会公德,遵守国家法令;⑧ 关心国家利益,服从工作需要。[①]《守则》作为每个中师学生应该遵守的行为准则和道德规范,对教育中师学生树立为小学教育事业服务的专业思想,保证正常的教学秩序起到积极作用。

2. 改革招生制度

1983年2月,《教育部关于中等师范学校招生工作的通知》下发,对中等师范学校的招生制度进行改革。该《通知》强调师范学校应招收思想进步、品德良好、学习成绩优秀、身体健康、志愿献身小学教育事业的初中毕业生,年龄不得超过18周岁。为保证生源质量,各地中师可采取参加本地区高中统一招生考试、与当地重点高中同一批录取的办法,也可提前单独招生,但两种方式均须面试。为解决农村,特别是山区、边远地区缺乏教师的问题,各地可在招生计划中安排指标,根据定向招生、定向分配的原则,适当降低录取分数。《通

---

① 何东昌:《中华人民共和国重要教育文献(1976—1990)》,海南出版社,1998,第2078页。

知》还规定,普通师范招收民办教师需要掌握以下条件:① 招生对象必须具有初中毕业文化程度和三年以上连续教龄,年龄不宜过大,身体健康,能坚持学习;② 必须经过文化考试、政治审查、体检和面试,择优录取;③ 为了便于教学,应单独编班。[1] 新的招生办法提升了生源的质量,这就为小学教师队伍整体提升提供了一定的前提和基础。

3. 推广普通话和汉语拼音工作

1982年3月,教育部在北京召开全国学校推广普通话工作会议,强调要做好推广普通话工作首先要抓紧师范院校推广普通话的工作。1983年9月,为进一步加强中等师范院校推广普通话和汉语拼音工作,《教育部关于加强中等师范院校推广普通话和推行汉语拼音工作的通知》下发,该《通知》指出推广普通话是社会主义物质文明和精神文明建设的需要,是国家统一、人民团结的需要,是开创教育工作新局面的重要内容。[2] 汉语拼音是学好普通话,传递文化的重要工具,师范学校作为培养小学教师的基地,对于我国的未来一代能否学好普通话,传递中国声音负有重要的责任。《通知》对如何加强这一工作提出了具体措施,各个中等师范院校在《通知》的引领之下,积极采取措施,成为推广普通话与汉语拼音的骨干力量。

4. 加强中等师范教育的标准化建设

对于中等师范教育的标准化建设,1982年4月16日教育部颁布了《中等师范学校及城市一般中小学校舍规划面积定额(试行)》、1984年12月27日颁布《教育部关于中等师范学校和全日制中小学教职工编制标准的意见》等文件,对中等师范学校的基建和人员编制做出具体规定。通过这些改革措施的实施,中等师范学校逐步实现办学条件标准化、管理规范化,适应了现代化建设的需要。

小学教师教育体制经过20世纪80年代的恢复与发展,小学教师不仅在质量上有了一定的提升,在数量上也得到了大量的补充。据统计,我国小学教师队伍从1977年的522.6万增加到1985年的537.7万,增加15.1万[3],有力推进了初等教育的普及和质量的提高。

二、中等师范教育的加强与发展

1985年5月27日,《中共中央关于教育体制改革的决定》颁布,首先从教

---

[1] 曾煜:《中国教师教育史》,商务印书馆,2016,第367页。
[2] 曾煜:《中国教师教育史》,商务印书馆,2016,第368页。
[3] 梅新林:《中国教师教育30年》,中国社会科学出版社,2008,第276页。

育体制上入手，进行系统改革。《决定》指出：① 教育体制改革的根本目的就是提高民族素质，多出人才、出好人才；② 把发展基础教育事业的责任交给地方，有步骤地实行九年制义务教育；③ 调整中等教育结构，大力发展职业技术教育；④ 改革高等学校的招生计划和毕业生分配制度，扩大高等学校办学自主权；⑤ 加强领导，调动各方面积极因素保证教育体制改革的顺利。《决定》特别提出，建立一支有足够数量的、合格而稳定的师资队伍，是实行义务教育，提高基础教育水平的根本大计。为此，要采取特定的措施提高中小学教师的社会地位和生活待遇，鼓励他们终身从事教育事业。同时，必须对现有教师进行认真的培训和考核，把发展师范教育和培训在职教师作为发展教育事业的战略举措，争取在五年或更长一段时间内使绝大多数教师能够胜任教学工作。师范院校要坚持为初等和中等教育服务的办学思想，毕业生都要分配到学校任教，任何机关、单位不得抽调中小学合格教师改任其他工作。① 就教师教育的改革与发展而言，《决定》不仅确立了教师教育在发展教育事业中的战略地位，而且对教师教育体制给予了充分肯定，这就为教师教育的发展提供了基本的格局保障。

1985 年 4 月，国家公布《中华人民共和国义务教育法（草案）》，提出："建设一支数量足够、质量合格、结构合理并相对稳定的师资队伍，是实施义务教育的关键所在。加强师范教育培养各级学校的合格师资队伍，是我国教育事业的战略问题，必须引起各方面足够的重视，并从财力和物力上给予支持。"第十三条规定："国家采取措施加强和发展师范教育，加速培养、培训师资，有计划地实现小学教师具有中等师范学校毕业以上水平，初级中等学校的教师具有高等师范专科学校毕业以上水平。"② 上述意见、法规的颁布，统一了全社会对教师教育地位的认识，明确了小学教师教育的发展方向，有利于推动小学教师教育进入一个全面改革探索的新阶段。

1986 年的《小学教师职务试行条例》（职改字〔1986〕第 112 号）中就凸显了学历的地位，如在任职条件方面规定：小学二级教师的要求是必须是中等师范学校毕业生，见习一年期满；高等师范学校及其他高等学校专科毕业见习一年期满。在《关于中、小学教师职务试行条例的实施意见》第五条提出："凡是目前尚不具备国家规定学历的中小学教师，一般应通过考核，取得专业合格证书或者取得教材教法考试合格证书，并具备相应的教师职务任职条件，才能聘任或任命其担任相应的教师职务。对 1986 年底已从事教育工作二十年以上

---

① 何东昌：《中华人民共和国重要教育文献（1976—1990）》，海南出版社，1998，第 2285 - 2289 页。
② 何东昌：《中华人民共和国重要教育文献（1976—1990）》，海南出版社，1998，第 2410 页。

的教师,经考核,文化业务基础比较扎实、教育教学效果好的,可不要求其获得专业合格证书或者教材教法考试合格证书,只根据其具备的任职条件,聘任或任命其担任相应的教师职务。1986年9月1日以后到中小学任教、不具备合格学历的教师,必须取得相应的合格学历证书,才能根据其具备的任职条件聘任或任命其担任一级、高级教师职务。"可见,合格学历是之后中小学教师职称评定的必备条件,而职称制度又明显向高学历教师倾斜,这已是从制度上激励教师与打算从事教师行业者提高自己的学历。1986年3月3日颁布的《高等学校教师职务试行条例》中其任职条件也向硕士、博士高学历、高学位教师倾斜。

1987年3月,教育部明确了高等师范学校为中等教育服务的办学方向,指出高师本、专科的任务是培养合格的中学教师。由于"文革"十年而导致的知识发生断层,人才极度缺乏,特别是初中教师严重不足,因此首先要加强高等师范专科学校的办学能力,按照中小学校所急需的专业结构的不同,尽可能地扩大招生规模以应急需。所有师专毕业生一律到初中或小学任教,不得到高中工作。1989年12月,国家师范教育司强调德育工作在各项工作中居于首要地位,并指出高等院校实行党委领导下的校长负责制。

在关于中等师范学校建设方面,这一阶段的政策重点主要集中在三个方面:一是对中等师范学校进行教学改革以适应中小学的教育教学需要;二是针对农村师资缺乏问题,中等师范学校要有针对性地面向农村培养师资;三是重视中师生的品德教育。1986年8月和1989年6月,教育部颁布的《关于调整中等师范学校教学计划的通知》和《三年制中等师范学校教学方案(试行)》,主要针对学校的教育教学工作做出调整。

通过国家一系列政策的出台,中等师范学校作为最主要的小学教师教育的培训基地,在各项政策的引领与支持之下,慢慢走向辉煌,繁华一时随着社会的发展也将迎来落日余晖,但为小学培养的优秀小学师资却支撑了中国小学教育的发展与繁荣,为中国培养了一批又一批的先进人才。

三、小学教师教育体制的挑战与转型

进入90年代,从国内来看,中国自改革开放后,经济快速发展,成为同期世界经济增长最快的国家,政治体制改革不断深入,决策科学化、民主化水平进一步提高,经济体制由计划经济向市场经济转轨,科技体制改革不断深化。从整个世界范围来看,90年代以后,由于东欧剧变和苏联解体,冷战的两极格局被打破,新的世界秩序有待建立,世界经济一体化趋势加强,国家间的竞争"实质上是科学技术的竞争和民族素质的竞争,从这个意义上,谁掌握了面向

21世纪的教育,谁就能在21世纪的国际竞争中处于战略主动地位。为此,必须高瞻远瞩,及早筹划我国教育事业的大计,迎接21世纪的挑战"①。

在这种新的历史条件下,我国计划经济时期形成的由国家包办教育的体制已明显不能适应,迫切要求对我国的教育进行全面深入改革。我国政府在第十四次全国人民代表大会上明确了90年代改革和建设的主要任务,会议提出,"必须把教育摆在优先发展的战略地位,努力提高全民族的思想道德和科学文化水平,这是实现我国现代化的根本大计"。② 教育首次成为领先于经济发展的"根本大计",这在我国历史上还是第一次。在这种指导思想的引领下,我国教师教育又有了新的发展。中等师范培养的小学教师已不能满足国家发展的需要,需要有进一步的提升,于是小学教师教育面临着新的挑战与转型。

1991年7月,国家教委针对北京、上海、广州等经济发达地区在培养专科程度小学教师试验工作中所取得的成绩和存在的问题,颁发《国家教委关于进行培养专科程度小学教师试验工作的通知》,作为推行此项工作的指导性文件,其主要内容如下:

(1) 进行培养专科程度小学教师试验工作的原则

贯彻党和国家关于教育必须为社会主义现代化建设服务,必须同生产劳动相结合,培养德、智、体全面发展的建设者和接班人的方针,以德育为首,根据培养小学教师的实际需要,研究探索具有专科程度小学教师的培养规格和办学模式。根据教育事业十年规划和"八五"计划,在大城市和部分经济发达地区合理安排试验点,有计划地进行试验。加强高等师范院校和中等师范学校的协作,采取多种形式进行试验。

(2) 进行专科程度小学教师试验工作的必备条件

进行试验的地区必须是:已普及九年义务教育的大城市或经济发达地区,当地政府有能力承担进行此项试验而需增加的经费开支;当地小学教师学历达标率达到85%以上,初中教师学历达标率达到75%以上,并已杜绝中师毕业生拔高到初中任教的现象。

进行试验的学校必须是:具有政治上坚定,懂得教育规律和师范教育特点,结构合理,团结协作,联系群众的领导班子。具有政治、业务素质较高,能够承担高等专科教育任务,学科配套,熟悉小学教育的师资队伍。大专试验班的文化基础和教育专业必修课程应配备具有讲师职称以上的专任教师担任,具有高级职称的专任教师应不低于大专试验班教师总数的10%。具有培养

---

① 可参见,《中国教育改革和发展纲要》,《江西教育》1993年第4期。
② 廖其发:《当代中国重大教育改革事件专题研究》,重庆出版社,2007,第363页。

专科程度小学教师必备的办学物质条件。具有培养专科程度小学教师的试验性教学计划、主要学科的教学大纲和教材(或讲义)。

(3) 培养专科程度小学教师试验点的审批程序

由省市按照进行试验的必备条件,提出是否进行试验工作及试验的形式和试验点,并报国家教委审核批复。"七五"期间已进行试验的中等师范学校,由所在省市根据试验工作的必备条件进行复查,并报国家教委审核批复。未经国家教委审核批准,各地不得自行扩大试点范围。

(4) 培养专科程度小学教师的学制和课程

学制方面,可试行五年一贯制(招收初中毕业生,学习五年)、三二分段制(招收初中毕业生,学习三年后,择优再学习两年)和二年制(招收中等师范学校毕业生或经高中会考、志愿从事小学教育工作的学生)。课程设置和教学内容应根据专科程度小学教师的培养规格,面向小学教育,体现专科程度,突出师范教育特点,科学合理安排。

(5) 招生和分配

凡未经批准进行培养专科程度小学教师试验的学校,其专科阶段的招生指标列入普通高校年度招生计划。五年一贯制大专试验班的学生,由初中毕业生招收,考生参加当地普通高中招生考试,并由试验学校进行小学教育专业加试,择优录取;三二分段制的后两年及招收中等师范学校毕业生的二年制大专试验班的学生,由中等师范学校推荐、试验学校组织进行德、智、体全面考核及小学教育专业加试,择优录取,不参加普通高校统一招生考试;招收高中毕业生的二年制大专试验班的学生,参加高中会考,并由试验班学校进行小学教育专业加试,择优录取。学生在专科就读期间,享受师专学生待遇,毕业后分配到小学任教。学生毕业后的工资待遇、晋级晋职等,均按国家有关师范专科学校毕业生的政策规定处理。

(6) 加强领导,搞好培养专科程度小学教师的试验工作

进行此项试验的省市教育行政部门要加强对试验工作的领导和管理,提供试验所需经费和办学条件。要加强试验学校师资队伍建设,建立一支适应培养专科程度小学教师需要的师资队伍。要组成科学研究小组,加强对试验工作的指导和研究。[①]

此后,国家教委又先后下发《国家教委关于批准部分省(直辖市)进行培养专科程度小学教师试验工作的通知》(1992)、《国家教委关于继续搞好培养专

[①] 苏林,张贵新:《中国师范教育十五年》,东北师范大学出版社,1996,第163-165页。

科程度小学教师试验工作的通知》(1993),进一步扩大试验规模,加快培养专科程度小学教师工作的步伐。

1992年10月12日至18日,中国共产党第十四次全国代表大会召开,会议确定了20世纪90年代我国改革开放和现代化建设的主要任务,明确提出:必须把教育放在优先发展的战略地位,努力提高全民族的思想道德和科学文化水平,这是实现我国现代化的根本大计。为实现这一战略任务,指导教育的改革和发展,使教育更好地为社会主义现代化建设服务。1993年2月13日,中共中央、国务院印发《中国教育改革和发展纲要》,该《纲要》包括教育面临的形势和任务;教育事业发展的目标、战略和指导方针;教育体制改革;全面贯彻教育方针,全面提高教育质量;教师队伍建设;教育经费等六个部分,这是建设中国特色社会主义教育体系的纲领性文件,为我国20世纪90年代乃至21世纪初的教育改革和发展描绘了新的蓝图。在教师教育方面,《纲要》继续强调师范教育是中小学师资培养的工作"母机"的重要地位,并就改革独立封闭型的教师教育体制做出战略安排,提出应逐步推进教师教育的开放化发展,要求进一步扩大师范院校定向招生比例的同时,"其他高等院校也要积极承担培养中小学和职业技术学校师资的任务"[①]。同年10月31日,中华人民共和国第八届全国人民代表大会常务委员会第四次会议通过了《中华人民共和国教师法》,并自1994年1月1日起实施。《教师法》规定,国家鼓励非师范高等学校毕业生到中小学或者职业学校任教,非师范院校应承担培养和培训中小学教师的任务。[②]

1994年7月3日颁布的《中国教育改革和发展纲要》(中发〔1993〕3号)是90年代乃至21世纪初教育改革和发展的蓝图,是建设中国特色社会主义教育体系的纲领性文件,在其"增加教育投入,加强教师队伍建设"方面提出了加强师范教育的相关规定:"中央财政对边远、贫困地区义务教育及有关的师范教育等专项扶助经费,从今年开始由现在的2亿多元要逐年有较大幅度提高,尽快在两三年内达到每年不少于10亿元。地方县级以上各级财政预算也应做出相应安排并应采取有效的监控措施,保证专款专用。"同时提出,到本世纪(20世纪)末,使95%以上的小学教师和80%以上的初中教师达到国家规定的合格学历标准。有条件的经济发展程度较高的地区要逐步提高中、小学教师的学历层次。各级政府要采取特殊政策大力办好师范教育,鼓励优秀学生报考师范院校,鼓励师范院校毕业生乐于从教。同时要积极鼓励和吸引更多

---

① 苏林,张贵新:《中国师范教育十五年》,东北师范大学出版社,1996,第29页。
② 苏林,张贵新:《中国师范教育十五年》,东北师范大学出版社,1996,第33页。

的非师范院校优秀大学毕业生到中小学任教。这些措施都有力地推动了小学教师教育的改革与发展,而提高学历、拓宽师资来源渠道等成为改革的重要特征。

1998年3月10日,第九届全国人民代表大会第一次会议审议并批准了国务院机构改革方案,国家教育委员会更名为教育部。1999年1月13日,国务院批转教育部《面向21世纪教育振兴行动计划》,该计划是在贯彻落实《中华人民共和国教育法》及《中国教育改革和发展规划纲要》的基础上提出的跨世纪教育改革和发展的蓝图。在教师教育方面,提出实施"跨世纪园丁工程",大力提高教师队伍素质,加强和改革师范教育,提高新师资的培养质量,实力较强的高校要在新师资培养以及教师培训中做出贡献。实行教师聘任制和全员聘用制,优化中小学教职工队伍。

1995年2月,国家教委在总结十年来各地培养专科程度小学教师试验经验的基础上,颁发了《大学专科程度小学教师培养课程方案(试行)》(以下简称《方案》),以加强对各地培养专科程度小学教师工作的宏观指导,保证培养质量。《方案》适用于招收初中毕业生的五年制试点学校,规定其目标是培养德、智、体全面发展,能适应小学教育发展和改革需要的具有大学专科程度的小学教师。其培养规格如下:

坚持四项基本原则,热爱社会主义祖国,热爱中国共产党,热爱小学教育事业,初步掌握马克思主义的基本观点和建设具有中国特色社会主义的理论,树立正确的世界观、人生观和价值观,具有良好的教师职业道德以及艰苦奋斗、求实创新的精神。

掌握较为宽广扎实的文化科学基础知识,掌握主修学科的基础理论、基础知识和基本技能,掌握教系统的教育理论知识,懂得小学教育教学规律,具有从事小学多学科教学的知识、技能和基本能力,具有初步的小学教育教学研究能力和自我发展、自我完善的能力。

懂得一定的保健知识和方法,养成锻炼身体的习惯和良好的生活卫生习惯,达到国家体育锻炼标准,身体健康。

具有一定的艺术修养、健康的审美观点和具有艺术表现能力。掌握基本的劳动知识和技能,形成正确的劳动观点和劳动习惯。具有良好的心理素质、较强的意志力和心理自我调节能力。

课程设置由必修课、选修课、教育实践、课外活动四部分组成:

(1)必修课分为公共必修课和主修学科必修课两大类,约4 630课时,占总课时数的70%左右。公共必修课开设政治思想、文化知识、教育、艺术、体育、劳动技术和教师职业技能等课程,具体科目为思想政治、语文、小学语文教法、数学、小学数学教法、外语、物理学、化学、生物(含少年儿童生理卫生)、历史、地理、心理学、教育学、计算机基础、教师口语、劳动技术、现代教育技术、体育、音乐、美术。主科学科必修课对学生进行某一学科的专业定向教育,分设语文、数学、外语、音乐、美术、体育、自然、社会等门类,学生必须修其中一门学科。

(2)选修课分为三类,约500课时,占总课时数的15%左右。第一类开设语文、数学、外语、音乐、美术、体育、自然、社会等学科,学生在主修学科之外,选修其中两门或两门以上课程;第二类开设人口、生态、环境保护、特殊教育以及适应当地经济、文化发展需要的课程,具体科目由各地确定;第三类开设发展学生兴趣、爱好和特长的课程,具体科目由各地确定。

(3)教育实践包括参观小学、教育调查、教育见习和教育实习等,共安排15周,贯穿于五年之中,约占总课时数的9%。

(4)课外活动主要包括有关学科、科技、文体等方面的讲座、兴趣小组及社会实践等活动,占总课时数的6%左右。①

《方案》充分体现将综合性教育与一门学科基本达到专科程度的专业定向教育相结合的培养要求。

1998年5月,教育部还对原国家教委1990年颁布的《中等师范学校德育大纲(试行)》和《中等师范学校学生行为规范(试行)》进行修订,并对教育部在1998年颁布的《三年制中等师范学校教学方案(试行)》的基础上重新修订颁布了《三年制中等师范学校课程计划(试行)》。该《计划》规定,中等师范学校的培养目标是培养德、智、体全面发展的适应基础教育改革和发展需要的合格小学教师。中等师范学校的课程由必修课、选修课、活动课、教育实践课组成。其中必修课开设思想政治、语文(含小学语文教材教法)、数学(含小学数学教材教法)、物理、化学、生物学(含少年儿童生理卫生)、计算机应用基础、历史、地理、心理学、小学教育学、体育、音乐、美术和劳动技术等15门课程;选修课包括文化科技知识、教育理论与技能、艺术、体育和劳动技术等;活动课包括学科、科技、文体和劳动技术实践等活动,有讲座、社团、兴趣小组、园丁科技教育活动、社会调查等多种形式;教育实践包括参观小学、教育调查、教育见习和教育实习。② 课程计划根据社会主义现代化建设、九年制义务教育对小学教师的要求和中等师范教育的规律与特点,优化知识结构,注意理论联系实际,科

---

① 可参见,《大学专科程度小学教师培养课程方案(试行)》,《课程·教材·教法》1995年第5期。

② 何东昌:《中华人民共和国重要教育文献(1998—2002)》,海南出版社,1998,第91-92页。

学合理地安排课程,充分发挥课程体系的整体功能。

1998年12月24日教育部颁布的《面向21世纪教育振兴行动计划》中提出的重要目标之一就是"到2000年,全国基本普及九年义务教育"。这就需要增加大批中小学教师,而此时的中国小学教师,特别是农村小学教师学习达标者所占比例很低,而且民办教师数量大。在这个行动计划中专门提出:实施"跨世纪园丁工程",大力提高教师队伍素质。其目标规定有"2010年前后,具备条件的地区力争使小学和初中专任教师的学历分别提升到专科和本科层次,经济发达地区高中专任教师和校长中获硕士学位者应达到一定比例。要加强和改革师范教育,提高新师资的培养质量。实力较强的高等学校要在新师资培养以及教师培训中做出贡献。"这里进一步提出了提高小学教师的学历要求和期待。《计划》还提出加强中小学骨干教师队伍建设的重要举措和教师来源渠道:1999年、2000年,在全国选培10万名中小学及职业学校骨干教师(其中1万名由教育部组织重点培训);向社会招聘具有教师资格的非师范类高等学校优秀毕业生到中小学任教,改善教师队伍结构。进一步强调了师资准入渠道。

1999年3月,《教育部关于师范院校布局结构调整的几点意见》印发,针对高等师范院校总量不足,中等师范学校布点过多,办学层次重心偏低,布局结构不尽合理,规模效益、质量不高和投入不足等问题,提出应重组师范教育资源,调整学校布局,逐步提高层次结构重心,提高教师培养培训质量和效益。《意见》明确我国师范教育进行层次结构的目标为:"从城市到农村、从沿海向内地逐步推进,由三级师范(高师本科、高师专科、中等师范)向二级师范(高师本科、高师专科)过渡。到2010年左右,新补充的小学、初中教师分别基本达到专科和本科学历。"①学校布局调整目标为:到2003年,中等师范学校调整为500所左右;到21世纪初,中等师范学校在校生平均规模达到1 000人以上。要求各地积极稳妥地进行中等师范学校调整工作,继续办好一批中师,为经济和教育欠发达地区培养小学师资,部分中师可并入高师院校,少量条件好、质量高的中师根据需要,可通过联合、合并、充实、提高组建成师范专科学校,其余中师可改为教育培训机构或其他中等学校。

1999年6月13日颁布的《中共中央国务院关于深化教育改革,全面推进素质教育的决定》是我国21世纪教育改革的纲领性文件,《决定》提出了要"全面推进素质教育,培养适应二十一世纪现代化建设需要的社会主义新人"的教育改革任务。《决定》开篇指出:"当今世界,科学技术突飞猛进,知识经济已见

---

① 何东昌:《中华人民共和国重要教育文献(1998—2002)》,海南出版社,1998,第241页。

端倪,国力竞争日趋激烈。教育在综合国力的形成中处于基础地位,国力的强弱越来越取决于劳动者的素质,取决于各类人才的质量和数量,这对于培养和造就我国二十一世纪的一代新人提出了更加迫切的要求。我国正处在建立社会主义市场经济体制和实现现代化建设战略目标的关键时期。新中国成立50年来特别是改革开放以来,教育事业的改革与发展取得了令人瞩目的巨大成就。但面对新的形势,由于主观和客观等方面的原因,我们的教育观念、教育体制、教育结构、人才培养模式、教育内容和教学方法相对滞后,影响了青少年的全面发展,不能适应提高国民素质的需要。全党、全社会必须从我国社会主义事业兴旺发达和中华民族伟大复兴的大局出发,以邓小平理论为指导,全面贯彻落实党的十五大精神,深化教育改革,全面推进素质教育,构建一个充满生机的有中国特色的社会主义教育体系,为实施科教兴国战略奠定坚实的人才和知识基础。"在"优化结构,建设全面推进素质教育的高质量的教师队伍"方面提出了师范教育改革等相关要求:"把提高教师实施素质教育的能力和水平作为师资培养、培训的重点。加强和改革师范教育,大力提高师资培养质量。调整师范学校的层次和布局,鼓励综合性高等学校和非师范类高等学校参与培养、培训中小学教师的工作,探索在有条件的综合性高等学校中试办师范学院。2010年前后,具备条件的地区力争使小学和初中阶段教育的专任教师的学历分别提升到专科和本科层次,经济发达地区高中阶段教育的专任教师和校长中获硕士学位者应达到一定比例。提高高等学校教师中具有博士学位教师的比例。"

国家这一系列政策的颁布与实施,为小学教师教育的发展奠定了强有力的基础,使得小学教师教育走出了"文革"的阴霾。在各项政策的引领之下,经历了恢复与重建,推动着初等教育的普及与发展,中等师范教育也在20世纪80年代中期以后达到高潮,但由于世界各种教育质量的普遍提高,中国需要顺应时势,加快发展,中等师范教育培养的小学教师已不足以适应当前的发展形势,20世纪90年代以后,小学教师教育迎来的挑战与转型,开始朝专科层次的培养趋势发展,在新形势的发展之下,小学教师教育又散发出独有的光芒。

第二节 安阳市第二师范学校发展历程

1983年9月1日之前,安阳地区下辖2市(安阳市、鹤壁市)13县(安阳县、林县、汤阴县、内黄县、滑县、长垣县、淇县、浚县、濮阳县、南乐县、范县、台前县、清丰县),人口近千万,但只有濮阳师范学校和滑县师范学校两所师范学校,远远不能满足基础教育发展对师资的需求。在这种时代背景下,1980年初,河南省政府和安阳地区政府做出了筹建安阳师范学校的决定。(1984年,由于行政区划的调整,安阳师范学校划归安阳市教育局管理,从此"安阳师范学校"更名为"安阳市第二师范学校")

安阳市第二师范学校(以下简称"安阳二师")的创办,可以说既是国家基础教育发展的需要,也是安阳师范教育发展的必然。

一、安阳二师的发展历程

安阳二师从1981年初开始筹建,1982年秋季开始招生至2002年最后一届学生(1999级)毕业,走过了整整20年的辉煌历史。安阳二师在1982年9月1日称"安阳师范学校",1984年9月1日改称"安阳市第二师范学校",习惯上统称"安阳二师"。

表4-1　安阳市第二师范学校学生情况统计

序号	级别	班数	专业	人数(约)	毕业时间
1	81	2	2个班,均为英语班,1982年秋季从濮阳师范学校分过来,1981年从高中招的学生,俗称"大中专"	80	1983
2	82	4	1班、2班为英语班,3班为体育班,4班为音美班	200	1985
3	83	6	6个班均为普师班	300	1986
4	84	6	6个班均为普师班	300	1987
5	85	8	1~6班为普师班,7班为英语班,8班体育班	400	1988
6	86	10	1~6班为普师班,7班为音乐班,8班为美术班,9班为英语班,10班为体育班	500	1989
7	87	8	1~7班为普师班,8班为体育班	400	1990
8	88	8	1~7班为普师班,8班为体育侧重班	400	1991
9	89	8	8个班均为普师班	400	1992
10	90	8	8个班均为普师班	400	1993
11	91	8	8个班均为普师班	400	1994
12	92	8	8个班均为普师班	400	1995
13	93	8	8个班均为普师班	400	1996
14	94	8	8个班均为普师班	400	1997
15	95	8	8个班均为普师班	400	1998

(续表)

序号	级别	班数	专业	人数（约）	毕业时间
16	96	8	1~6班为普师班，7班为计算机班，8班为美术班	400	1999
17	97	9	1~8班为普师班，9班为计算机班	450	2000
18	98	9	1~4班为普师班，5班、6班为音乐侧重班，7班为美术侧重班，8班为体育班，9班为计算机班	450	2001
19	99	9	1~8班为普师班，9班为计算机班	450	2002
合计	19	143	120个普师班，6个英语班，6个体育班，3.5个音乐班，3.5个美术班，4个计算机班	7 150	

注：除了81级为从濮阳师范学校转过来的两年制大中专师范生（从高中毕业生中招的学生）外，从82级开始到最后一届99级，均为三年制小中专师范生（从初中毕业生中招的学生）。

纵观安阳二师走过的20年光辉历程，大致可分为三个阶段：

（一）举步维艰，艰难创始阶段（1982—1986）

安阳市第二师范学校建于安阳县高庄乡小吴村东（现在属于安阳市文峰区），占地近70余亩（后扩建为83亩）。1982年招第一届学生时，学校仅有两栋教学楼和一栋学生宿舍楼，教师和学生住在同一座楼上，学生吃饭用的食堂是临时搭建的简易窝棚，没有体育活动场地，满院荒草，道路也还没有硬化好，一下雨校园里十分泥泞，出门都很困难。学生课外活动时间经常要参加建校劳动。当时安阳、鹤壁、濮阳三市还没有"分家"，安阳二师招的主要是安阳县、林县、滑县、浚县和淇县等农村学生，比较能吃苦，毫无怨言。82级优秀毕业生、现就职于北京航空航天大学外语学院的田俊武和原安阳二师教师李金柱在安阳师院建校60周年时写的回忆文章，便能反映当时的艰苦状况。

挥之不去的情结[①]

北京航空航天大学外语学院　田俊武

如果把母校比作自己的母亲的话，我的一生就有五位母亲：于庄小学、方城中学、安阳第二师范学校、河南大学和北京师范大学。启蒙时期的母亲于庄小学，在我的记忆中久已模糊，至于她的生日，我更无从知道。我人生最后一位母亲北京师范大学，虽然地位比较显赫，但也不必向世人炫耀。在这五位母

---

① 作者简介：田俊武，男，1966年生，河南省浚县人，1982年9月至1985年7月在安阳市第二师范学校英语专业2班学习。先后获河南大学英语语言文学硕士、北京师范大学英语语言文学博士学位。现任北京航空航天大学外国语学院教授，博士生导师，博士后合作导师，研究方向为英美文学。

亲中，最使我难以释怀的，还是安阳第二师范学校，因为那是我美丽梦幻失落的地方，也是我艰难人生开始的起点。

我出生于"文革"爆发的那一年，岁月的风雨并没有洗去我对知识的追求。早在幼年的时候，我就立下了远大的志向，考上北京大学或清华大学。我的梦想很天真，要么在北京大学的摇篮中成为作家，用自己的笔来抒写人生的变迁；要么在清华大学的摇篮中成为科学家，用自己的知识造福人类。然而就在我初中毕业的时候，河南省出台了一项新政策，提倡初中生直接报考小中专，毕业以后国家直接分配工作。这对于家庭贫穷、学习程度一般的农村孩子来说，无疑是一个"跳龙门"的好机会。但对于当时志向远大的我来说，这并不是一个人生的最好选择。然而，家庭的贫穷使父母无心再供我继续读高中。

在面临初中毕业填写志愿的时候，父母委托在中学教书的兄长几次更改我的升学志愿，把我填写的"浚县一中"改为"安阳二师"，我的苦难人生历程从此开始。在中考2个多月以后，我做了一个奇怪的梦。先是北京大学的大红的录取通知书从天空向我飘来，然而还没有落到我手中，就被一阵风给刮走了。然后，清华大学的草绿色的录取通知书向我飘来，然而却落到了我家门前的小河里，被水冲走了。最后，是一张小纸片落到了我手中，我拆开来看，是安阳二师的录取通知书。做了这梦的第三天，县教育局送来了我的安阳二师入学通知书。在家人和村民买酒买肉庆贺的时候，我却把头埋在被窝里，不吃不喝睡了3天。

1982年深秋，在父母的再三催促下，我怀揣着安阳二师的通知书，搭上了北去的列车。虽然是人生第一次坐火车，但全然没有出行的快乐。我当时的心情，就与鲁迅《故乡》中的心情差不多。车窗外天气一片阴晦，冷风嗖嗖地吹着。苍黄的天底下，远近横着几个凄凉的村落，没有一些活气。我的心禁不住悲凉起来了。我要去度过3年人生岁月的安阳二师该是什么样子呢？车行了2个小时，终于在豫北重镇安阳停下了。这里虽然有全国闻名的殷墟、文峰塔、袁世凯陵园等著名古迹，但我却无心欣赏，搭上通往安阳东南方向的公交车。1个小时后，公共汽车终于在安阳二师那一站停下了。我询问安阳二师在哪里，周围的人向我指了指一片正在建设的工地。这就是河南省安阳第二师范学校啊！没有庄严威武的校门，没有鲜花掩映的校园小道，没有生机勃勃的运动场，没有宁静古朴的图书馆……极目望去，是一人来高的荒草地，还有乱坟滩。一条新开辟出来的泥泞小道通向远处一片正在建设的工地，在小路的尽头是两座四层高的教学楼、两座宿舍楼，还有一个临时搭建起来的食堂。我的早已失望的心冷却到了冰点。

新的人生开始了，但似乎是毫无希望的人生。每天的日程是固定的三点式,行走在宿舍、教室和食堂之间。没有娱乐活动,也没有体育活动,因为正在建设中的学校没有礼堂和运动场。倒是每天下午5点后的劳动是必不可少的。我们的劳动很简单,就是用手拔掉一人高的蒿草,自己动手开辟运动场。在拔草的过程中,偶尔会碰到一个裸露的坟头,看到死人的骨头,这时女孩子们就会惊叫起来。几个大胆的男生为了表现自己的勇敢,会拿起那骷髅,抛得远远的。这个男生准会赢得女孩们的尊敬,也许在她们的心中会升起朦胧的爱意。但是,虽然学校刚刚起步,纪律却是严明的。在1982年中国还未开放的大背景下,谈恋爱是绝对不允许的。发现一起,就要像捉奸一样在大会上批斗,并开除学籍。所以,这个时候虽然男女生们心存朦胧的爱意,也不敢表露出来。写求爱信、手拉手、拥抱,都是连想都不敢想的事情。

　　灰色的校园生活、灰色的希望,使我日渐消沉。虽然每天都按部就班地到教室上课,但教师讲的是什么内容,于我并无印象。为了排遣心中的苦闷,我开始读起文学书来,但自然也是找适合我心情的书籍。我阅读了高尔基的《在人间》和《我的大学》,我阅读了阿·托尔斯泰的《苦难的历程》,我阅读了郁达夫的《沉沦》和《春风沉醉的晚上》。总之,凡是能够适合我此时苦闷心态的文学作品我都借来看。我尤其喜欢读郁达夫的《沉沦》。小说的主人公"他"出生在一个典型的中国传统家庭,在中西文化交融的环境下,"他"既有中国文人某种气质,同时又有一些自由与叛逆的思想。但在中国传统文化仍占统治地位的社会环境下,他的自由思想被压抑,产生了"忧郁症的根苗"。在留学日本期间,"他"的忧郁症就更加严重起来。在异国他乡,饱受"性的苦闷"与"外族冷漠歧视"的"他"渴望真挚的爱情,并愿为此抛弃一切。然而这种渴望在现实中难以实现,"他"的内心逐渐失去理智的控制,他开始自渎,窥视浴女,甚至到妓院寻欢,只为了寻求自己感官上的一时愉悦与满足。那饮鸩(zhen)止渴的行为显然让"他"更加苦闷,愉悦过后是更大的空虚。这部小说通过"一个病的青年抑郁症的解剖",揭示主人公内心灵与肉、伦理与情感、本我与超我的矛盾冲突。它当时多么适合我苦闷的心态,虽然我还没有沉沦到窥视浴女和到妓女院鬼混的地步。当然,在当时的中国,也没有妓女院供我这样的人来沉沦。

　　三年灰色的生活终于在1985年7月结束,我揣着巴掌大的一张非常寒酸的文凭告别了这个非常不起眼的母校,被分配到我们县赫赫有名的一中教授英语。虽然与我的人生目标还相差甚远,但是比起那些跟我一个学校毕业但被分配到乡下学校的同学来说,还是好多了。面对众人的羡慕,我昔日的沉沦心情还是消散了一些。我决心在这个富有挑战的单位大展宏图,开展人生新的搏击。然而,就在我兴致勃勃地进行英语教学改革试验的时候,我被校长叫到办公室。校长告诉我,由于最近新分配来几个大学本科生,学校教师过剩,

第四章　铸就辉煌　安阳市第二师范学校

我这个小师范毕业的老师已经不适合在县一中任教了。面对这一突然打击，我没有惊愕，也没有哀求，而是坦然接受了这一厄运。因为在母校安阳二师，我已经学会了忍受人生的失意。

1986年冬，我打点好自己的行李，毫不犹豫地离开了这所让许多人羡慕的中学，默默地到县教育局给我安排的另一所中学报到。这是一个非常偏僻的中学，位于县城以北60公里的黄河故道边，到处是荒沙和戈壁，方圆几十里不见人烟。这个中学不大，只有20来间土坯房教室和教工办公室，几十个教师。麻雀虽小，五脏俱全。中国人固有的劣根性在这所被文明遗忘的学校照样存在。我从县一中被发配到这个荒僻的乡村中学，自然引起了他们的好奇，不断地询问我被发落到这个学校的原因：是搞男女关系犯了错误还是教学质量差被赶出县一中的？对于这些苛刻的问题，我不想回答。平时也不想就任何问题给他们争论，因为他们一句话就会把我噎住：你有能耐，为什么还从一中发配到我们这里？还有一位姓熊的年轻老师，在得知我的学历是安阳第二师范学校以后，拿出自己的大红的"中华人民共和国成人高等学校毕业证书"，不无炫耀地说，你要是具有我这个文凭，就不会被发配到这里了。

从1986年冬到1997年秋，我的12年宝贵的青春就在这所黄河故道边的中学度过了，一如当年的知识青年在北大荒的受难。这是个连爱情都不会光顾的学校，几十个教师全是清一色的男人，因此也叫作"和尚学校"。偶尔分来一位女教师，也会通过跟县里的人结婚的方式摆脱这个鬼地方。虽然我在这里教书很努力，把好多学生送往县一中并进而考上名校，我的人生却没有任何改善，十几年来甚至连个优秀教师都评不上，因为我是一个孤独的异乡人。我坦然地对待这一切，教学之外，我默默地自学大学英语专业的课程。1996年，我报考清华大学外语系的硕士研究生，以总分第二的成绩入选该校的复试。然而，我还是被无情地淘汰了，在众多的来自南开、山东大学、兰州大学的考生中，我是唯一的一个小师范毕业的考生。该系负责研究生招生的主任告诉我，她很难想象，一个第一学历不是重点大学、非科班出身的学生能够有很好的培养前途，尤其是能够学好英语专业；再说，清华大学外语系也从来没有录取过这种非科班出身的学生上研究生的先例。不过，该主任可能不知道，钱钟书当年考清华就是被破格录取的。

对于该主任堂而皇之地解释，我没有辩解，而是坦然地离开这一步之遥的清华，再次回到我任教的中学。我清华考研被拒的消息还是传开了，老师们纷纷挖苦道：一个小师范生居然报考清华大学研究生，那不是癞蛤蟆想吃天鹅肉吗？如果你能考上，那全国高校毕业的大学生都该考上清华了。对于这些流言蜚语，我坦然面对。人生的第一次打击早在安阳二师经历过了，这些风言风语算得了什么？我还是默默地学习，备战来年的考研。这次，我改变了考研的策略。名校不要我这个小师范生，普通大学总会向我敞开怀抱吧。于是，1997年我报考了河南大学外语学院的硕士研究生，并以总分第一名的成绩被录取。那些挖苦我的教师们也不再取笑我了，而是纷纷来询问我成功的经验。我淡淡一笑，说："如果你们有我在安阳二师的经历，你们也会成功。"

1997年秋天，我告别了工作12年的乡村中学，在31岁的时候成了河南大学的硕士研究生，终于进入了正规的高等学府。由于我在安阳二师求学期间阅读了大量的中外名著，这种文学的积累和苦难的人生经历，使我在研究英美文学的时候有一种感情的冲动。我把我自己的人生阅历与英美文学的研究结合起来，写下了一系列的文章，发表在全国赫赫有名的《外国文学评论》《外国文学》《外国文学研究》等杂志上，这在当时的河南大学外语学院，被认为是一种奇迹。因为有了这些科研成果，在2000年硕士毕业时，我顺利地被北京师范大学外国语学院录取，成为英美文学博士研究生。2003年7月，我顺利通过北京师范大学的博士论文答辩，开始人生的真正的起飞。

然而，母校安阳二师的影子再一次横在我求职的路上。我联系了清华大学、中国人民大学、对外经济贸易大学等高校，想在这些大学的外语院系找到一份教师工作。他们看了我的求职资料后，纷纷遗憾地告诉我，如果我的第一学历不是安阳二师，而是一个"211"工程或"985"工程大学，他们是很愿意聘用我的。在中国，如果你的第一学历不是名牌大学，即使你是清华、北大的博士毕业，单位照样不要你。中国人事制度中的这种血统论，使我再一次愕然。

假如生活欺骗了你，
不要忧郁，也不要愤慨！
不顺心时暂且克制自己，
相信吧，快乐之日就会到来。
我们的心儿憧憬着未来，
现今总是令人悲哀：
一切都是暂时的，转瞬即逝，
而那逝去的将变为可爱。

普希金的这首诗歌，再一次唤起我对安阳二师母校的回忆。在母校生活的失落岁月，母校毕业后工作的种种不顺，如今都成了我人生珍贵的财富。它使我深刻地体会了人生的辛酸，感受到血统论对人才的禁锢，使我养成了一种普世的情怀。虽然我现在是京城一所重点大学的学者，但我的心总是与下层人民的心在一起。我时刻感知社会的阴暗，体验下层人民求职时被歧视的痛苦，并用鲁迅的笔法来揭示这种社会的病态。

安阳二师母校,我挥之不去的情结。

2009-02-17

从田俊武的这篇文章中,既可以看出家长对送孩子上中师的强烈愿望,也可以看出许多优秀学子的无奈与不甘,还可以看出当时的中师生源是多么的优秀。

风雨·真情(节选)[①]
——原二师体育班的回忆
安阳市体育运动学校　李金柱

……

(一)

……

早在分配之前我便有所耳闻,这是一所刚刚成立的学校,偏僻、简陋、条件艰苦。

报到那天,面对眼前的一切,我的心里更是酸酸楚楚的,不是滋味。两栋还在建设中的教学楼,一栋学生宿舍楼,几间施工用的平房,一个简易的门房,没电、没水、没路,人烟稀少、杂草丛生、荒凉一片……这让踌躇满志的我,一下子变得心灰意冷。

是学校的老领导、老同志的一举一动感动了我。他们远离亲人,却依旧艰苦奋斗在这片刚刚起步、有待发展的校园里。在建设学校的工地上,他们无怨无悔、坚定执着。

还记得原安阳地区教育局老局长宋民一和二师老校长季建修的一席话:"现在农村特别需要教师,尤其缺体育教师。把你们派到这里,就是希望你们发挥才干,尽快为安阳地区培养教育人才!"

很快,我又振奋起了精神。

(二)

1982年的暑假,我和王永春、赵敬让两位老师赴滑县师范,参加了二师首届体育班的招生面试和体育加试。

虽然当时的招生名额只有40多个,可来自安阳地区13个县的考生却达到了几百人,这让我更加振奋。

[①] 作者简介:李金柱,男,1955年生。1982年1月从河南大学体育系毕业。1982年2月到安阳市第二师范学校任体育教师,后任政教处副主任、学生科长、副校长、高级讲师。1991年11月调安阳市体育运动学校,任副校长、校长职务。先后被评为"全国青少年体育运动工作先进工作者""河南省职业教育先进个人"等。2008年7月被选为北京奥运会火炬手。

在参加面试的学生中,有当时安阳地区的长跑冠军滑县学生郭永超,有引体向上一口气能做 30 多个的林县学生杨金书……看到他们,让我看到了希望。

还记得在测试专项时,我问一名考生:"你的专项是什么?"

他的回答是:"我的专项是跳绳!"

听了这话,我忍不住笑了。

也是通过招生,让我切身感受到了农村体育教学的薄弱与落后,深深懂得了培养农村体育教师的迫切需要。

经过严格的测试、选拔,1982 年的秋天,二师迎来了首届体育班的 39 名同学。这其中,有大个子李国联,有小个子孔德兵,有长跑冠军郭永超,有武术爱好者寇全洲……

面对这群可爱淳朴、求知欲望强烈的孩子们,作为老师的我本该高兴。可一没有教学大纲,二没有训练场地,三没有办学经验,这让所有准备在这片天地大干一场的老师们再次犯了难。

但二师人从来不会被困难所吓倒。没有教材就自己编,没有场地就自己建!大家各自分工,一边带领学生平整场地,一边去省体校学习课程设置、去北京买来本科教材参照编写自己的教材,真可谓四处"取经"。

(三)

还清楚地记得,当年无论老师,还是学生,生活上都很艰苦。

首先没有电。学校当时用的是农用电,每到农忙时节便经常停电,且一停几天。傍晚,学校小卖部里总是挤满了买蜡烛的学生,俨然成了当时校园里的一道风景。

没有电也就没有水。学校当时还没有用上自来水,校内唯一的水源是一眼临时开凿的水井。水井需要水泵,水泵抽水需要电。每次停电,别说学生们的洗脸刷牙之需,就连食堂做饭也成了问题。

因此,学生们经常要到两公里以外的市委原党校去拉水。每次拉水回来,不但学校食堂的水缸满了,就连老师家里的大盆小盆也满了。这水,是学生们为学校拉来的"救命水"。

那时的校园还没有修路,每到下雨,泥泞不堪、无法行走,有时连正常的教学都无法进行,学生们就只好上自习。

每当回想起这些,当年的老师和同学们,无不感慨万千!

生活上的艰苦还可以勉强克服,教学上的困难就更加难以言表。

当时的教材是参考本科教材编写的,但学生们本来基础就差,再去硬"啃"本科教材,难度可想而知。

体育班的教学需要场地,可学校当时既无资金又无设备,只有一片不大的荒地。所以,修场地就成了全校师生的头等大事。

每天,大家除了上文化课外,其余的时间(包括课外活动和节假日),都在和铁锹、扁担、箩筐、板车、扫帚打交道。

真是农村来的孩子,干起活来真是个顶个的麻利,内行,有力气!

在修路、平整操场的过程中,全部是男生的体育班总是承担着最苦、最累、最重、最艰巨的任务。

只要是体育班参加劳动的地方,除了笑声和号子声之外,还总能听到一声声清脆的"啪、啪"声。那是由于干活的力量大了,扁担杠子、铁锹把子被折断的声音。

正是这声声清脆的"啪、啪"声,打出了体育班男生在全校的威名,成了全校劳动场地上的"英雄"和"模范"。就连一开始不太喜欢体育班男生的其他班女同学,也开始将目光投向这群生龙活虎、憨厚结实的男子汉身上,就好像找到了心中的"白马王子"。

经过师生的艰苦努力,学校的土操场总算修好了。

每提及此,二师的老师们常说,建设二师真正的英雄是学生!

(四)

……

同时,我们重视发展学生的个性和兴趣爱好。八五.八班的韩党顺同学喜欢书法,现在其书法已小有名气;八七.八班腼腆的于东波同学喜欢弹吉他,如今的他已成为安阳知名的音乐创作人……

体育班的老师都有这样一个信念,那就是要通过我们的努力,让我们的学生成才。无论他们现在的基础有多差,我们要通过这三年的教学,让学生们走出二师大门就能胜任本职工作,并有一技之长搞好社会实践。将来,无论他们干任何事,只要一提起是二师毕业的,都是响当当的,决不能给二师脸上抹黑。

……

就是在这样简陋的条件下,安阳二师第一届学生(81级两个大中专外语班)于1983年7月毕业了。

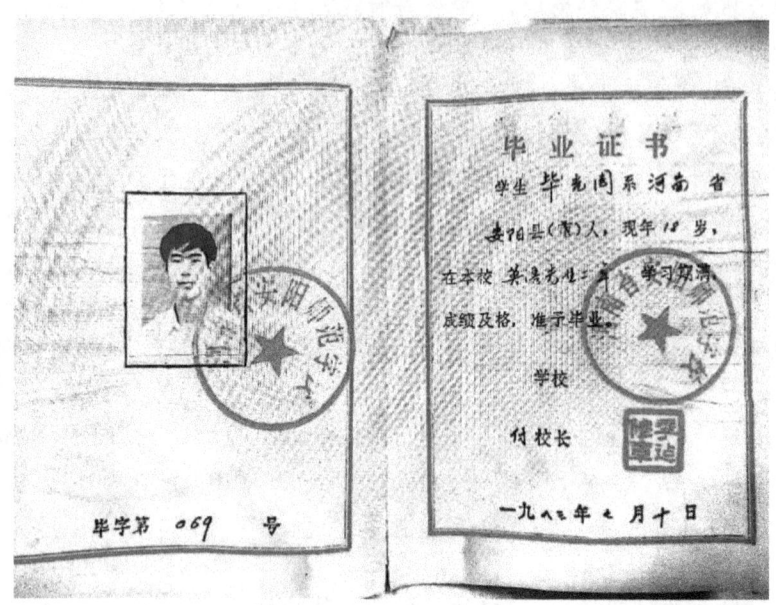

图4-1 安阳二师第一届学生毕业证（1981级校友毕光周提供）

图4-2 1981级英语一班毕业合影（1981级校友毕光周提供）

创始艰难，确实如此。从1982年到1985年，是学校发展最困难的时期。一是教学、生活条件简陋，二是教师配备不齐。当时教师主要由两部分构成：一部分是大学毕业刚分过来的新教师，他们虽然热情很高，但缺乏教学经验，而且人数有限；一部分是从濮阳师范、滑师或中学调过来的教师，但由于当时二师条件特别艰苦，许多教师不愿意来二师任教，所以无论从教师数量来说还是从教师的教学水平来说都与高质量的师范教育要求有一定距离。这样的艰苦情况延续了四、五年，后来学校相继建起了办公楼、实验楼、教师家属楼，分配过来的新教师不断增加，条件得到了不少改变。

（二）铸就辉煌，繁荣发展阶段（1986—1996）

1986年，安阳二师的发展遇到了更好的机遇。

首先，国家对尊师重教、尊重知识、尊重人才的社会风尚的引导，推动了全国范围的关注关爱教师，提高教师地位和待遇的时代风气的高涨。1985年1月21日，六届全国人大常委会第九次会议决定将每年的9月10日定为教师节，彰显了国家对教师和教育的重视和尊重。

其次，国家对师范教育给予政策上的支持，进一步将师范院校，尤其是中等师范学校的改革与发展引向深入。1985年5月，中共中央《关于教育体制改革的决定》提出："建立一支有足够数量的、合格而稳定的师资队伍，是实行义务教育、提高基础教育水平的根本大计……把发展师范教育和培训在职教师作为发展教育事业的战略措施。"[①]同年9月10日，万里同志在首都庆祝教师节大会上发表了《教师工作在很大程度上决定着国家的未来》的讲话。11月，国家教委党组书记何东昌在全国中小学工作会议上发表了题为《为建设一支有足够数量的、质量合格的中小学师资队伍而奋斗》的报告，在报告中明确提出："……中等师范学校（就是要）培养小学师资。……师范学校必须系统地进行教育和教学的改革。在教学上，应当与综合大学、艺术、体育院校或普通高中有所不同。……作为师范学校学生练好教师工作基本功……学校的招生制度和毕业分配制度是一项重大的任务。在当前来说，这项改革具有特别重要的意义。"[②]这些政策的出台和领导的指示，为中等师范教育的改革指明了方向。

安阳二师建校初期开设的课程主要模仿普通高中的课程设置，包括语文、数学等专业知识，另外再增加一些小学语文教材教法、小学数学教材教法等教学法知识，教育学、心理学等师范教育通识性知识等。

---

① 何东昌：《中华人民共和国重要教育文献（1976—1990）》，海南出版社，1998，第2287页。
② 何东昌：《中华人民共和国重要教育文献（1976—1990）》，海南出版社，1998，第2333页。

表4-2　安阳二师1984年以前课程设置

课程类型	课目	说明
基础学科	政治、语文、数学	
专业学科	心理学、教育学、体育、音乐、美术、各科教学法	加强基础知识和基本技能的训练
知识学科	物理、化学、生物	以扩大知识面为主,不考试,只考查
新课程	说话课、书法课	依据中师生知识结构于小学教学实际需要

1986年国家教委颁布的《中等师范学校教学计划》,统一了全国中等师范学校的教学,强化了文化知识教育,使中等师范教育逐步步入了以教学为中心的轨道。

1986年3月国家教委印发了《关于加强和发展师范教育的意见》。《意见》提出要"真正把包括中等师范教育在内的师范教育提到发展教育事业的战略地位上。师范教育改革应适应普及九年制义务教育和提高基础教育水平的需要。"[①]同时,国家教委也在《关于基础教育师资和师范教育规划的意见》中强调"基础教育师资来源地方化,实行定向培养。即立足于本省市、区,主要从需要教师地区择优招生(入学考试标准因地而异,不追求一刀切的'水平'),也可招收小量其他地区志愿去所需地区的考生。"[②]根据基础教育逐年的实际需要,制订师范院校的发展、招生计划。各地区一盘棋,职前职后教育统筹,以需定产,提高专业、学校的规模效益。正是在这种全局性统筹安排之下,中师教育有了更明确的目标。

1986年,国家教委《关于调整中等师范学校教学计划的通知》对1980年的《中等师范学校教学计划(试行草案)》中的教学内容做了调整,以更符合当时教学实际和需求实际,调整培养中等师范生的教学计划,严格控制教学时数和课程门类[③]。这其中,将外语、计算机初步知识、电化教育基础知识等纳入选修课之列,文件强调了要加强教育理论课程和教育实习,同时要加强学生基本功训练,使中师课程的改革紧跟时代的步伐与社会发展的需求。

1988年,河南省教育委员会印发《关于实现中等师范学校办学条件标准化的意见》。在目标上,从现在起,用五年的时间,使我省全部中等师范学校的规模结构和办学条件适应初等教育发展的需要,使中师的领导班子、师资队伍

---

① 何东昌:《中华人民共和国重要教育文献(1976—1990)》,海南出版社,1998,第2403页。
② 何东昌:《中华人民共和国重要教育文献(1976—1990)》,海南出版社,1998,第2392页。
③ 何东昌:《中华人民共和国重要教育文献(1976—1990)》,海南出版社,1998,第2487页。

和校舍、设备等,分期分批达到国家教委和省教委规定的有关标准,建成与初等教育相协调的中师教育体系。在标准上,从学校规模、领导班子、机构设置、教师队伍、经费标准、校舍标准、教学设备、图书资料八个方面给出具体的标准化要求。在办法上,1. 统筹规划,搞好"四定":定任务、定规模、顶编制、定建校规划;2. 落实投资,签订协议;3. 限期实现,检查验收。以上三大方面提出的具体实施意见,为中等师范学校的发展进一步指明了方向。

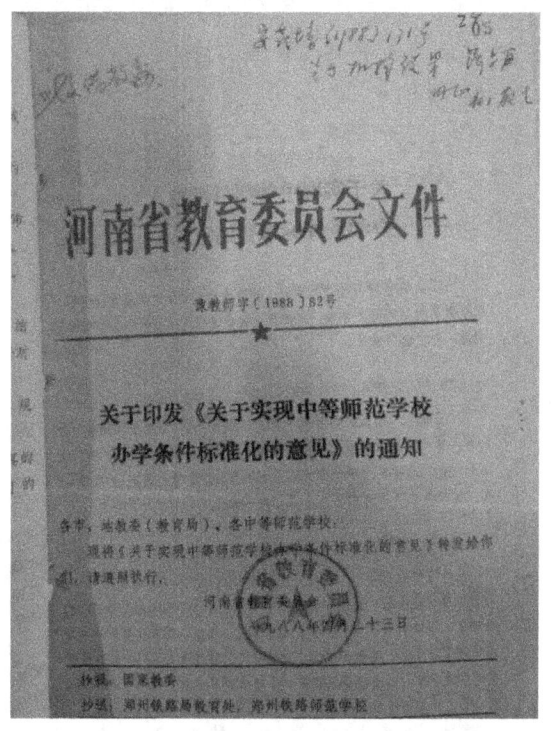

图4-3 安阳二师档案材料(安阳师范学院档案馆)

1989年6月由国家教育委员会颁布的《三年制中等师范学校教学方案(试行)》(以下简称《新方案》),打破了传统师范学校只有必修课程的单一形式,增加了选修课、课外活动和教育实践课程,开创了中师教育新格局。

设必修课:思想政治、语文、数学、物理学、化学、生物学、历史、地理、小学心理学教程、小学教育学教程、体育、音乐、美术、劳作技术14门;选修课:文化知识、小学各科教材教法、艺术、体育及适应本地经济发展需要的职业技术教育类课程,课时为总课时的7%～15%(约250课时～540课时);教育实践:10周左右,贯穿于3年之中。通过举办讲座、组织兴趣小组等多种形式,开展学科、科技、文体及社会调查等课外活动,发展学生的个性,培养学生自我服务、自我教育、自己管理自己的能力。

三年制中等师范学校教学方案(试行)(节录)[1]

三年制中等师范学校教学方案的内容：
(一)时间安排

全学程共一百五十六周，时间分配如下：

教学活动一百零七周左右，教育实践十周左右，寒暑假三十六周左右，机动三周(用于社会活动、集体教育活动)。

(二)课程设置

三年制中等师范学校设置必修课和选修课。

1. 必修课

必修课是中等师范学校教学活动的主体，是培养学生在品德、智力、体质等几方面全面发展，对学生进行小学教师职前教育的主要途径。

必修课包括思想政治、文化知识、教育理论、艺术、体育和劳动技术教育等类课程。……

各类课程都要重视乡土知识的传授。主要为农村培养小学师资的学校要重视对学生进行农村实现社会主义现代化，加强物质文明和精神文明建设有关知识的教育。生物、地理等学科要重视对学生进行人口、生态、环境保护等方面知识的教育。

三年制中等师范学校必修科目及基本课时：

思想政治 190 课时左右

语文(包括小学语文教材教法) 570 课时左右

数学(包括小学数学教材教法) 420 课时左右

物理学 170 课时左右

化学 130 课时左右

生物学(包括少年儿童生理卫生) 130 课时左右

历史 130 课时左右

地理 130 课时左右

小学心理学教程 100 课时左右

小学教育学教程 130 课时左右

体育 190 课时左右

音乐 190 课时左右

美术 190 课时左右

---

[1] 可参见，《国家教育委员会关于颁发《三年制中等师范学校教学方案(试行)》的通知》，《课程·教材·教法》1989,(Z2):2-4,101。

劳动技术150课时左右

2. 选修课

选修课是中等师范学校教学活动的重要组成部分。它可以使中等师范学校教学主动适应当地经济、文化发展的需要；可以拓宽学生的知识，发展学生广泛的兴趣和特长；可以进一步培养学生从事小学教育教学工作的能力，特别是担任多学科教学的能力。

选修课一般应开设文化知识、小学各科教材教法、艺术、体育以及适应本地经济发展需要的职业技术教育等类课程。选修课的内容应注意体现小学教育教学的实际需要，反映当地历史、地理、文化特点以及经济发展的状况。三年制中等师范学校的选修课时应为总课时的7～15％（约250～450课时）。

各地中等师范学校在完成必修课教学任务的基础上，根据师资力量、设备条件确定具体选修科目和教学时间。教师要根据学生毕业后担任多学科教学的需要和学生的特长进行指导，确定选修科目。每类课程至少选修一门。

（三）教育实践

教育实践是中等师范学校思想教育、文化知识、教育理论的综合实践课，是小学教师职前教育的必要环节，对于学生了解小学教育，熟悉小学学生，巩固专业思想，培养实际能力，初步掌握科学的教育教学方法，具有特殊作用。

教育实践包括参观小学、教育调查、教育见习和教育实习。

教育实践的安排要尽可能与教育专业课、文化课的教学进度和各种社会实践活动结合，并贯穿于三年教学活动的始终。

教育实践的时间为十周左右。其中一年级二周，二年级二周，三年级六周。

（四）课外活动

课外活动是中等师范学校教学活动的有机组成部分，对于学生学习文化知识、发展个性和培养能力，特别是小学教育、教学工作的实际能力，具有重要意义。中等师范学校通过举办讲座，组织兴趣小组等多种形式开展学科、科技、文体以及社会调查等课外活动。

学校要制定课外活动计划，安排教师辅导，使课外活动有计划、有目的、有组织地进行。要充分调动学生开展课外活动的积极性和主动性，培养学生自我服务、自我教育、自己管理自己的能力。

表4-3　三年制中等师范学校必修课周课时参考表

科目＼学年（周课时）	一	二	三
思想政治	2	2	2
语　文	6	6	4
小学语文教材教学			2
数　学	5	5	
小学数学教材教法			3
物　理	3	2	
化　学	2	2	
生物学（包括少年儿童生理卫生）	4		
历　史		2	2
地　理		2	2
小学心理学教程	3		
小学教育学教程		2	
体　育	2	2	2
音　乐	2	2	2
美　术	2	2	2
劳动技术	2	2	
根据国家教委文件刊印			

安阳二师是河南省试行国家教委三年制中等师范学校教学方案的第二批试点学校之一。《新方案》是多年来中师教育教学改革实践的经验结晶，它形成了中师教育教学的结构体系，给中师教育教学开创了新的模式，蕴藏着丰富的辩证关系。全面学习和理解《新方案》的精神实质，是贯彻实施新方案的先决条件。学校首先组织领导干部带头学习《新方案》，掌握新方案的精神实质，确定落实措施，制定、修改执行《新方案》的实施计划，发挥决策者、组织者的作用；其次，组织教研组长先行学习，落实计划，各教研组提出修改意见，设计具体方案，提供执行《新方案》设想。最后组织教师人人学习，熟悉《新方案》，提高执行新方案的自觉性和积极性，使每位教师都认识到《新方案》对教师提出了更高的要求，必须在执行《新方案》中不断提高自己的业务水平，才能达到《新方案》中规定的要求。教师在讨论和学习《新方案》中写出个人体会，明确

了《新方案》的指导思想和原则,从而解决了"制定方案是国家的事,执行方案是学校的事"的错误思想,调动了教师的积极性,主动承担选修课和课外活动辅导,为《新方案》的实施奠定了良好的基础。

随着国家推动中等师范教育发展的一系列政策法规的出台,乘着改革开放的春风,安阳二师的发展插上了腾飞的翅膀,进入了十年黄金发展期。

第一,真抓实干,逐步实现办学条件硬件的标准化,使硬件过硬。为了实现办学条件硬件标准化,学校按照河南省教育委员会《关于实现中等师范学校办学条件标准化的意见》要求,不断加大投入,相继建起了两座教师家属楼、单身教师宿舍楼、实验楼、图书馆、艺术楼(内设美术教室、画室、音乐教室、琴房、舞蹈厅等)、现代化的餐厅、能放电影和演出的礼堂、阶梯教室、计算机和电化教学楼等,购置了大量的图书和钢琴教学设备,每个教室还安装了一台电视机,硬化、绿化、美化了校园,修建了四个高标准的篮球场、多个乒乓球台、多个羽毛球场地,添置了许多体育器材,征地 20 亩修建了一个 400 米跑道的标准田径场等等,这些硬件设施的改善为搞好教育教学工作打下了坚实的基础,为教育教学质量的提高、学生基本技能的形成,插上了腾飞的翅膀。

图 4-4 艺术楼、实验楼和校园四角亭(1992 级校友张艳茹提供)

图4-5　图书馆(1992级校友张艳茹提供)

图4-6　安阳二师校门口(1990级校友李爱霞提供)

图4-7　餐厅兼礼堂(1998级校友曹刚提供)

第二,多措并举,不断提高教师的业务水平,使软件不软。如针对教师中存在的"两多两少"问题(即青年教师多,初级职称的多;中老年教师少,具有高中级职称的教师少,骨干教师存在着断层的危机),学校在提高教师业务素质上做了大量工作。下面是1992年元月,由时任安阳市第二师范学校办公室主任李长春撰写的《加强教师队伍建设是办好学校的主要保证》(节选),对当时学校在提高教师队伍业务素质方面做的工作进行了很好的总结。

随着学校教学设施的改善和教师业务素质的提高,安阳二师的教育教学质量有了大幅度的飞跃。如每年都能超额完成教育厅给的保送优秀毕业生上高等师范院校的任务(实际上采取的是:"推荐+考试"的办法),郭昊老师在全省中等师范学校教师演讲大赛中获一等奖,靳娟老师在全省中师教师民歌大赛中获一等奖,孙丽娜老师在全省中师教师舞蹈大赛中获一等奖,86.10班(体育班)在省中师生运动会上多人获得优异成绩等。

图4-8 安阳二师94.8班毕业照(朱海林老师提供)

第三,有效地开设选修课,充分发挥其延伸和补充作用。教务科制定出选修课开设方案。①

(1)选修课的开设应充分体现对必修课的延伸和补充。故开设要避免盲目性和随意性,同时必须注意开设的原则。我们的原则是:① 适应当地农村经济发展的需要。如开设河南乡土地理、河南乡土历史、农村实用生活常识、自然等课程。② 面向农村、面向小学。如开设口语、书法、音、体、美等课程。

---

① 资料来源:安阳师范学院档案馆。

③拓展知识面,适应三个面向的需要。如开设中外文学史、电教、微机初步等课程。

（2）开设形式：① 必选。一年级：书法；二年级：口语；三年级：电教。均排入课程表。② 任选。音乐、体育、美术、自然科学、社会科学。

选课方法：学生自报,教务科调整,根据兴趣爱好,择优选用。每个学生除必选课外,再报一门任选科目。根据报名调整结果重新编班,按班级号数安排在原教室上课。

上课时间：二年级开设任选课。每周二、四下午是选课上课时间。

（3）选修课的考核。由于选修课开设各校有自主权,学生有选择权,因而在客观上给选修课考核带来困难,同时对学生的管理也有一定困难。为此,我们对选修课也指定班主任,原则上班主任是此班的任课教师,并指定班长负责班级教材的分发和学生的考勤。考核成绩与学生平时上课出勤情况相结合,以最后确定学生选修课的成绩。

图 4-9　安阳二师 1992 级学生毕业证（1992 级校友张艳茹提供）

第四,积极开展课外活动,培养学生个性和能力。课外活动是 1998 年新教学方案中最有特色、最活跃的领域。学校以发展学生个性和能力为主线,组织开展多项活动,如数学兴趣小组、民乐兴趣小组、舞蹈兴趣小组、武术兴趣小组、演讲兴趣小组、手工兴趣小组等。为了避免课外活动一哄而起,虎头蛇尾的现象,教务科主抓了几个重点活动,如音、体、美兴趣小组、生物小组、摄影小组、语文小组、讲座等。力争使课外活动出成绩、出效果,加强考核检查,使其制度化,定期汇报成果和进行评比活动。每天下午课外活动时间,篮球场上、足球场上的师生同场竞技,乒乓球台上的你攻我守,舞蹈房的你教我练……都是学生的最爱。在丰富多彩的课外活动中,学生锻炼了身体,掌握了知识与技能,增进了师生情谊。

第四章　铸就辉煌　安阳市第二师范学校

图 4-10　教工宿舍楼后的一排乒乓球台(1998级校友曹刚提供)

第五,克服困难,认真做好教育实践。教育实践是中师教育的一个重要环节,是培养中师生爱当、会当小学教师的基本途径之一。安阳二师由于没有固定的实习基地,见习、实习有一定困难,学校通常采取集中与分散相结合的做法进行见习、实习。具体做法是:一年级下学期学生推迟一周返校,就近参加学生所在家乡小学的开学工作,如参与制定班务计划、教学计划,随班听课并开展调查活动;二年级下学期提前一周放假,让学生去参加小学期末工作处

图 4-11　电教和计算机综合楼(1998级校友曹刚提供)

理,如学生成绩、考试、评语、布置作业等;三年级上学期见习听课两周,下学期集中实习一个月,强化职前教育。另外,在平时与附近小学挂钩,不定期观摩小学优秀教师讲课,了解小学情况、听报告等。①

第六,狠抓学生教学基本功的训练与考核。安阳二师要求学生毕业实习前应具有如三字(钢笔字、粉笔字、毛笔字)、一话(普通话)、一画(简笔画)、一琴(先是脚踏风琴,后来改成钢琴)等扎实的教学基本功,学校对学生基本功的培养贯穿于三年教学的始终。根据河南省教委技能考核的要求,学校每学期由任课教师对学生进行技能考核后由教务科组织验收把关。毕业实习前对学生进行普通话考核,不过关的不准参加实习和毕业。理化课结业前由任课教师对学生进行实验操作能力的考核,把好操作动手能力关。

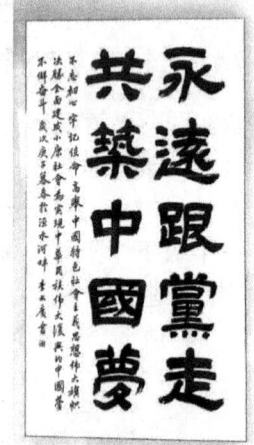

图4-12　1990级校友李文广和1992级校友纪晓飞的书法作品
(1990级校友李文广和1992级校友纪晓飞提供)

1986年至1996年可以说是安阳二师发展的黄金十年。这十年,学校在教学设施、校园环境、图书仪器等各个方面都达到了中师标准化的要求;教师配备充足,学历、职称更加合理,可以说是"兵强马壮";招生规模不断扩大,学生素质不断提高,很多学生毕业后都成为所在单位的骨干,得到用人单位的一致好评。

回顾历史,可以发现正是当时良好的政策环境与中师学校的建设环境,使广大农村学子将读中师视为一种幸福,由于这一时期的中师生源质量相对较

---

① 资料来源:安阳师范学院档案馆。

高,相对于之后的中师生来说,毕业后分配到满意的工作还比较容易。在与这一时期的二师毕业生的交流中可以体会到他们当时的生机与多彩。"豆腐块"式的被子、操场上的"班级每周考核记录"、校园里的广播宣传、学生"值周"、普通话、书法、音乐、美术以及体育等各类活动比赛,周末在校园或礼堂集体看电影,练字、读诗、骑车郊游、实习、思想班会……都是这一阶段中师生们谈论最多的记忆。以"紧张有序,严肃活泼,丰富多彩,靓丽多姿"的字眼来描述这一时期的中师生的生活与精神似乎并不为过。

通过对这一时期的二师毕业生的调查发现,基本上,他们都调换过工作单位,在教育行业的,大多是从小学设法进入初中。在实地调研中发现这一时期的中师毕业生多在初中工作,而且很多人是学校的领导和教学主力。在安阳县了解二师毕业生情况时,一位90届的毕业生说,他认为现时当地中小学的骨干教师和领导,基本上都是二师最好时期的毕业生。尽管没有确切的统计数据,但至少在这位二师毕业生的印象中,这一时期的中师毕业生们都是当地农村基础教育教学上的"顶梁柱"。当然和20世纪80年代初的中师毕业生一样,只要教学成绩突出,进城教学的机会很多,这一点,对20世纪90年代以后的农村中师毕业生们来说,甚至对现在的本科师范生来说都是很难得的。显然,由于整体素质较高,这一时期毕业的中师生"跳槽"与"转行"的情况可能是最多的。

(三)落日余晖,光芒渐退阶段(1997—2000)

国家在要求实现中师教育现代化的同时,为促进社会主义市场经济体制的完善与发展,涉及千家万户、政策性很强的有关中等专业学校招生和毕业就业制度的改革也得到进一步推进,中等师范学校在这一时期的另一项重要任务就是,紧密结合实际,调整有关中师招生与培养的模式,深入改革,适应社会发展需要,以求促进自身发展。1996年12月,国家教委、国家计委、财政部联合下发《关于颁发义务教育等四个教育收费管理暂行办法的通知》其中《中等职业学校收费管理暂行办法》第三条规定:中等职业教育属于非义务教育阶段,学校依据国家有关规定,向学生收取学费。第十二条明确:中等职业学校收取学费和住宿费。[①]

19世纪80年代以来对农村学生免收学费、住宿费和发生活补贴的优惠政策已经一去不复返,再加上随着我国改革开放的深入,农村经济条件的改善,农村学生上大学的愿望愈来愈强烈,中师对农村学生的吸引力已开始下

---

① 何东昌:《中华人民共和国重要教育文献(1976—1990)》,海南出版社,1998,第4102-4103页。

降，中师生源质量也开始下降，许多优秀初中毕业生开始报考高中，希望将来继续考大学，甚至有个别中师生中途退学回去上高中，考大学。

随着普及九年义务教育进一步深入和素质教育的全面实施，基础教育新课程改革对小学教师的文化程度和知识层面的要求越来越高，既有的中等师范学校的办学层次和教学模式显然已经不能满足培养现代小学教师的需求。20世纪末，随着经济、社会、科学技术的发展对教育提出越来越高的要求，原来的三级师范教育体系已难以符合时代发展的需求，结构调整势在必行。1998年12月24日，教育部颁发的《面向21世纪教育振兴行动计划》中要求"2010年前后……具备条件的地区力争使小学专任教师的学历提升到专科层次"。1999年3月16日，教育部又颁发了《关于师范院校布局结构调整的几点意见》，提出"到2010年左右，新补充的小学、初中教师分别基本达到专科和本科学历"，以实现由"三级师范"（高师本科、高师专科、中等师范）向"两级师范"（高师本科、高师专科）过渡，建设具有中国特色和时代特征，体现终身教育思想的中小学教师教育新体系的目标。

1999年6月中共中央国务院《关于深化教育改革全面推进素质教育的决定》也要求"加强和改革师范教育，大力提高师资培养质量，调整师范学校的层次和布局，鼓励综合性高等学校和非师范类高等学校参与培养、培训中小学教师的工作……，2010年前后，具备条件的地区力争使小学专任教师的学历提升到专科层次。"在这些文件的指导下，全国中师层次结构调整在"撤并、改办高职高中、独立升格、挂靠本科院校、转变成教师培养机构"等诸多转轨模式中拉开了改革的序幕。这意味着作为师范教育体系中最低一级的、承担小学教师培养任务的中等师范学校，在历经百年后逐渐退出中国小学教师教育的历史舞台。

随着"三级师范"向"二级师范"的过渡，安阳二师于2000年并入新组建的安阳师范学院，安阳二师在2002年送走最后一届毕业生后，在小学教师教育的历史舞台上正式谢幕。从1981级到1998级学生都是包分配，最后一届学生（1999级）已彻底走向市场，双向选择，国家不再包分配。但由于他们整体素质较高，绝大多数学生毕业后通过招教考试成了正式的在编教师。

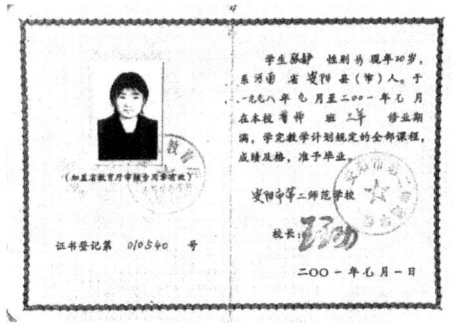 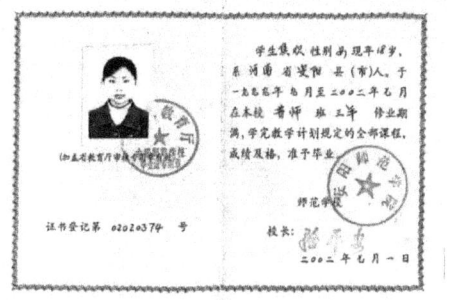

图4-13 安阳二师最后两届学生的毕业证(1998级校友曹刚提供)

二、学校机构设置和管理制度

1980年8月22日,教育部颁布《中等师范学校规程(试行)》,第七章对中等师范学校的行政领导体制和人员职责做了详细规定。

中等师范学校规程(试行)①
第七章　行政领导体制和人员职责

第四十九条　中等师范学校校长,是由主管教育行政部门提请地方政府任命的学校行政负责人。

校长的主要职责是:在上级党委和主管教育行政部门的领导下,团结全校教职工贯彻执行党中央和国务院制定的教育方针、政策和法令;制定和组织实施全校工作计划;领导学校的教学工作和思想政治教育工作;领导、组织教职工的政治、文化、业务学习;指导共青团和学生会工作,支持和协助教育工会做好工作;管理师生员工的生活,注意保护他们的健康;管理学校的人事工作;管理学校的校舍、设备和经费;领导附属小学(或幼儿园)的工作,同本校毕业生保持联系,在他们所从事的小学教育工作上给予指导和帮助。

中等师范学校可设副校长一至二人。

第五十条　中等师范学校建立校长主持的,由各有关方面负责人、教师和职工代表参加的校务会议。校务会议是体现集体领导的重要机构。它的任务是:传达、贯彻党和政府关于教育工作的方针、政策和指示;讨论、审查学校的工作计划、工作总结、经费预决算;听取和讨论教师或其他工作人员关于执行教学计划和办学情况(包括教育实习和附属小学或幼儿园的工作)工作报告;研究学生的思想情况、学业成绩和健康卫生情况;决定学生的升级、留级、毕业

---

① 资料来源:法律教育网,http://www.chinalawedu.com/falvfagui/fg22598/35976.shtml。

和奖惩问题；讨论如何提高教职员工的政治业务水平和学校其他应兴应革的重大事项。

校务会议由校长主持，每月召开一次。必要时可召开临时会议。

校务会议必须有详明记录。

校务会议的决议，由校长公布施行。

第五十一条 中等师范学校设教导、总务两处。有培训在职小学教师任务的学校，还应设立职教培训机构。

教导处：设教导主任一人，在校长领导下负责计划、组织、管理和检查全校教育教学、教育实习和学生生活指导等事项。必要时可设副教导主任。

总务处：设总务主任一人，在校长领导下负责主持全校后勤工作。

学校应设专人负责人事、保卫等工作。

学校的行政组织机构要力求精简，人员要精干。学校党政干部要深入教学第一线，并应兼课。

第五十二条 为了沟通情况，协调校内各部门工作，提高工作效率，可建立行政例会制度。行政例会由校长召集，党政工团负责人参加，一般每一、两周召开一次。

第五十三条 中等师范学校为了保证有效地完成教育教学工作计划，合理地安排全校工作，应建立健全下列各项制度：教职员学习制度，学校生活作息制度，教职工岗位责任制度，教职工考核、奖惩制度，学籍管理制度，财务管理制度，物资保管制度，学校基金制度，民主生活制度等。

1988年河南省教育委员会颁发的关于印发《实现中等师范学校办学条件标准化的意见》的通知[①]中第二条第二款"领导班子"中指出：中等师范学校要按照中央提出的德才兼备的原则和革命化、年轻化、知识化、专业化的要求，配齐配好学校领导班子。中师学校领导班子一般设校长一人，副校长一至二人，专职党委（总支或支部）书记一人，为不断探索中师教育规律，提高中师管理水平，校领导班子应保持相对的稳定。

第二条第三款"机构设置"中指出：根据我省中师教育的实际情况，师范学校机构设办公室、教务科、总务科、政教科；有培训小学在职教师任务的学校还应设函授部或培训科。

安阳二师实行的是"党委领导下的校长负责制"。根据上级文件精神，安阳市第二师范学校机构设置如下：党委书记和校长各一人，下设五个科级部门。

---

① 资料来源：安阳师范学院档案馆。

（一）办公室

办公室设主任一人，主管学校人事调动、工会、计划生育、组织、宣传、教师退离休等工作。

（二）总务科

总务科设科长一人，副科长1至2人，主管学校基建、日常水电和教室、宿舍维修、食堂、医务室、财务等工作。

（三）学生科

学生科主抓学生工作，设科长一人，副科长1至2人，学生会主席和副主席各一人，下设六大常规部，分别是：

1. 学习部

主要负责三笔字（钢笔字、粉笔字、毛笔字）检查和评比、学生白天上课和晚自习考勤等工作。

写好三笔字是教师的基本功之一，学校非常重视这项工作，除专门开设书法课，由专业教师（郑富、郭怀玉）指导学生学习书法之外，还非常重视平时督促学生练习，要求每生每周至少写三张毛笔字、三张钢笔字，另外，每个学生发有一块田字格小黑板供学生练习粉笔字使用。学习部具体负责对三笔字的检查和评比。

2. 推普部

主要负责各班上午课前十分钟和晚自习前十分钟的推普（演讲或朗读）检查和评比。

普通话是人民教师的职业语言，中师生作为未来的人民教师，普通话必须过关。安阳二师的学生全部来自农村，而农村中小学教师又以民办教师为主，他们上课时大多不讲普通话，所以学生的普通话基础基本很差，这给推普工作带来很大难度。针对这种实际情况，学校采取教务科、学生科、教师、学生多管齐下的办法，强力推行普通话。1992年2月，学校专门下发文件具体指导推普工作。

安阳市第二师范学校
关于推广普通话工作的修订意见[①]

为了更好地贯彻国家教委《关于加强对中等师范学校师生推行普通话考核的意见》及省语委关于贯彻国家教委《意见》的通知精神，把我校的推普工作

[①] 资料来源：安阳师范学院档案馆。

深入持久地坚持下去,结合我校实际情况,提出如下意见:

一、学校设立推普委员会。宋福群任主任,王铭钟、李振民任副主任,班海红、宋保平、张文明、贾刚如任委员。每月召开一次会议,研究、解决有关推普事宜。学生会设立"推普部"负责督促检查。各班成立推普领导小组,组长由班主任担任,副组长由学生担任。各班推普领导小组要严尽职责,并制定计划,要"严推不懈",达到人人过关。

二、每天上午第一节课前十分钟和第一节晚自习前十分钟为各班学生"说话"时间,每次1~3人,由各班推普小组评分。各班必须办起"推普园地",周末分班举行"故事会""演讲会""朗诵会"等各种形式的活动,学校适时举行朗诵式演讲比赛。

三、语文课是学习普通话和汉语拼音的课堂。语文教师和取得语言合格证的教师,都应积极发挥"推普员"的作用。帮助学生和各科教师学好普通话。语文基础知识和口语教师在教学中应注意各县方言和普通话对应规律,搞好方言辨正。

四、五十岁以下的教师,必须坚持在课堂和校园内交际使用普通话,否则,取消评模选优晋级资格。

五、根据省教委印发《中等师范学校推广普通话和推行汉语拼音工作检查评比要点》的通知精神和我校具体情况规定:

1. 坚持四用语的,评定三好学生、模范干部、模范团员,以及评定奖学金优先。

2. 一年级:按照教学大纲和教材的要求,学会《汉语拼音方案》,能直呼音节,积极学说普通话,读准《一级常用字、词》。否则,不得享受一等奖学金。

3. 二年级:继续巩固《汉语拼音方案》,在巩固《一级常用字、词》的基础上,读准《二级常用字》,达到"三用语"。否则,不得享受一、二等奖学金。

4. 三年级:会教《汉语拼音方案》,会说普通话,熟练地掌握一、二级常用字、词,达到"四用语"。经考核确有不合格者,不准实习,不发毕业文凭。

5. 各班学生的推普工作,具体由班主任负责。学生科长班海红、宋保平,团支部书记张文明分别负责三个年级的督促、检查和奖惩工作。如发现学生不说普通话者,第一次通报批评,挂黄牌警告,不准享受一等奖学金;第二次改挂红牌严重警告,并扣操行分5分,不准享受一、二等奖学金。一个班内如有三个学生受到通报批评或黄牌警告者,取消该班评模选优资格。

6. 语文组负责学生普通话的培养和提高,向各班推普小组宣传、指导有关推普工作,并负责演讲、朗诵等比赛,这些活动由贾刚如老师具体负责。

1992.2

图 4-14　一年级学生在参加讲故事比赛（1992 级校友提供）

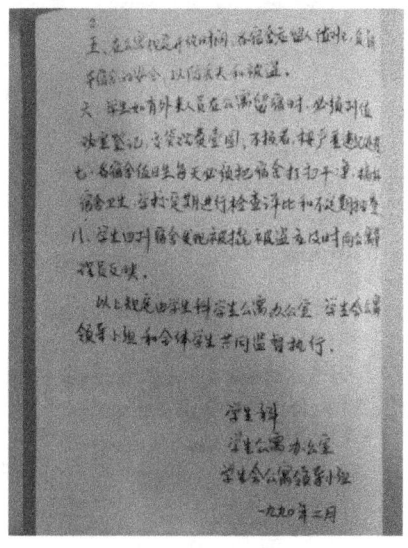

图 4-15　学生公寓管理规定（安阳师范学院档案馆）

3. 体育部

主要负责早操、课间操、广播操比赛、冬季越野赛、日常体育比赛（如篮球赛、乒乓球赛、拔河比赛等）、运动会等的组织检查和评比。

4. 劳动部

主要负责教室、寝室、清洁区卫生检查和评比，以及组织其他建校劳动。

5. 治保部

主要负责治安保卫，如就餐秩序、寝室内务安全、班级纪律等工作。

6. 礼仪部

主要负责各班课前礼仪检查和评比,以及学校各种大型活动的礼仪和外宾接待工作。

各部把各班检查评比的结果量化,再参考各班期末考试成绩,最后评出各年级优秀班集体和优秀班干部。

(四) 教务科

教务科设科长一人,副科长1至2人,主管教学计划的制定、任课教师和课程表的安排、日常教学工作的检查、教研组的教研活动、招生、学生见习实习、图书馆等工作。

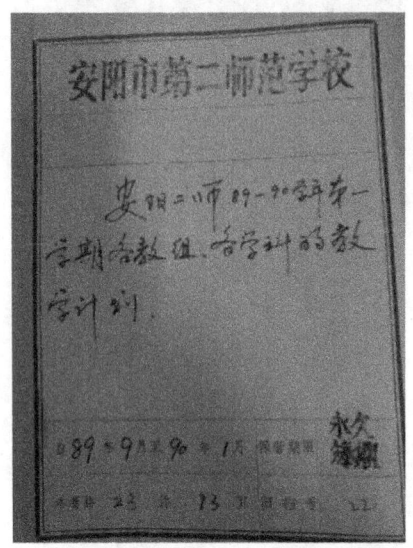 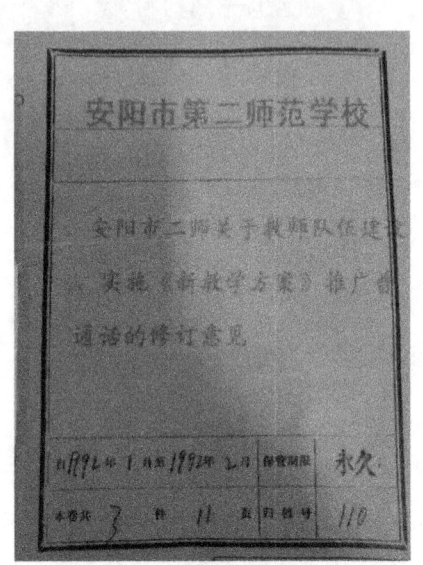

图4-16 安阳二师档案材料(安阳师范学院档案馆)

(五) 团委

团委主管共青团工作,设团委书记一人。团委设四大常规部:

1. 组织部

主要负责发展团员,组织团员进行政治学习等工作。

2. 宣传部

主要负责黑板报、墙报检查和评比,以及校园广播组稿和播音。

3. 文艺部

主要负责各种文艺活动和比赛。如"五四"班级红色歌曲大合唱比赛、消夏广场文艺晚会、元旦文艺晚会等。

4. 升旗部

主要负责每周一的学校升国旗活动,如升旗手、护旗手的选拔,升旗仪式上发言稿的筛选,纪律的维持等。

团委各部门要将各项活动的检查评比量化积分,期末评出优秀团支部和优秀团干部。

学校领导一览表:

第一任校长兼书记:季建修

第二任校长:孔令发

第二任书记:宋福群

第三任校长:王立功

第三任书记:郭佩成

副校长:闫德纯、王铭钟、刘炳钦、李金柱、季福修、张大方、李冬梅、陈志强

副书记:李长春

第三节　安阳市第二师范学校小学教师培养的特色与影响

一、小学教师培养的特色

安阳市第二师范学校从1982年开招第一届学生,到2002年送走最后一届毕业生,教师教育的历史长河中,走过了整整20年的历程,给豫北地区初等教育输送了7 000多名优秀师资,为我省基础教育做出了不可磨灭的贡献。反观安阳二师这20年的小学教师教育历史,最主要特色是"面向农村,面向小学,全科教育"。具体来说有以下几大特点。

（一）稳定而优质的教育生源

20世纪80年代初期,随着教育事业规模的扩大以及对小学教育师资的强劲需求,中师教育迅速升温,在招生对象上也有了显著的变化,即中等师范转向主要以初中毕业生为招生对象(即所谓的"小中专"),而招生计划以县域为单位分配名额,择优录取。在当时怀揣"早毕业、早就业"的家庭期望及"端国家饭碗""跳农门"的梦想与追求下,报考中专成为莘莘学子尤其是农村初中学生的首选,构成了一股强大的社会吸引力。加之农村中学(只有初中这一阶段办学层次)无形中以考取中专学生的数量为提升学校档次、增加学校声誉的重要筹码,是"升学率竞争"的核心要素,是学校宣传的形象产品与示范窗口,因此报考中专的学生是各个学校成绩最为优异、表现最为出色者,从而使中师

教育具备稳定而优秀的生源质量。

尽管安阳二师是安阳三所师范学校(安阳一师、安阳二师、滑师)中资历最浅的一所学校,但依然是许多家长和学子们的梦中殿堂,许多学生挤破头皮都想能够踏入二师的校门。

梦想从这里放飞①(节录)

安阳市财政局　韩党顺

……

每每谈及师范生活的历历幕幕,总是那么纯真、亲切,美好而又浪漫。1985年,16岁的我,从偏远的安阳县永和乡中学毕业,到安阳二师学习,有一种莫名的兴奋和自豪。初中3个班,200多名学生中的凤毛麟角,仅有前6名考入了安阳市第二师范学校。那时的我享尽了老师、同学、家长的赞美言辞和羡慕目光。为此,村上大队给我演了一场电影,引得街前屋后的乡邻们纷纷来道贺。

作为一名农村的孩子,第一次单独外出求学,在爸妈的几句叮嘱以后,便背着简单的行囊,一路打听,在一个秋色怡人的上午,迎着"欢迎新同学"的大红标语,踏入了梦寐以求的师范校园。第一次到城市上学,第一次住上老高的楼房,第一次用上全新的、单人的、有锁的课桌,第一次在学校偌大的食堂看着十多样鲜美的菜肴无从选择,第一次听到用着标准的普通话给我们上课的、风华正茂的年轻老师,那是怎样的一种欣喜和满足啊,少年的我,又是第一次躺在软软的棕叠床上失眠了……

逝者如斯,岁月如梭。如今,那些河南大学毕业的、我最敬爱的老师们的音容笑貌和名字依然那么清晰地刻在我的脑海:大胆果敢的李金柱、潇洒文雅的张维全、坦诚朴实的李文勇、才华横溢的邵国政、秀外慧中的李秋玲、侠肝义胆的杨海义、严谨求实的宋保平、柔美干练的陈燕……好一串响亮的名字,他们用标范的形象深深地影响和教育了我们,给我们以力量和信心。学生时代是短暂的,但却是难以忘怀的。在这里老师用父辈般的关爱给我们以启迪和智慧;在这里同学用兄弟般的感情给我们以快乐和温馨;在这里飞扬的青春和生命绽放出绚丽光彩。

---

① 作者简介:韩党顺,男,汉族,中共党员,安阳县吕村镇人。1985年—1988年就读于安阳市第二师范学校体育班,毕业后先在安阳市人民大道小学任教,其间曾在安阳师专中文系进修。1994年7月至2005年8月从政于北关区,历任区长秘书、区政府综合办科长、区委综合政研室主任、区委办公室常务副主任、区保密局局长、曙光街道办事处党工委书记。2005年9月至今,任安阳市财政支付中心副主任。先后荣获河南省优秀党务工作者、优秀共产党员、市区"十大杰出青年""十佳人民满意公仆""新长征突击手"等荣誉称号。著有《党委办公室工作释疑》《财政工作规范》丛书,发表文章117篇。该文章为2009年所写。

……我可以确信,一辈子都忘不掉那身蓝色带白条纹的运动校服和白底红字的校徽,那一个个慈祥可爱、充满温情的老师,那一处处奔跑跳跃、活力四射的激情男儿,那扯破了嗓门、在晚自习后对着夜空吼的、跑了调的《热情的沙漠》,那依稀从遥远的校园角落里传出的、用口琴吹奏的《妈妈的吻》……现在想起来,师范生活的一切都是美的,好似一处处流动的风景线,如诗如画、如歌如梦。毕业那年,我们都在留言簿上抒尽了万种情思、豪言壮语。大家都抱着一种信念,从这里走出,践行老师深切的期望,致力铸就自己的辉煌。

……

人各有志,不在大同。只要找到自己的坐标,无论上下西东。未必要惊涛骇浪,平平坦坦也是真;不可能万事都如愿,享受快乐每一分。我亲爱的老师、同学呀,您是否过得和我一样舒心。虽然角色、岗位不同,事实让我确信,只要是师范哺育的禾苗,都能经得起风吹浪打,长成参天的青松。让我们共同守住:三年的师范情结、一辈子的倾情挽留。

……

其实,人生本是一场漂泊的旅程,置己何处身不由己,无论天涯海角母校在心中。生命之舟颠颠碰碰,何起何落天注定,人之价值不在权欲沸腾,良师益友最尊崇。师生相遇相识是份美丽的缘情,值得我们共同的珍爱和庆幸。让我们回味并感恩彼此曾经的付出和牺牲,老师您处永远有我驻足的心灵……

2009 年 3 月 9 日

然而,当时要想考入中师并非易事,除了笔试之外,中师招生还实行严格的面试筛选制度,笔试成绩优异但面试不合格者仍然不能被录取。教育部 1980 年 8 月颁发的《关于办好中等师范教育的意见》中就规定:通过面试和体检,凡有口吃、重听、高度近视、五官不正、身体畸形等生理缺陷者,不予录取。通过深化面试筛选,从注重外貌与言语,逐步深化到内在志趣与心理品质层面,从而"让最优秀、最适宜的初中生上中师"的梦想成为现实,也使中师教育生源质量得到进一步的提高。当时,由于农村小学教师的稀缺,为了能够提前顺利就业,报考安阳二师的农村学生特别多。每年招生面试时,二师门口总是人山人海,场面火爆。

针对最优初中生源考小中专的现象,当时社会上有一种"杀青苗"的说法,认为这些学生具有扎实的文化基础与优异的学业成绩,在"千军万马过独木桥"的高考大战中是最有可能的胜出者,是重点大学潜在的培养对象。把这些学生绑在中专教育的轨道,是对人才的一种浪费,是一种典型的急功近利的"杀青苗"。因为中专指标基本上是分到县一级的,而不像高考招生是以省域

图4-17 二师院的一幅标语(1992级校友张艳茹提供)①

为参照系,不宜用最优秀的学生参与这种低层次的竞争。凡此种种认识,不能说是没有一点道理的,但这也恰恰是我国基础教育的一大幸事。可以说少了一批好大学生,但却为我国基础教育培养了一大批优秀小学教师,为我国基础教育的发展奠定了坚实的基础。无论如何,在当时中国特定的社会背景下,优质生源源源不断流向了中师教育,使中师教育有了良好的"入口关",也使中师教育的培养质量有了成功的前提基础,这是建设中师教育品牌的基本保证。

(二)积极而稳固的专业性向

在我国"三级师范"并存格局中,中师教育定向为小学教育培养全科的师资,这是基本的制度安排与任务划分。中师毕业生到小学后,不仅要教书,而且要做班主任、少先队辅导员;不仅要教语文,也要教数学;不仅要教文化课,而且要教体育课、艺术课(音乐、美术)。因此,中师生入校以后,无论是课程设置、活动形式、社会实践、教育见实习等,都是围绕如何培养优秀的小学教师而精心设计安排的,学生的"思、想、言、行"无不引入小学教师培养的制度化框架体系,从而使中师生具有明确的专业认识和清晰的专业定向。

在安阳二师的课程计划中,除了开设高中的课程外,还增加了语文基础知识、阅读与写作、书法等课程,音乐、体育、美术要连开3年,每周2节。音乐课程包含了乐理、视唱、琴法等内容,美术课程包含了素描、水粉、简笔画、手工制作等内容。充足的教学时间,丰富的教学内容,成为学生掌握扎实教学基本功的保证。

光有专业定向显然是不够的,明确的专业定向仅仅是一种专业意识,不等于专业态度与专业情意,而后者是比前者更重要的关系变量。专业态度与专业情意包含了专业认同、专业信念以及为专业化付出努力的主观意向。当时中师生的专业态度与专业情意是积极的、健康的、正向的,这与当时的社会文

---

① 这幅标语时刻提醒着二师的学生要不忘初心,牢记使命。

化环境存在较大的联系。总体说来,那时社会开放程度不高,社会流动性不强,城乡二元体制分明(他们尽管可能被分到农村小学,但属于非农业户口),有一份正式的工作本身就受人钦羡。尤为值得一提的是,在当时高考升学率普遍较低的情势下,他们一毕业便带着知识分子的符号与光环,享有着国家工作人员的身份与待遇。在当时拥有大中专正式学历人数非常稀少,而农村小学又挤满了代课教师与民办教师的情形下,他们的社会地位无疑得到了凸显与提升,这一切因素无不在形塑着中师生的专业情意与专业信念,朝着非常有利的方向发展。

国家教育委员会在1985年11月召开的"全国中小学师资工作会议"和1989年6月出台或颁布的《三年制中等师范学校教学方案(试行)》都明确提出,中师教育"坚持为基础教育服务,为农村教育服务"的办学宗旨,中师毕业生大部分要分到农村小学从事教育工作。这一明确而清晰的专业定向,丝毫没有降低中师人的热情与激情,没有阻抑中师生的理想与抱负,而是较好地培育了他们正确的专业态度及健康的专业情怀,熔铸成积极而稳固的专业定向,促进他们的专业学习与专业成长。

图 4-18　92.5 班学生在农村小学实习时与小学生合影(1992 级校友张艳茹提供)

(三) 主动而高效的班级管理

安阳二师的班级管理采取班主任负责制,班主任由学生科任命,班主任负责本班学生的学习、生活及各种活动的管理。由于中师生年龄相对较小,班主任的管理基本上沿用了中学的管理模式,学生早上跑早操、读早自习、上午第一节课前学习部到各班查人数、上午第二节课后做课间操、晚上上晚自习,等等。班主任经常随学生跑操、做操,到班里查自习,课外活动与学生一起打篮球、踢足球、打乒乓球，一起参加建校劳动等等，可以说是天天与学生泡在一起，朝夕相处。较为细致、具体、周到的班级管理与学校管理形成了良好的配合与呼应，从而保障了中师生的全面和谐主动发展，班主任与学生之间建立起深厚而持久的感情，这种师生感情往往能保持几十年如一日，而且日久弥深。下面是一位刚走出校门的二师毕业生写给班主任老师的一封信，其对学校、对老师、对同学的感情可见一斑。

敬爱的×老师，您好！

　　我不知道您是否会收到这封信，也许我的信到之日你们早就放假去别的地方，不管最终会不会收到，我想我一定要写出来邮给你，不然我的心一直不平静。

　　那天为了护送行李匆匆而别，没来得及和同学们辞行，没来得及再和老师们谈一谈心，那时心中还没有分离的感觉，总以为自己住一段时间就又得返校，一种放假的心情。

　　当猛然回到家搬进行李时，才突然意识到家我是不用离开了，平时伴我度过了三年的老师和同学却离我远去了，顿时我的心沉了一下，恨不得赶紧赶车到学校再见见老师和同学的面，但我知道，已经迟了！四十八位同学可能都走光了，没坚持到最后是我终生的遗憾，默祝我们能有再会的那一天！

　　一经离开，便感到格外怀念，这种心情使我情绪非常坏，懒得做任何事情，连睡觉都懒得脱衣服，夜里梦见自己还在学校和同学们亲切的谈笑，醒来枕边却湿了一大片。

　　不知道这种心情会持续多久，我也想赶紧摆脱掉这种心情，可就是办不到，狠下心来想一想在学校的坏处，想一想同学的失误，以减少这种思念和伤感，可一点儿也没用，谁让人都是感情动物呢？我不知道心情怎样形容，像是一个人失恋后苦闷地独坐在小屋中，烟蒂满屋，还是不断地吐着烟圈，闷着气使劲地抽烟的状态。当我一个人独坐小屋不想跟任何人说话，不想收拾整理任何东西时，我的苦闷不亚于那个人吧！

　　不知道你们什么时候放假，是否放假后就离开学校，学校说让7月10号看分数，想来该没有大问题吧！可又想听到确切的消息，邮信可能得6天时间，我也不知怎么安排！像得了神经病一样不能控制自己现实的生活。

　　老师，想念您全家和所有的同学！

　　深深地祝愿你们一切都好！

　　此致

　　敬礼

学生：×××
199×年7月1日

在学校规章制度的引导与驱动下,同年级各班之间形成了一种无形的健康的竞争性氛围。这种竞争主要不是来自分数与成绩,而是通过各种各样的竞赛活动,如卫生评比、纪律评比,对一周一次的卫生总评得分、纪律总评得分给以明确的先后排序,得分最高的班级就赢得本周的卫生流动红旗、纪律流动红旗。飘扬在教室前门上方的流动红旗既是对本班上周表现的肯定与褒奖,更是对以后学习、活动的一种激励与鞭策,因为"创业难,守业更难"。而流动红旗驻留时间的多寡与年终优秀班级的评选是联系在一起的,这是一种水到渠成的结果。此外,还有其他形式多样的比赛,如班级合唱比赛、集体舞蹈比赛、班级辩论赛、演讲比赛、朗读比赛、运动会、篮球赛、拔河比赛等,无一不显示班级的作用与力量,无一不彰显集体的荣誉与成果,这种健康良性的竞争力量,推促着各个班级走在积极而正确的发展轨道上。

图 4-19 流动红旗

进入高等院校教师教育体系以后,班级管理不再是班主任制,而是盛行的辅导员制。尽管班主任与辅导员的职责及功能没有本质的区别,在有些方面辅导员制还进行了专业性的强化,但二者实施效果是迥异的,这绝非耸人之词。在一人一班的管理模式下,班主任多为兼任/职(因为首先他是一位承担教学任务的教师),但在管理幅度与管理难度都不大的情况下(毕竟只管一个班,一般每班50人左右),班主任的管理热情与创造激情容易被充分激发,才智与才情容易向外倾泻,而在横向的班级评比中又容易造成一种追赶性心态,所以班主任工作一般表现为主动、高效且很有特色。而作为辅导员,一般要兼任多个班级的管理工作,这时他工作中的创造热情与引导欲望会有所下降,他的工作方式也会倾向于多"管"而少"引"、多"压"而少"导",或只是简单地"照章行事"。他不会像中师班主任一样把班级管理作为教学生活的一种补充或者加深师生感情的一种重要手段,他会将这视为一种带有较大压力性的任务,一份难以逃脱的"苦差",同时班级之间的竞争性气氛有所减弱(有时一个年级就设一个辅导员,要同时负责多个专业数百人的管理),班级管理的成效一般难以出彩。更为重要的是,中师时期的班主任制是由承担某门主要课程教学任务的教师兼任,师生的交往、互动相对较多,彼此的了解也更加深切,学生的归属感也强烈得多;而高校辅导员一般不承担课程教学任务,同时又要面对多个班级,师生间的交往交流相对较少,学生心灵归属感下降,往往四年带下来学生都认不全,这是不太有利于学生发展的。

(四)"单一"而"丰富"的校园文化

中师教育(普师班)是培养全科型的小学教师,不是培养单一学科的教师,所以是不分学科与专业的,皆以"综合培养"为价值取向,以"全科型人才"为基本目标。所以,学校文化表现为"单一"的"师范性"校园文化。这里的"单一",并非"单调"的同义语,更不是"贫乏"的替代词,它是指中师校园"师范性"生机饱满的文化气象。

在"单一"的价值取向之下,中师校园文化彰显"师范性"特色而呈现出生动活泼、形态各异、丰富多彩性。安阳二师非常重视环境育人,强调"让每一面墙壁会说话,让每一棵花木有表情"。"师范性"的校园文化建构着师范生的心灵特征与人格特质,孕育其教育素养的有效形成。具体说来,中师校园里到处醒目地挂着"普通话是人民教师的职业语言""请写规范字,请说普通话""教师是人类灵魂的工程师""教师是太阳底下最光辉的职业"等标语,宣传橱窗及走廊里则贴满了教育格言、警句以及教育家的各式肖像;教室里书声琅琅,艺术楼歌声飞扬,排练厅舞姿灵动,书画室色泽绚烂;普通话朗读比赛、三笔

图 4-20 消夏广场晚会(1990 级校友李文清提供)

字书法竞赛是学校每年的重要活动,演讲比赛、才艺比拼也是学校的亮丽风景;墙报设计大赛、微型课比赛等释放"师范"意蕴;校园歌手大赛、五四班级红色歌曲合唱比赛、消夏广场晚会、迎新年文艺晚会;春季组织学生春游,冬至组织学生包饺子……通过丰富多样的各种活动,调动了学生的参与积极性,锻炼及培养了他们的各种能力,提高了综合素质,涵育了其良好的职业性格。

第四章　铸就辉煌　安阳市第二师范学校

图 4-21　元旦文艺晚会演员与学校领导和老师合影留念
（1990 级校友李文清提供）

正如 94.5 班校友、现任职于首都体育学院的苏如峰所说："在这个环境里，我们第一次听到了杜威、苏霍姆林斯基这些陌生的名字，我们开始练习毛笔书法，学习唱歌弹琴，普通话成为我们的未来的职业语言。而每天下午篮球场老师们的激烈对抗成为我们通往观看 NBA 球赛的学堂。我们在这里发着青春羽翼折断的牢骚，也汲取着全面发展的成长环境所带来的营养。这里的生活片段构成了我们青春最纯真的记忆。"

图 4-22　1983 级学生与老山战斗英雄报告团合影（安阳师范学院校友回忆录）

安阳二师并入安阳师范学院以后,高等院校的多学科化、综合化的趋势使师范教育偏居一隅,唯"师范教育"独大的学科历史已改弦更张,尽管有的院系还是有意或无意的标示师范教育的传统优势,但其"非师范性"学科地位在不断提升,学校发展的重心转移,对师范教育无疑是一种潜在的挤压。校园文化的"师范性"尽管在一定程度上还余韵缭绕,弦歌不断,但其色泽与芳香均不可同日而语。校园文化中"师范性"意义的衰减,不仅表现在对师范生知识技能的形成与掌握的影响方面,更为重要的是有可能危及他们安身立命的信念基础。

(五)缄默而濡染的代际影响

安阳二师教育的成功还有一个不可忽视的重要因素就是教师对师范生的言传身教与潜移默化。秉承"学高为师,身正为范"的传统,中师教师用自己"大练教学基本功"的榜样,引导学生的基本功训练;以开展各类形式的"教学比赛",彰显教学特色,争创"教学能手与名师名家"的示范,引领学生的专业化发展;以开展"两代师表共同成长"的互动,提升学生的师德境界。

图4-23　学高为师,身正为范　教书育人,为人师表(1992级校友张艳茹提供)

"师傅带徒弟""拜师活动"是安阳二师帮助青年教师专业成长的有效方式之一。刚分配过来的青年教师,都要安排有经验的老教师进行"传、帮、带",这大大缩短了新教师走上讲台的适应期。如李德斌老师拜李士锋老师为师,荆怀福、朱海林老师拜朱红文老师为师,宋福庆老师拜李清叶老师为师,王晋拜张敬国老师为师等等。老教师高尚的师德、精湛的教学,无不对青年教师进行着潜移默化的影响。

图 4-24 青年教师荆怀福、朱海林与安阳市和学校优秀教师朱红文在一起研究教学工作（朱海林老师提供）

这种来自教师们的榜样力量或牵引作用使中师生受益无穷,是他们学业走向精进与专业走向成熟的动力源泉。中师教师对师范生的影响更多地表现为一种缄默知识、一种隐性课程。波兰尼指出,"人类有两种知识。通常所说的知识是用书面文字或地图、数学公式来表述的,这只是知识的一种形式。还有一种知识是不能系统表述的,例如我们有关自己行为的某种知识。如果我们将前一种知识称为显性知识的话,那么我们就可以将后一种知识称为缄默知识。"缄默知识具有情境性、文化性、层次性等特征。二师教师正是用他们无私的职业忠诚、娴熟的教育艺术、宽厚的人文情怀、崇高的道德风范构建起一门内涵丰富的隐性课程,在学校文化情境中给中师生以深刻的价值启迪与心灵导向,产生弥散的、潜移默化的影响。

图 4-25 普通话是教师的职业语言（1992级校友张艳茹提供）

此外,安阳二师校园中随处可见的师生之间交往互动是一道值得追忆的风景,提出这点绝非显得冗余。这里的师生交往主要是指课外发生的主体间性交往，师生之间的精神介质与主体人格的相遇。安阳二师校园面积不大（占地83亩），人数不多（1 200人左右），1988年暑假以前，教师与学生都住在同一座楼里，师生互相较为熟悉，这样一种场域为师生之间交流互动创造了极其有利的条件。在略显沉闷严肃的课堂教学之余，校园小径上师生见面时一句善意的问候，校园一角旁师生偶遇时随意交流的絮，或是篮球场上师生同场竞技的欢畅，抑或教师下课时与学生谈心的契合，这一切都极大地增添了校园文化的人文景致，提升了校园文化的价值内蕴，有力地促进了师范生的专业能力与专业性向的形成及健全人格的实现。今天大学校园的这种情景已变得十分少见，成为一种奢望。随着教师住宿的分散化与脱域化，放学后的大学校园几乎成为教师的空场，师生之间的互动减少甚至成为荒漠，不能不说这也影响到今天大学教育的培养质量。

（六）科学而规范的学生管理

学生既是中等师范学校加工的"原材料"，也是中等师范学校输出的"产品"，评价学校办学质量主要看培养的学生质量。安阳二师多措并举，保证了培养学生的质量，赢得了用人单位的一致口碑。

1. 严把入口关

"送最好的初中生上中师""以考上中师学生的数量评价初中的办学质量"是当年广大初中领导和教师的一致想法。所以中师招生可以说是优中选优，除了笔试成绩优异之外，还要通过严格的面试层层筛选，大浪淘沙。

2. 实行升留级制度和公费自费互转制度

为了鼓励学生刻苦学习，自强不息，不断进取，安阳二师还采取了严格的升留级制度和公费自费互转制度。安阳二师从1986年开始招自费生，从1989年春节开始实行公费自费互转制度。这些制度的实施，极大地提高了学生学习的自觉性和积极性，保证了培养人才的质量。

3. 保送优秀毕业生上高师

河南省为了鼓励优秀中师生进一步深造，还出台了"保送应届优秀中师毕业生升入高等师范院校学习"的政策，这为那些出身寒门，家庭经济条件拮据、想上大学又很无奈的农村优秀学生提供了第二次选择的机会。进入高等师范院校深造的学生，毕业后有的回到中师母校任教，有的进一步读硕、读博，成为更高层次的人才。能够考上中师已经相当不易了，考上高师的更是凤毛麟角，必须比别人付出更多的努力才行。

名为"保送"，实际上是采取的"推荐＋选拔＋考试"的办法。各师范学校推荐的保送生都要建立保送档案，并参加省组织的抽科统考。抽科统考的成绩，作为该生该科毕业考试成绩，其他各科仍由各师范学校或各地市统一考试。以1987年考试科目为例：

（1）普师班考试四门科目（三张试卷）

① 语文（包括《文选与写作》《小学语文教材教法》及《语文基础知识》的有关内容）；② 数学（包括《小学算术基础知识》《小学数学教材教法》及《代数与初等函数》《几何》的有关知识）；③ 教育学；④ 心理学。（③④两门课合卷）

（2）体、音、美专业班考试三门科目（二张试卷）

① 语文（与普师班试卷相同）；② 教育学；③ 心理学。（与普师班试卷相同）

体、音、美专业除文化课考试外，对成绩合格者，还要加试专业课。依据专业课加试成绩从高分到低分录取。

（3）幼师班考试四门科目（三张试卷）

① 语文；② 数学；③ 幼儿教育学；④ 幼儿心理学（合卷）。

根据国家教委对选拔师范保送生的要求，我省中等师范学校保送生人数按比例分配，各师范学校要按《关于选拔应届中师特别优秀毕业生名额分配方案》推荐人选，不得多选。考试过后，省教委会先划出分数线，考试成绩再好也不能多招，但如果哪个学校参加考试的学生成绩都没上线，那么就都不能上高师。学校对这些工作非常重视，把它看作反映学校教学质量的指标，考试之前学校会专门安排教师进行辅导。

下面是安阳二师96.1班王晓丽考上河南师范大学后给班主任朱海林老师写的一封信，从中可以看出二师学生是多么的优秀和努力。

朱老师：

您好！

近来身体还好吧？工作顺利吗？到这儿后就想给您写信的，可是刚来也不熟悉，也没什么可写。后来学校工作按部就班地进行开时，又觉得特别忙，再加上我们师范时没学过英语，上大学英语时感到很吃力，由于词汇量小，老师上课讲的话又都是用英语，所以刚开始时一句也听不懂，甚至老师要提写单词了，我还愣着，不知道干什么。不过经过一个多月的学习，现在基本上摸着点门道，算入了门吧。

说一下我在这儿的情况吧。我是中文系的，课程比较松，差不多每天上午上半天课，下午没课。今年是全国高校扩招，我们学校当然也扩招了，光我们中文系99级新生人数是前几年每年招生人数的2倍。我们的班主任在班会上说我们这一届面临的就业问题很严重，因为以后高校还要扩招。到我们毕业时，本科文凭已经算不了什么啦。她说希望我们考研，向更高的层次迈进。但是我不计划考研，一方面主要是考虑家庭经济条件，另一方面，我也不愿意上。咱们二师考过来的学生总共8个，我们这一级3个，大二2个，大三1个，大四2个。大四的两个学生是教育系的,现在正在准备着考研呢。咱们二师的学生素质还不错,大四的一个学生叫师保国(注:现在是首都师大心理学院副院长,博士,教授;另一个是于晓波老师),他好像任教育系仕达心理咨询中心主任,后因考研辞掉了,不过听他们系的学生说他可有能力了。大三的那个女学生也是班里的宣传委员,预备党员。大二的一个学生是班长。跟他们比起来,我感到自己太差了,一点特长也没有,字写得不好,又不会写作,也不会交际,真的很后悔在二师的时候没有锻炼自己的能力,以致现在样样拿不起来。不过,能走到今天,上了大学,我也很感谢老师和同学。在我上师范三年级时,因为身体条件,我差点不想考,是朱老师您和同学们为我鼓劲,我才没有放弃。说到咱们班,虽然在学校时不是最好的班,可是同学们互相帮助,运动场上团结一致的精神实在令人感动。现在我还很想念那段时光,大家在一起快快乐乐。文艳没有考上,我也替她感到惋惜,但也无能为力。由于前一段比较忙,也没有给她写信,玉英给我写过一封信,在信里她说很忙很累,说早知道如此宁可在家当小学教师。我也知道她说的是气话。

我们在这儿住房条件还不错,楼房是今年9月份竣工,也就是刚完工没几天我们就住进去了。每个寝室八个人,并装有电话(我们寝室的电话:0373-3323479),还有厕所和洗手间。当然住的方便,费用也就高。

虽然我现在面临的困难不少,但我会记住朱老师您的教诲,努力完成我的学业,不辜负老师的一片期望。

敬礼

祝:身体健康! 工作顺利!

学生:王晓丽
1999.11.8

4. 通过各种评优活动调动学生学习、工作积极性

安阳二师还通过开展丰富多彩的评优活动,调动班级和学生个人的学习、工作积极性。如评选优秀班集体、优秀团支部、文明寝室、卫生流动红旗、纪律流动红旗,评选优秀班干部、优秀团干部、优秀实习生、优秀毕业生等活动,调动学生学习、工作的积极性。班级是个家,优秀靠大家;我为班级添光彩;今天的努力是为了明天的优秀;等等,已经成为每个学生的共识。

难忘中师[①](节录)

安阳市大市庄中学　王飞鸿

……

我们的班主任是常红军老师,虽然很年轻,但对同学的关怀却很细心。记得最清的一次是到寝室指导我们的生活情况,教我们叠被子(我们叠的被子一是没有棱角,二是没有把被子边叠到里面,被子的面没有被很好地展示出来)、生活用品的摆放(那时候我们没有机会进行军训,同学几乎全部来自农村的多子女家庭)。

1987年我们入校的时候,学校的条件在前几届师生的改造下虽然有了很大的改变,但是仍然较为艰苦,当时的宋福群书记和孔令发校长多次在全校的师生大会上谈到未来的美好规划,直至毕业诸如现在的宽阔的操场,让人向往的艺术楼我们都无缘享用到。我们七班的教室在一年级中是最简陋的,墙壁斑驳,颜色很暗,在常老师的指导下,我们全班动手,用脸盆、水桶盛着稀释的白灰水用扫帚粉刷墙壁,整整一天半,教室变亮了,墙壁虽仍然粗糙,但同学们坐在自己劳动整修的教室里却是非常高兴、满足。

我们班的同学淳朴、厚道,班风纯正。三年的中师生活除了极少数同学之间的偶尔的口角摩擦之外,是决然没有动手打架的现象的。同学们学习劲头是自觉的,在全年级是最好的,直至毕业依然保持着始终如一的学习劲头,甚至于后来毕业的一年更加勤奋,这让其他班级的同学非常羡慕,也让教本班的老师极为安慰、自豪。应当说,我们班因为是年级普师班中最后一个的缘故,有几科教师频频更换,现在才理解,除非迫不得已,学校一定会将最好的老师安排到教学第一线。领导们在我班频频代课,学校的多数领导和我班有缘(孔令发校长教我们立体几何声音洪亮,教态亲切,浅显易懂,很受同学的欢迎),大半教过我们。因为班级良好的学习风气,成绩非但没有受到任何影响,反而在很长时间里因为有的老师不能正常上课或上课质量不高的情况下,通过同学们的刻苦自学,成绩反而出奇的好(经常在年级里名列前茅)。

大家的团结帮助,更因为同学们本质上的淳朴,班主任管理有方,我们班除了在学习上取得优异的成绩外,在每次的卫生检查中都能在全校二十多个班级获得前三名,从而成为我们班的又一骄傲的亮点,在历次的冬季集体越野赛中都能取得优异的成绩。

三年级,荆怀福老师接任我们班的班主任,和同学们一样,荆老师淳朴、正

---

① 作者简介:王飞鸿,男,1971年4月生。1987年9月至1990年7月在安阳市第二师范学校学习。毕业后在安阳县高庄乡大市庄中学工作(现安阳市大市庄中学)至今,现任副校长。

直,很受同学们喜欢,班级的各项工作井井有条,师生的相处很是融洽,在历次的集体活动中,如广播操比赛、校运动会及其他的活动七班都有了更大的进步,师生从那一份浓浓亲切的情意中感到自豪感动。

……

毕业至今,我郁在心里的情感在一点点地向外释放,听到同学的哪怕一点点的消息时,每一次和老师见面时,中师生活的点点滴滴,无数的画面便又如海市蜃楼般出现在眼前:师生课堂亲切的授课和学习;晚自习明亮的灯管下同学们或热烈讨论或埋头学习或练毛笔字或偷偷做做其他的秘密小事;合唱比赛前师生站在教室中间一遍遍的排练;元宵节同学们天真热闹的乱七杂八的包着各种各样的饺子;元旦之夜教室里同学们靠墙而坐各举所长羞涩而又激动的进行着多种节目的表演;越野赛中、运动场上同学们精疲力竭却在互相鼓励;餐厅里饭友们在热闹哄乱的背景下,蹲在地上就餐亲切的讨论;春秋之夜和要好的同学饭后在操场、校外的路上缓缓散步面对星空畅谈未来……毕业至今,多数的同学的情感犹如窖藏的美酒,随着时间的久远而越来越醇厚、芳香,让人为之深深地迷醉!

……

5. 通过严肃考风考纪,严把出口关

考风决定学风,考风不正必然学风不正。安阳二师向来非常重视考风考纪,常抓不懈。期末考试要么在室外操场,要么在礼堂,单人单桌,一千多人同时考试,几十位监考教师穿行在考场中,场面非常壮观。学校对考试违纪学生抓住一起处理一起,绝不姑息,轻者通报批评、警告,重者开除学籍。考试作弊者不得参加评先选优,不得享受奖学金。曾有两位学生因从高中找同学替自己参加期末考试被开除学籍,在学生中引起很大反响。当时学生的平常表现可以作为评优的条件,但与期末成绩无关,没有加平时成绩之说,卷面成绩是多少就是多少,哪怕59分也不能及格,所以学生在学习上丝毫不敢马虎。

当前教师教育的现实并非令我们感到满意。随着小学教师教育的高学历化,并未带来相应的高素质与高水平,如许多小学校长反映,"现在本科毕业的小学教师反而不如二师毕业生那样适应小学教育。不少大学本科的师范毕业生难以胜任岗位,敬业精神和教学技能都欠缺,上不好课,带不好班。他们非常怀念以前的中师毕业生,师德好,技能好,有上进心,还非常稳定"。因此,在小学教师教育全面进入高师教育体系的今天,反思中师教育的传统,挖掘中师教育的文化价值,总结其办学模式与管理经验,从而为当代教师教育发展提供启示和借鉴,不仅是可能的,也是必要的。

未来之路犹未清晰。安阳二师的小学教师教育曾经创造过辉煌的历史,这是无须粉饰的事实。但可以说,19世纪80年代以来中师教育的成功是特定时代背景下的产物,是由诸多的机缘巧合共同促成的,一味地说中师时期教育理念如何先进或管理模式如何优越或许难以解释清楚全部的问题。从这一意义上说,中师教育是难以复制的,中师教育已渐行渐远。由此,当代教师培养不能简单地移植与重现中师教育办学传统,不可回归于过去,而是需要继承与创新、开拓与超越,以推进当代教师教育的和谐高效发展,这是应当持有的基本态度。

二、安阳二师的社会影响

安阳二师从1982年开招第一届学生,到2002年最后一届学生毕业,走过了整整20年的历程。这20年,安阳二师可以说是桃李满天下,虽然培养目标主要是农村小学教师,学生毕业后绝大多数服务在农村教育第一线,但是由于学生素质很高,服务社会各行各业的也大有人在。下面摘取几朵小花与大家分享。

田俊武,男,1966年生,河南省浚县人,1982年9月至1985年7月在安阳市第二师范学校英语专业2班学习。先后获河南大学英语语言文学硕士、北京师范大学英语语言文学博士学位。现任北京航空航天大学外国语学院教授,博士生导师,博士后合作导师,研究方向为英美文学。

王宝玉,安阳二师1985级学生,历任安阳市文峰区人民政府副区长;文峰区委常委、组织部部长;文峰区委常委、政府常务副区长;林州市委副书记、代市长;林州市委副书记、市长;中共林州市委书记、市长;中共红旗渠干部学院委员会委员、红旗渠干部学院第一副院长;中共林州市委书记、中共红旗渠干部学院委员会委员、红旗渠干部学院第一副院长。

焦兵书,安阳二师90.8班学生,现任河南省实验学校林州分校业务副校长,K12教育网班主任论坛荣誉版主,河南省杏坛网研社创建人,河南省首届最具智慧力班主任,河南省首届最具影响力班主任候选人,全国第六届全国百名小学班主任之星,曾荣获"帝豪杯"第十七届全国中小学班集体建设理论研讨会特别奖,捧得"帝豪杯"。在《中国教师》《河南教育》《教育时报》《福建教育》等纸媒上发表文章数十篇,应邀到全国各地讲学数十场,被多地聘为教师专业化成长指导专家,编著有《为师之鉴》《雅韵小书》等教育专著。

栗晓红,安阳二师92.5班学生,1995年9月—1999年7月在河南师范大学教育管理学专业学习,获得管理学学士学位;1999年9月—2002年7月在南京师范大学教育科学学院教育学专业(教育学原理方向)学习,获得教育学硕士学位;2003年9月—2007年7月在北京大学社会学系社会学专业(城乡社会学方向)学习,获得法学博士学位。现就职业于同济大学政治与国际关系学院社会学系,副教授,杨浦区五角场妇联执委委员。

安阳市驻村第一书记李冬明:为了让村子更富裕,我要再干一届第一书记①。

河南日报农村版

河南日报农村版讯(记者秦名芳　通讯员孙瑞兰　冀业)

图4-26　安阳二师1992级李冬明校友

2017年11月,时年40岁的安阳市教育局直属建安小学副校长李冬明到殷都区洪河屯乡东五龙沟村担任驻村第一书记,驻村以来,他始终以一名共产党员应有的使命感和责任感,认真履行第一书记职责,带领村两委一班人,为东五龙沟村2019年脱贫出列做出了贡献。

强班子为脱贫谋篇布局

东五龙沟村,地处丘陵地带,是省级贫困村。李冬明进村工作后,发现一些村干部整日里浑浑噩噩,对村民也爱答不理,为了摸清村情户情,他积极走访调研,通过村两委换届的契机,把想干事能干事会干事的同志选到了村两委干部队伍中。

新两委班子上任后,李冬明又帮助村两委建章立制,严格按照"四议两公开"等制度开展工作,现在的两委班子队伍能力强,干劲足,一支"带不走"的工

---

①　可参见,河南日报农村版,2020-06-06。

作队正在成长壮大。

要脱贫,先找水。东五龙村村民做饭、洗衣服想弄点水都是一件非常奢侈的事情。为方便群众吃水,2019年李冬明带领村干部和部分村民,投资38.7万元打了一眼170米的饮水井,还建设了配套工程,现在村里自来水能够24小时供应,彻底解决了群众吃水难的大问题;想致富,先修路。

2018年,为了让村里有一条通往村外的水泥硬化路,他们投入资金172.8万元,李冬明组织干部和村民修建道路3.5千米,不但把进村道路和村内道路进行了全覆盖硬化,还配套建设了排水沟,彻底改变了群众出行难题。

2018至2019年连续两年,李冬明引资建设了1 000多平方米的文化广场,安装了两套健身器材,丰富了群众业余文化生活;修建了200平方米村委会办公用房,结束了村委会没有办公地点的时光,村党支部建设也有了自己的阵地,村民往来办事更方便了。

2019年,他还积极协调区水利部门修建灌溉渠1 600米;修建公共厕所两处;广场砌岸200多立方米,路肩硬化5 000多平方米;安装进村和村内路灯,点亮了村的夜晚。这些事一件件,一桩桩的被村民装进了心里,通过这些基础设施的建设和改造,东五龙村的群众脱贫攻坚的劲头更足了。

空心村旧貌换新颜

东五龙沟村宅基地管理工作长期处于无人监管状态,村民建新房不拆旧房,村中许多老房子废弃坍塌,成了典型的"空心村",安全隐患大,严重影响村容村貌。

李冬明积极争取政策支持和资金支持,经过广泛宣传和反复酝酿,涉及55户农户110处宅基地拆迁改造工作得以顺利进行,平整出集体土地20亩,种植了农作物,改善了村内环境增加了收入。

同时,在空心村改造的基础上,李冬明进行村容村貌大整治。对道路两侧高低不平杂草丛生土地和多年的垃圾、杂物进行了彻底的平整和清理,并栽种果树400余棵,绿化了村庄。同时为改善村庄形象,李冬明筹集资金粉刷斑驳墙体1万多平方米,书写宣传标语,手绘党建、脱贫攻坚和乡村振兴墙体画,美丽宜居的新东五龙沟村已见雏形。

还要再干一届第一书记

驻村两年多来,李冬明先后为村里引进资金累计440万余元,有力地改善了村容村貌和农村基础设施。在李冬明的带领下,2019年东五龙沟村顺利脱贫,摘掉贫困村穷帽子,去年村集体收入达到9万元。贫困户土地流转年人均增收2 000元以上,今年村集体收入可望突破10万元,村集体带贫致富能力进一步增强。

村内建档立卡贫困户4户5人，通过就业扶贫、产业扶贫等各项扶贫政策的落实，人均收入都远远超过脱贫线，"两不愁三保障"及安全饮水全部得到保障。

在李冬明的协调下，安阳市教育局积极主动帮助村合作社销售农产品，去年农产品销售金额达24万多元；安阳市教育局还给村委会捐赠了空调、会议桌、办公桌、沙发、柜子、床等办公设备，改善了村委会办公条件；安阳市教育局领导经常进村调研脱贫攻坚工作，走访贫困户，送去慰问品，每年春节村里60岁以上老年人发放慰问品。

图4-27 李冬明入户与老党员交流、了解党建情况

李冬明说："下一步，我要带领村两委干部苦干实干，以国储林项目和合作建设小米加工厂为抓手，大力发展村集体产业，壮大集体经济，加大环境整治力度，做好卫生保洁和绿化美化，让东五龙沟村变得更富裕，更兴旺。"

在2020年安阳市第七批驻村干部选拔中，李冬明积极向市教育局党组申请，主动申请留下来再干一届，他要在东五龙沟村里继续"较劲"，帮助乡亲们彻底啃完脱贫致富的硬骨头！

安阳二师毕业的学生至今奋斗在农村教育第一线的领导和教师更是不计其数，他们以对党和人民的教育事业高度负责的职业操守，以渊博的专业知识和精湛的业务能力，支撑起农村基础教育的一片蓝天。

第五章 改革提升 安阳师范学院

2000年,安阳市第二师范学校并入安阳师范学院,小学教师教育由中等教育提升为高等教育,同时培养层次也在不断提升中,2000年安阳师范学院开设小学教育专科专业。2007年,安阳师范学院小学教育本科专业招生。2019年安阳师范学院积极申报小学教育专业硕士点。这一时期,安阳师范学院小学教育专业突出的特点就是改革提升,这一特点也正是我国从三级师范到二级师范、从以中师为主的中等教育到以专科、本科为主,以及扩大小学教育专业硕士研究生培养点和招生规模的高等教育为主的发展特征所在。

第一节 21世纪以来我国小学教师教育发展概要

前文已知,21世纪到来之前,以提高小学教师学历层次、扩宽师资来源渠道和提高培养质量等小学教师教育相关改革就拉开了序幕,而21世纪小学教师教育发展的主旋律则是改革与提升。本节主要从高等教育为主体开放灵活小学教师教育体系的构建、小学教育本科教学工程、卓越教师培养计划与公费小学全科教师培养、小学教育专业认证等方面介绍21世纪以来我国小学教师教育的发展概况。

一、高等教育为主体开放灵活的小学教师教育体系构建

以高等教育为主体构建开放灵活的教师教育体系是21世纪初我国小学教师教育改革的主要任务和鲜明特征,从2002年《教育部关于加强专科以上学历小学教师培养工作的几点意见》提出的专科以上学历小学教师的培养纳入高等教育体系,到2004年《2003—2007年教育振兴行动计划》提出的专科、本科、研究生三个层次协调发展教师教育的相关改革中,确立了小学教师培养的主体已由中等师范学校提升到高等院校,其间和此后小学教师教育的相关改革,主要就是围绕高等教育体系下小学教师的培养规范、提高等相关问题而进行的。

(一)专科以上学历小学教师培养纳入高等教育体系

进入21世纪,"三级师范"向"二级师范"过渡加快了速度,以中等师范学

校为小学教师培养主体逐渐提升至高等院校。2002年9月10日教育部发布的《教育部关于加强专科以上学历小学教师培养工作的几点意见》（教师〔2002〕4号）中明确提出把专科以上学历小学教师的培养纳入高等教育体系。《意见》内容如下：

为了适应基础教育改革与发展的需要，我国对培养专科学历小学教师工作进行了较长时间的积极探索，取得了较大成绩，并积累了许多宝贵经验。到2001年，小学教师中达到专科以上学历者已占小学教师队伍的27.4%。但是，我国专科以上学历小学教师的培养尚处于初级阶段，在培养制度、办学渠道、办学模式、专业建设等方面还存在一些问题。为了贯彻落实《中共中央国务院关于深化教育改革全面推进素质教育的决定》精神，大力提高小学教师整体素质，加强专科以上学历小学教师培养工作，特提出以下意见。

一、坚持按需适度发展方针，科学规划专科以上学历小学教师的培养

各省级教育行政部门要根据当地社会发展、经济建设和基础教育改革发展的实际需要，统筹规划专科以上学历小学教师培养工作。依据《教育部关于"十五"期间教师教育改革与发展的意见》关于对新师资补充的学历要求，以及小学教师的数量需求，按照"分区规划、分类指导、分步实施"原则，科学、合理地确定专科以上学历小学教师的培养规模和实施步骤，通盘考虑和合理调整承担培养专科以上学历小学教师任务的高等师范（简称高师）院校及其他高等学校的布局结构。

二、专科以上学历小学教师的培养纳入高等教育体系，理顺管理体制

专科以上学历小学教师的培养要纳入高等教育体系。各省（自治区、直辖市）要根据实际需要，统筹规划，确定培养渠道。有条件的高师院校要积极建立和完善培养小学教师的院系或专业，加大培养力度，充分发挥现有高师院校培养专科以上学历小学教师主渠道的作用。在高师资源不足的地区，可以在优质的中等师范教育资源基础上，建立培养专科学历小学教师的高等师范专科学校。少数地区可以通过中师与高师实行联合办学，前三年放在中师，后二年放在高师培养的形式培养专科学历小学教师。要加强对各类培养专科以上学历小学教师院校的管理，理顺管理体制。培养小学教师的高等师范专科学校原则上实行省、市（地）两级共管，以市级为主或以省（自治区、直辖市）级为主的管理体制。这些学校都要创造条件，提高办学质量和效益，积极为全省（自治区、直辖市）服务。

三、实行多种办学形式，积极探索培养模式

积极探索专科以上学历小学教师的培养模式。根据《高等教育法》有关规定，招收高中阶段毕业生，实行三年专科教育，实行四年本科教育，是我国培养

专科以上学历小学教师的主要形式。招收初中毕业生，实行三年在中师培养，后两年在高师培养的"三二分段制"专科教育，是当前我国培养专科学历小学教师的过渡形式。前三年按照中等师范教育管理，后两年纳入高等教育招生计划和管理范畴，可在其学程中期，即三年级后由各省级教育行政部门组织统一考试，合格者升入专科阶段继续学习，进行专科学历教育。招收初中毕业生，实行"五年一贯制"专科教育，有利于小学教师职业道德、知识、能力和素质的综合培养，有利于提高教师专业化水平，是当前我国培养专科学历小学教师的重要补充。举办"五年一贯制"专科教育要由普通高等学校承担并经省级教育行政部门审核批准后方可组织实施，国家关于初中后起点的五年制高等职业教育的有关政策适用于五年制师范类专科教育。"五年一贯制"师范类专科教育主要适用于幼儿教育、特殊教育、外语、艺术、体育等类小学教师的培养。

四、加强小学教育专业建设，努力办出特色

专科以上学历小学教师培养工作是我国教师教育的新领域，需要在实践中不断探索和完善。根据新世纪基础教育改革与发展及实施素质教育的需要，针对教师专业化的国际趋向和小学教师的培养特点，教育部将组织制订专科学历小学教师的培养目标、规格，完善和改革课程体系和教学内容，制定《师范高等专科三年制小学教育专业教学方案（试行）》，组织编写小学教育专业教材，加强小学教育专业建设。各地要参照《师范高等专科三年制小学教育专业教学方案（试行）》，结合本地实际，研究制定实行"三二分段制"和"五年一贯制"师范专科教育的教学方案，探索培养规律，办出特色，努力培养适应基础教育需要的小学教师。

五、深化教育教学改革，努力提高培养质量

培养专科以上学历小学教师的院校要不断深化教学改革，强化质量意识，加强教学管理，加强教育学科的建设，积极推进现代信息技术的普及和应用，大力抓好教师队伍的建设。新组建的学校尤其要提高教师队伍的学术水平和科研水平，具有硕士和博士学位的教师比例要有较大提高。专任教师要深入小学，熟悉并研究小学教育。各地教育行政部门要对培养专科以上学历小学教师工作高度重视，加强业务指导。教育部将组织开展培养专科以上学历小学教师院校教学质量评估，确保培养质量，开创我国小学教师培养的新局面。

这一文件宣布师范教育改革由三级向二级成为定局，以培养小学教师为己任的中等师范学校也逐渐走出历史舞台，由高校培养专科及其以上学历的小学教师成为21世纪小学教师培养的主要模式。而此时安阳师范学院的首届小学教育专科毕业生已经毕业，就培养专科层次的小学教师而言，安阳师范学院走在了前列。

（二）出台《三年制小学教育专业课程方案》

2000年前后，各地小学教育专科在学制方面既有两年制也有三年制，为规范办学行为、提高培养质量，2003年1月15日，教育部师范教育司印发了《三年制小学教育专业课程方案（试行）》，用以规范专科层次的小学教师培养的课程设置，该《方案》成为当时高等院校自定课程方案的依据，安阳师范学院在此基础上设置了相应的人才培养方案（详见本章第二节）。时至今日，不少设置小教专科的院校仍在延续这一方案，或者在其基础上进行调整。2003年的《三年制小学教育专业课程方案（试行）》的具体内容如下。

三年制小学教育专业课程方案（试行）[①]

本方案适用于招收高中毕业生，修业三年，培养大学专科学历小学教师的高等学校。

一、培养目标与培养规格

本专业招收高中毕业生，培养德、智、体等诸方面全面发展的小学教师。

具体要求如下：

热爱中国共产党，热爱社会主义祖国，努力学习马克思列宁主义、毛泽东思想和邓小平理论，树立正确的世界观、人生观和价值观，热爱小学教育事业，具有良好的教师职业道德；具有较宽厚扎实的文化科学知识和专业基础知识，懂得小学教育教学的基本规律，具有先进的教育思想和进行小学教育科研的初步能力，具备从事小学多门课程教学和课程开发的能力，同时在某一学科方向上有所专长；具有良好的心理素质、健全的人格，身体健康；具有一定的艺术修养和艺术鉴赏力。

二、课程设置原则

1. 时代性与前瞻性

课程设置力求面向现代化、面向世界、面向未来，反映当代社会经济、文化和科技发展的趋势，贴近国际教育改革和我国基础教育课程改革的前沿，体现新的教育理念。

2. 基础性与专业性

课程设置力求体现高等专科教育的基础性，同时要紧密结合当今小学教育课程改革的趋势和实施素质教育的要求，针对小学教育专业的特征，力求构建科学的课程体系，提高小学教师的专业化水平。

[①] 关于印发《三年制小学教育专业课程方案（试行）》的通知——中华人民共和国教育部政府门户网站 http://www.moe.gov.cn/srcsite/A10/s7058/200301/t20030115_81790.html，2020-6-8。

3. 综合性与学有专长

课程设置力求根据现代科技发展和基础教育课程改革综合化的趋势,强化综合素质教育,加强文理渗透,注重科学素养,体现人文精神,加强学科间的相互融合以及信息技术与各学科的整合;同时,根据小学教育的需要,综合性教育与单科性教育相结合,使学生文理兼通,学有专长,一专多能。

4. 理论与实践相结合

课程设置力求根据小学教师职前教育的要求,既要科学地安排文化知识课和教育理论课,又要加强实践环节,注重教育实践和科学实验,重视教师职业技能训练和职业能力的培养。

5. 统一性与灵活性相结合

课程设置根据我国各地经济、文化和教育发展不平衡的实际情况,提出基本的要求,各省(自治区、直辖市)教育行政部门根据本课程方案的基本要求,结合实际情况,可以做适当调整。

三、课程设置与时间安排

本专业课程设置由必修课、选修课、教育实践等三部分组成。必修课包括公共必修课和专业必修课;选修课包括专业方向选修课和任意性选修课;教育实践包括教育观察、教育调查和教育实习等。

本专业学制三年,全学程共156周,其中教学活动(含考试)106周,教育实践10周,寒暑假30周,机动10周(主要用于社会实践、集体教育、军训、劳动教育和课外社团活动等)。

(一) 必修课

必修课是本课程方案的主体,是对小学教师职前教育的主要途径。必修课分为公共必修课和专业必修课两大类课程。

1. 公共必修课

本类课程是国家规定的对大专学生进行思想道德素质和基本文化素质教育的课程,主要包括:毛泽东思想概论、马克思主义哲学原理、邓小平理论概论、思想品德修养与师德、法律基础、形势与政策、大学英语、信息技术基础、体育等。

2. 专业必修课

本类课程是对大学专科学历小学教师进行专业教育的必修课程,主要包括四部分:第一部分为教育类课程。主要有基础心理学、儿童发展与教育心理学、学生心理辅导、现代教育制度与思想、课程与教学论、班组管理、教育研究方法基础、现代教育技术、小学综合实践活动设计、少年儿童健康教育等;第二部分为文化通识类课程。主要有大学语文、大学数学、自然科学基础、社会科学基础、音乐、美术等;第三部分为小学教师职业技能类课程。主要有教师口语、书写等。第四部分为学校课程,由各学校根据需要和可能自主确定有关课程。

(二)选修课

选修课是本课程方案的重要组成部分,是在必修课基础上的拓宽、提高,是发展学生专业特长的重要途径。选修课分为专业方向选修课和任意性选修课两大类。

1. 专业方向选修课

本部分课程是提高学生某一专业方向学科素养的课程,共设有中文与社会、数学与科学、英语、音乐、体育、美术等六个方向。要求每个学生在校期间要选修一个专业方向的课程。每类专业方向选修课为744学时,除规定课程外,学校可根据实际需要和可能,开设该类专业方向的其他课程。

2. 任意选修课

本部分课程是拓展学生知识面,发展学生个性,完善知识结构的课程。课程设置表中不列出具体课程名称,由学校根据需要和可能开设相关课程,供学生根据自己的兴趣、爱好和特长任意选择。

(三)教育实践

教育实践是思想道德、文化知识、教育理论和教师职业技能训练等方面的综合实践课,是小学教师职前教育的必要环节,对于学生了解小学教育,熟悉小学学生,巩固专业思想,培养教育教学实际能力,初步掌握科学的教育教学方法等具有特殊作用。教育实践的时间为10周,其中教育观察、教育调查等4周、教育实习6周。教育实践要贯穿于三年教学过程的始终。

本课程方案课堂教学总计为2 650学时,周学时为25学时,其中已规定的课程共计2 238~2 292学时(公共必修课702学时,专业必修课1 008学时,各专业方向选修课分别为744学时),其余358~412学时,由学校安排任意选修课和复习考试。

表5-1 公共必修课和专业必修课程设置与学时数

公共必修课			专业必修课		
序号	课程名称	学时数	序号	课程名称	学时数
1	毛泽东思想概论	54	1	基础心理学	54
2	马克思主义哲学原理	54	2	儿童发展与教育心理学	54
3	邓小平理论概论	54	3	学生心理辅导	36
4	思想品德修养与师德	36	4	现代教育制度与思想	54

(续表)

公共必修课			专业必修课		
序号	课程名称	学时数	序号	课程名称	学时数
5	法律基础	36	5	课程与教学论	54
6	形势与政策	(108)	6	班级管理	36
7	体育	144	7	教育研究方法基础	36
8	大学英语	216	8	现代教育技术	54
9	信息技术基础	108	9	大学语文	90
			10	大学数学	90
			11	自然科学基础	72
			12	社会科学基础	72
			13	音乐	72
			14	美术	72
			15	教师口语	36
			16	书写	36
			17	少年儿童健康教育	36
			18	小学综合实践活动设计	54
	小计	702		小计	1 008
必修课学时数合计					1 710

1. 中文与社会方向

表5-2 中文与社会方向课程设置与学时数

课程名称	学时数	课程名称	学时数
汉语基础	90	中外文明简史	90
文艺概论	54	中国近现代史	54
写作	54	人口、资源与环境	54
儿童文学	54	小学语文、历史与社会教学与研究[含国家基础教育课程标准解读(小学语文、历史与社会)]	72
古典文学	54			
近现代中外文学	54	学校课程	60
中外影视作品赏析	54	小　计	744

2. 数学与科学方向

表 5-3　数学与科学方向课程设置与学时数

课程名称	学时数	课程名称	学时数
高等数学基础	180	地球与空间科学	60
现代数学概论	72	人口、资源与环境	54
数学实践与科学实验	72	小学数学、科学教学与研究[含国家基础教育课程标准解读（小学数学、科学）]	72
科学、技术与社会	54		
物质科学	60	学校课程	60
生命科学	60	小　计	744

3. 英语方向

表 5-4　英语方向课程设置与学时数

课程名称	学时数	课程名称	学时数
综合英语	270	英语歌曲与表演	36
英语视听说	108	小学英语教学与研究	54
英语阅读	90	[含国家基础教育课程标准解读（小学英语）] 学校课程	60
英语写作	54		
英语时文	72	小　计	744

4. 音乐方向

表 5-5　音乐方向课程设置与学时数

课程名称	学时数	课程名称	学时数
声乐	72	中外音乐简史及名作赏析	72
合唱与指挥	54	舞蹈与唱游	54
钢琴与伴奏	126	音乐艺术概论	36
电子琴与手风琴	72	小学音乐教学与研究	54
民族器乐	36	[含国家基础教育课程标准解读（小学音乐）] 学校课程	60
乐理与视唱	72		
儿童歌曲创编	36	小　计	744

5. 体育方向

表 5-6 体育方向课程设置与学时数

课程名称	学时数	课程名称	学时数
学校体育学	72	体育游戏	36
体育心理学	72	民族传统体育	36
人体解剖与运动生理学	72	体育与社会	36
田径	90	小学体育教学与研究	54
体操(包括韵律操)	54	[含国家基础教育课程标准解读（小学体育）]学校课程	60
球类	108		
游泳	54	小　计	744

6. 美术方向

表 5-7 美术方向课程设置与学时数

课程名称	学时数	课程名称	学时数
素描	90	中外美术简史及名作赏析	72
色彩	72	美术艺术概论	54
设计艺术与工艺制作	72	小学美术教学与研究	54
中国画	72	[含国家基础教育课程标准解读（小学美术）]学校课程	60
电脑美术	72		
儿童美术创作	54		
书法艺术	72	小　计	744

四、关于本课程方案的几点说明

1. 本课程方案是国家教育行政部门对高等专科学历小学教师培养的指导性教学文件，它是开展教学活动的基本依据，是编写主要教材的基本依据，是开展教学质量评估的基本依据。

2. 本课程方案对小学教育专业三年制专科教育的课程设置及时间安排等做了基本规定，各学校可根据课程方案的基本规定，结合实际，制订具体的课程计划。本课程方案所确定的各类课程开设的年度次序等均未作具体规定，由各学校根据情况自行确定。

3. 本课程方案共设立了六大类学科专业选修方向和主干课程，各学校应根据需要和可能，逐步开设各类专业方向选修课程，供学生根据实际需要和特长爱好,选择其中的一个专业方向系统学习,学有专长。同时,某些必修课中的同类课程可以免修。如,选中文与社会方向的学生,可免修大学语文和社会科学基础;选数学与科学方向的学生,可免修大学数学和自然科学基础;选英语方向的学生,可免修大学英语;选音乐方向的学生,可免修音乐和大学数学;选美术方向的学生,可免修美术和大学数学;选体育方向的学生,可免修体育和少年儿童健康教育等。具备条件的学校也可以进行艺术类专业选修方向的试验。

4. 本课程方案在专业必修课和专业方向选修课中都安排一定学时的学校课程,由各学校根据实际需要与条件,自行安排具体的特色课程。任意选修课也由各学校自主安排课程。

5. 教育实践的安排要尽可能与教育专业课程和学科专业课程的教学进度和社会实践活动相结合,并贯穿于三年教学活动的始终。

6. 通过其他模式培养高等专科学历小学教师的学校,暂由各省、自治区、直辖市教育行政部门参照本方案,制定相应的课程计划。

(三) 构建开放灵活的教师教育体系

在确立了专科以上小学教师教育纳入高等教育体系、规范三年制小学教育专业课程方案之后,我国的教师教育进一步走向了"全面推动教师教育创新,构建开放灵活的教师教育体系"的改革之路。

2004年2月10日,国务院转批教育部《2003—2007年教育振兴行动计划》,该《计划》指出:"百年大计,教育为本。要实现全面建设小康社会和中华民族伟大复兴的宏伟目标,必须坚持实施科教兴国战略和人才强国战略,把教育摆在现代化建设优先发展的战略地位。近年来,在党中央、国务院的正确领导下,教育事业实现了跨越式发展,教育改革取得了突破性进展,国民受教育程度逐步提高。但是,教育面临的挑战依然十分严峻,整体水平离实现全面建设小康社会目标还有很大差距。为了贯彻党的十六大精神,在顺利实施《面向21世纪教育振兴行动计划》的基础上,特制定本行动计划。"[①]该文件进一步对实施"高素质教师和管理队伍建设工程"做出了如下规定。

全面推动教师教育创新,构建开放灵活的教师教育体系。改革教师教育模式,将教师教育逐步纳入高等教育体系,构建以师范大学和其他举办教师教育的高水平大学为先导,专科、本科、研究生三个层次协调发展,职前职后教育相互沟通,学历与非学历教育并举,促进教师专业发展和终身学习的现代教师

---

① 可参见,《国务院转批教育部2003—2007年教育振兴行动计划的通知》,国发〔2004〕5号。

教育体系。起草《教师教育条例》，制定教师教育机构资质认证标准、课程标准和教师教育质量标准，建立教师教育质量保障制度。

其中，以高校为主体，构建开放灵活的教师教育体系被确立为教师教育改革，包括小学教师教育改革方向，在2010年颁布的《国家中长期教育改革和发展规划纲要（2010—2020年）》（以下简称《纲要》）进一步确立为"构建以师范院校为主体、综合大学参与、开放灵活的教师教育体系"，并在2012年颁布的《教育部国家发展改革委财政部关于深化教师教育改革的意见》（教师〔2012〕13号）中得到进一步强化。

一系列改革措施提高了小学教师培养规格，在完善专科学历小学教师培养的基础上，小学教育本科专业得到迅速发展，研究生层次的小学教师培养也开始发展。

小学教育本科专业方面，1998年南京师范大学、晓庄学院和杭州师范学院率先进行培养本科学历小学教师的试验，1999年教育部批准上海师范大学、南京师范大学、首都师范大学等高师院校开设小学教育本科专业并进行招生。2000年6所高校获批设小学教育本科专业，分别为：天津师范大学、沈阳大学、大连大学、鞍山师范学院、南京晓庄学院、集美大学。2001年获批设立小学教育本科专业的高校有11所，分别是：唐山师范学院、山西师范大学、沈阳师范学院、北华大学、长春师范学院、浙江海洋学院、湖州师范学院、温州师范学院、漳州师范学院、湘潭师范学院、四川师范学院。[①]"到2015年，设置本科层次小学教育专业并招生的高等院校共有180余所，在校生达5.4万人。"[②]而后，2016年有12所高校获批设立小学教育本科专业，2017年有10所高校获批设立小学教育本科专业，2018年有21所高校获批设立小学教育本科专业，2019年有14所高校获批设置小学教育本科专业。在2019年11月9日，有150多所高校（主要是小学教育本科专业院校）参加了的全国小学教师教育学术年会，我国小学教育本科专业发展可见一斑，足见小学教育本科专业已成为目前小学教师培养的主体。

小学教育专业硕士点逐渐成为小学教师培养的重要力量，中国研究生招生信息网显示，截至2020年4月，全国小学教育专业硕士研究生培养单位有33个，分别是：北京联合大学、河北师范大学、河北科技师范学院、大连大学、

---

① 2001年度经教育部备案或批准设置的高等学校本科专业名单——中华人民共和国教育部政府门户网站 http://www.moe.gov.cn/s78/A08/gjs_left/moe_1034/201005/t20100527_88507.html 2020-6-26。

② 秦启轩：《小学教育专业嬗变及其发展逻辑》，《现代教育科学》2017年第5期。

沈阳大学、吉林外国语大学、延边大学、北华大学、佳木斯大学、牡丹江师范学院、江苏师范大学、湖州师范学院、温州大学、绍兴文理学院、淮北师范大学、安徽师范大学、安庆师范大学、闽南师范大学、曲阜师范大学、洛阳师范学院、河南师范大学、湖北师范大学、海南师范大学、重庆三峡学院、成都大学、黔南民族师范学院、贵州师范大学、大理大学、云南师范大学、西安外国语大学、宝鸡文理学院、宁夏师范学院和喀什大学。[1] 此外，还有一些单位没有收录其中，如河南大学、信阳师范学院等高校。

就小学教师职前教育而言，经过21世纪前20年的不断改革，以师范院校为主体，专科、本科、研究生三个层次协调发展、开放灵活的小学教师教育体系基本形成。

二、小学教师教育本科教学工程

如果说21世纪的前10年我国小学教师教育改革的主要任务是探索和构建以师范院校为主体，专科、本科、研究生三个层次协调发展、开放灵活的教育体系，第二个10年则是在完善这一体系的同时，着力进行本科教学质量的提升与卓越教师的培养，或者说是通过提高质量和培养卓越小学教师进一步完善这一培养体系。这也是与我国教育改革和发展的整体要求相呼应的。2010年7月29日颁布的《纲要》是我国21世纪第二个10年教育改革与发展的纲领性文件，同样也是高等教育和小学教师教育改革与发展的纲领文件。

《纲要》提出的工作方针是"优先发展、育人为本、改革创新、促进公平、提高质量"，高等教育和教师教育也体现了这一方针。《纲要》第七章专题规划了"高等教育"的改革与发展，首条就是"全面提高高等教育质量"。《纲要》第十七章专题规划了加强教师队伍建设的相关问题，提出要"严格教师资质，提升教师素质，努力造就一支师德高尚、业务精湛、结构合理、充满活力的高素质专业化教师队伍。"要"以农村教师为重点，提高中小学教师队伍整体素质。创新农村教师补充机制，完善制度政策，吸引更多优秀人才从教。积极推进师范生免费教育，实施农村义务教育学校教师特设岗位计划，完善代偿机制，鼓励高校毕业生到艰苦边远地区当教师。并进一步提出构建以师范院校为主体、综合大学参与、开放灵活的教师教育体系。深化教师教育改革，创新培养模式，增强实习实践环节，强化师德修养和教学能力训练，提高教师培养质量等。"而

---

[1] 小学教育_专业知识库_中国研究生招生信息网 https://yz.chsi.com.cn/zyk/specialityDetail.do?zymc=％e5％b0％8f％e5％ad％a6％e6％95％99％e8％82％b2&zydm=045115&ccdm=30&cckey=20&ssdm=&method=distribution#zyk-zyfb 2020-5-6.

《纲要》规划的有关小学教师教育的改革与发展主要体现在本科教学质量与教学改革工程、专业评估与专业认证、卓越教师培养和全科小学教师培养等方面。这里只介绍前三个方面,"全科小学教师培养"另行分析。

2011年7月1日,中华人民共和国教育部、中华人民共和国财政部联合发布了《教育部 财政部关于"十二五"期间实施"高等学校本科教学质量与教学改革工程"的意见》(教高〔2011〕6号)[①],旨在贯彻落实胡锦涛同志在庆祝清华大学建校100周年大会上的重要讲话精神和教育规划纲要,进一步深化本科教育教学改革,提高本科教育教学质量,大力提升人才培养水平。"高等学校本科教学质量与教学改革工程"简称"本科教学工程"。本科教学工程建设内容包括研制专业教学质量标准、专业综合实验改革、国家精品开放课程建设与共享、实践创新能力培养和教师教学能力提升等。此时小学教育本科专业已成为小学教师培养的主渠道,同样实施了本科教学工程,主要表现在以下几个方面。

(一)小学教师教育相关标准研制

《纲要》和本科质量工程都提出要制定教育质量国家标准,建立健全教育质量保障体系。教师教育标准、教师教育课程标准,以及2018年颁布的《普通高等学校本科专业类教学质量国家标准》就包括小学教育专业质量标准。

组织研究制定覆盖所有专业类的教学质量国家标准,推动省级教育行政部门、行业组织和高校联合制定相应的专业教学质量标准,形成我国高等教育教学质量标准体系。

1. 小学教师教育课程标准

为贯彻落实教育规划纲要,深化教师教育改革,全面提高教师培养质量,建设高素质专业化教师队伍,2011年10月8日教育部颁布了《教育部关于大力推进教师教育课程改革的意见》(教师〔2011〕6号)[②],该《意见》包括10条建议和附件《教师教育课程标准(试行)》。10条建议分别是:创新教师教育课程理念、优化教师教育课程结构、改革课程教学内容、开发优质课程资源、改进教学方法和手段、强化教育实践环节、加强教师养成教育、建设高水平师资队伍、建立课程管理和质量评估制度、加强组织领导和条件保障。《教师教育课程标

---

① 教育部 财政部关于"十二五"期间实施"高等学校本科教学质量与教学改革工程"的意见——中华人民共和国教育部政府门户网站 http://www.moe.gov.cn/srcsite/A08/s7056/201107/t20110701_125202.html 2020-5-6.

② 教育部关于大力推进教师教育课程改革的意见——中华人民共和国教育部政府门户网站 http://www.moe.gov.cn/srcsite/A10/s6991/201110/t20111008_145604.html 2020-5-20.

准(试行)》包括基本理念、教师教育课程目标与课程设置和实施建议三部分。基本理念包括育人为本、实践取向和终身学习三个方面;教师教育课程目标与课程设置包括幼儿园职前教师教育课程目标与课程设置、小学职前教师教育课程目标与课程设置、中学职前教师教育课程目标与课程设置和在职教师教育课程设置框架建议四个方面;实施建议对各级教育行政部门、教师教育机构实施的职前教师教育和在职教师教育提出了相应要求。

  小学职前教师教育课程目标与课程设置是《教师教育课程标准(试行)》的重要组成部分,小学职前教师教育课程旨在引导未来教师理解小学生成长的特点与差异,学会创设富有支持性和挑战性的学习环境,满足他们的表现欲和求知欲;理解小学生的生活经验和现场资源的重要意义,学会设计和组织适宜的活动,指导和帮助他们自主、合作与探究学习,形成良好的学习习惯;理解交往对小学生发展的价值和独特性,学会组织各种集体和伙伴活动,让他们在有意义的学校生活中快乐成长。《教师教育课程标准(试行)》把小学职前教师教育课程目标与课程设置分为课程目标和课程设置两部分内容:课程目标包括三大目标领域、九个目标和三十六项基本要求;课程设置包括学习领域、建议模块和针对三年制专科、五年制专科、四年制本科的不同学分要求等(见表5-8和表5-9)。

表5-8 小学职前教师教育课程目标

目标领域	目标	基本要求
1 教育信念与责任	1.1 具有正确的学生观和相应的行为	1.1.1 理解小学阶段在人生发展中的独特地位和价值,认识生动活泼的小学生活对小学生发展的意义。 1.1.2 尊重学生学习和发展的权利,保护学生的学习兴趣和自信心。 1.1.3 尊重学生的个体差异,相信学生具有发展的潜力,乐于为学生创造发展的条件和机会。
	1.2 具有正确的教师观和相应的行为	1.2.1 理解教师是学生学习的促进者,相信教师工作的意义在于创造条件帮助学生快乐成长。 1.2.2 了解小学教师的职业特点和专业要求,自觉提高自身的科学和人文素养,形成终身学习的意愿。 1.2.3 了解教师的权利和责任,遵守教师职业道德。

(续表)

目标领域	目标	基本要求
	1.3 具有正确的教育观和相应的行为	1.3.1 理解教育对学生成长、教师专业发展和社会进步的重要意义,相信教育充满了创造的乐趣,愿意从事小学教育事业。 1.3.2 了解学校教育的历史、现状和发展趋势,认同素质教育理念,理解并参与教育改革。 1.3.3 形成正确的教育质量观,对与学校教育相关的现象进行专业思考与判断。
2 教育知识与能力	2.1 具有理解学生的知识与能力	2.1.1 了解儿童发展的主要理论和儿童研究的最新成果。 2.1.2 了解儿童身心发展的一般规律和影响因素,熟悉小学生年龄特征和个体发展的差异性。 2.1.3 了解小学生的认知发展、学习方式的特点及影响因素,熟悉小学生建构知识、获得技能的过程。 2.1.4 了解小学生品德和行为习惯形成的过程,了解小学生的交往特点,理解同伴交往对小学生发展的影响。 2.1.5 掌握观察、谈话、倾听、作品分析等方法,理解小学生学习和发展的需要。 2.1.6 了解我国教育的政策法规,熟悉关于儿童权利的内容以及维护儿童合法权益的途径。
	2.2 具有教育学生的知识与能力	2.2.1 了解小学教育的培养目标,熟悉至少两门学科的课程标准,学会依据课程标准制定教学目标或活动目标。 2.2.2 熟悉至少两门学科的教学内容与方法,学会联系小学生的生活经验组织教学活动,将教学内容转化为对小学生有意义的学习活动。 2.2.3 了解学科整合在小学教育中的价值,了解与小学生学习内容相关的各种课程资源,学会设计综合性主题活动,创造跨学科的学习机会。 2.2.4 了解课堂组织与管理的知识,学会创设支持性与挑战性的学习环境,激发学生的学习兴趣。 2.2.5 了解课堂评价的理论与技术,学会通过评价改进教学与促进学生学习。 2.2.6 了解课程开发的知识,学会开发校本课程,设计、实施和指导简单的课外、校外活动。 2.2.7 了解班队管理的基本方法,学会引导小学生进行自我管理和形成集体观念。 2.2.8 了解小学生心理健康教育的基本知识,学会诊断和解决小学生常见学习问题和行为问题。 2.2.9 掌握教师所必需的语言技能、沟通与合作技能、运用现代教育技术的技能。

(续表)

目标领域	目标	基本要求
	2.3 具有发展自我的知识与能力	2.3.1 了解教师专业素养的核心内容,明确自身专业发展的重点。 2.3.2 了解教师专业发展的阶段与途径,熟悉教师专业发展规划的一般方法,学会理解与分享优秀教师的成功经验。 2.3.3 了解教师专业发展的影响因素,学会利用以课程学习为主的各种机会积累发展经验。
3 教育实践与体验	3.1 具有观摩教育实践的经历与体验	3.1.1 结合相关课程学习,观摩小学课堂教学,了解课堂教学的规范与过程。 3.1.2 深入班级,了解小学生群体活动的状况以及小学班级管理、班队活动的内容和要求,获得与小学生直接交往的体验。 3.1.3 密切联系小学,了解小学的教育与管理实践,获得对小学工作内容和运作过程的感性认识。
	3.2 具有参与教育实践的经历与体验	3.2.1 在有指导的情况下,根据小学生的特点和教学目标设计与实施教学方案,经历1~2门课程的教学活动。 3.2.2 在有指导的情况下,参与指导学习、管理班级和组织班队活动,获得与家庭、社区联系的经历。 3.2.3 参与各种教研活动,获得与其他教师直接对话或交流的机会。
	3.3 具有研究教育实践的经历与体验	3.3.1 在日常学习和实践过程中积累所学所思所想,形成问题意识和一定的解决问题能力。 3.3.2 了解研究教育实践的一般方法,经历和体验制订计划、开展活动、完成报告、分享结果的过程。 3.3.3 参与各种类型的科研活动,获得科学地研究学生的经历与体验。

资料来源:教育部关于大力推进教师教育课程改革的意见,教师〔2011〕6号。

表 5-9　小学职前教师教育课程设置

学习领域	建议模块	学分要求 三年制专科	学分要求 五年制专科	学分要求 四年制本科
1. 儿童发展与学习 2. 小学教育基础 3. 小学学科教育与活动指导 4. 心理健康与道德教育 5. 职业道德与专业发展	儿童发展；小学生认知与学习等。 教育哲学；课程设计与评价；有效教学；学校教育发展；班级管理；学校组织与管理；教育政策法规等。 小学学科课程标准与教材研究；小学学科教学设计；小学跨学科教育；小学综合实践活动等。 小学生心理辅导；小学生品德发展与道德教育等。 教师职业道德；教育研究方法；教师专业发展；现代教育技术应用；教师语言；书写技能等。	最低必修学分20学分	最低必修学分26学分	最低必修学分24学分
6. 教育实践	教育见习；教育实习。	18周	18周	18周
教师教育课程最低总学分数(含选修课程)		28学分 +18周	35学分 +18周	32学分 +18周

说明：
(1) 1学分相当于学生在教师指导下进行课程学习18课时，并经考核合格。
(2) 学习领域是每个学习者都必修的；建议模块供教师教育机构或学习者选择或组合，可以是必修也可以是选修；每个学习领域或模块的学分数由教师教育机构按相关规定自主确定。

资料来源：教育部关于大力推进教师教育课程改革的意见，教师〔2011〕6号。

2. 小学教师教育专业标准

2012年2月10日教育部发布关于印发《幼儿园教师专业标准(试行)》《小学教师专业标准(试行)》和《中学教师专业标准(试行)》的通知(教师〔2012〕1号)。其中，《小学教师专业标准(试行)》规定：小学教师是履行小学教育教学工作职责的专业人员，需要经过严格的培养与培训，具有良好的职业道德，掌握系统的专业知识和专业技能。《小学教师专业标准(试行)》是国家对合格小学教师专业素质的基本要求，是小学教师实施教育教学行为的基本规范，是引领小学教师专业发展的基本准则，是小学教师培养、准入、培训、考核等工作的重要依据。具体包括基本理念、基本内容和实施建议三部分内容。

基本理念有四:师德为先、学生为本、能力为重和终身学习;基本内容包括三个维度、十三个领域和六十条基本要求,具体内容见表5-10;实施建议提出了四条要求:各级教育行政部门要将《专业标准》作为小学教师队伍建设的基本依据,开展小学教师教育的院校要将《专业标准》作为小学教师培养培训的主要依据,小学要将《专业标准》作为教师管理的重要依据,小学教师要将《专业标准》作为自身专业发展的基本依据。

表5-10 小学教师教育专业标准基本内容

维度	领域	基本要求
专业理念与师德	(一)职业理解与认识	1. 贯彻党和国家教育方针政策,遵守教育法律法规。2. 理解小学教育工作的意义,热爱小学教育事业,具有职业理想和敬业精神。3. 认同小学教师的专业性和独特性,注重自身专业发展。4. 具有良好职业道德修养,为人师表。5. 具有团队合作精神,积极开展协作与交流。
	(二)对小学生的态度与行为	6. 关爱小学生,重视小学生身心健康,将保护小学生生命安全放在首位。7. 尊重小学生独立人格,维护小学生合法权益,平等对待每一位小学生。不讽刺、挖苦、歧视小学生,不体罚或变相体罚小学生。8. 信任小学生,尊重个体差异,主动了解和满足有益于小学生身心发展的不同需求。9. 积极创造条件,让小学生拥有快乐的学校生活。
	(三)教育教学的态度与行为	10. 树立育人为本、德育为先的理念,将小学生的知识学习、能力发展与品德养成相结合,重视小学生全面发展。11. 尊重教育规律和小学生身心发展规律,为每一个小学生提供适合的教育。12. 引导小学生体验学习乐趣,保护小学生的求知欲和好奇心,培养小学生的广泛兴趣、动手能力和探究精神。13. 引导小学生学会学习,养成良好学习习惯。14. 尊重和发挥好少先队组织的教育引导作用。
	(四)个人修养与行为	15. 富有爱心、责任心、耐心和细心。16. 乐观向上、热情开朗、有亲和力。17. 善于自我调节情绪,保持平和心态。18. 勤于学习,不断进取。19. 衣着整洁得体,语言规范健康,举止文明礼貌。
专业知识	(五)小学生发展知识	20. 了解关于小学生生存、发展和保护的有关法律法规及政策规定。21. 了解不同年龄及有特殊需要的小学生身心发展特点和规律,掌握保护和促进小学生身心健康发展的策略与方法。22. 了解不同年龄小学生学习的特点,掌握小学生良好行为习惯养成的知识。23. 了解幼小和小初衔接阶段小学生的心理特点,掌握帮助小学生顺利过渡的方法。24. 了解对小学生进行青春期和性健康教育的知识和方法。25. 了解小学生安全防护的知识,掌握针对小学生可能出现的各种侵犯与伤害行为的预防与应对方法。

(续表)

维度	领域	基本要求
	（六）学科知识	26. 适应小学综合性教学的要求，了解多学科知识。27. 掌握所教学科知识体系、基本思想与方法。28. 了解所教学科与社会实践、少先队活动的联系，了解与其他学科的联系。
	（七）教育教学知识	29. 掌握小学教育教学基本理论。30. 掌握小学生品行养成的特点和规律。31. 掌握不同年龄小学生的认知规律和教育心理学的基本原理和方法。32. 掌握所教学科的课程标准和教学知识。
	（八）通识性知识	33. 具有相应的自然科学和人文社会科学知识。34. 了解中国教育基本情况。35. 具有相应的艺术欣赏与表现知识。36. 具有适应教育内容、教学手段和方法现代化的信息技术知识。
专业能力	（九）教育教学设计	37. 合理制定小学生个体与集体的教育教学计划。38. 合理利用教学资源，科学编写教学方案。39. 合理设计主题鲜明、丰富多彩的班级和少先队活动。
	（十）组织与实施	40. 建立良好的师生关系，帮助小学生建立良好的同伴关系。41. 创设适宜的教学情境，根据小学生的反应及时调整教学活动。42. 调动小学生学习积极性，结合小学生已有的知识和经验激发学习兴趣。43. 发挥小学生主体性，灵活运用启发式、探究式、讨论式、参与式等教学方式。44. 发挥好少先队组织生活、集体活动、信息传播等教育功能。45. 将现代教育技术手段整合应用到教学中。46. 较好使用口头语言、肢体语言与书面语言，使用普通话教学，规范书写钢笔字、粉笔字、毛笔字。47. 妥善应对突发事件。48. 鉴别小学生行为和思想动向，用科学的方法防止和有效矫正不良行为。
	（十一）激励与评价	49. 对小学生日常表现进行观察与判断，发现和赏识每一位小学生的点滴进步。50. 灵活使用多元评价方式，给予小学生恰当的评价和指导。51. 引导小学生进行积极的自我评价。52. 利用评价结果不断改进教育教学工作。
	（十二）沟通与合作	53. 使用符合小学生特点的语言进行教育教学工作。54. 善于倾听，和蔼可亲，与小学生进行有效沟通。55. 与同事合作交流，分享经验和资源，共同发展。56. 与家长进行有效沟通合作，共同促进小学生发展。57. 协助小学与社区建立合作互助的良好关系。
	（十三）反思与发展	58. 主动收集分析相关信息，不断进行反思，改进教育教学工作。59. 针对教育教学工作中的现实需要与问题，进行探索和研究。60. 制定专业发展规划，积极参加专业培训，不断提高自身专业素质。

资料来源：教育部关于印发《幼儿园教师专业标准（试行）》《小学教师专业标准（试行）》《中学教师专业标准（试行）》的通知，教师〔2012〕1号。

3. 小学教育本科专业教学质量国家标准

小学教育专业（专业代码040107）是教育学类本科专业之一，培养具有良好思想道德品质、扎实的学科知识和较强的教育教学能力，能在小学从事教育、教学和管理等方面工作的复合型人才。[①] 小学教育本科专业教学质量国家标准隶属于2018年颁布的《普通高等学校本科专业类教学质量国家标准》中的《教育类教学质量国家标准》。《普通高等学校本科专业类教学质量国家标准》是高校教育质量保障体系的重要组成部分，由教育部高等教育司组织高等学校教学指导委员会研究制定。《教育类教学质量国家标准》包括概述、使用专业范围、培养目标、培养规格、课程体系、课程设置、专业师资、教学条件、质量管理、名词解释等方面内容，对教育学类本科专业，包括小学教育专业设计了相应标准。仅在专业方向和课程方向有专门要求，《教育类教学质量国家标准》提出小学教育专业应开设的专业方向课程有：中文、数学、英语、小学教育学、小学心理学、小学班队原理与实践、小学各科教学与研究、中国小学教育史、外国小学教育史。

（二）小学教师教育国家级精品资源共享课程建设

为落实教育规划纲要，全面提高教师培养质量，根据《教育部 财政部关于"十二五"期间实施"高等学校本科教学质量与教学改革工程"的意见》（教高〔2011〕6号）和《教育部关于国家精品开放课程建设的实施意见》（教高〔2011〕8号）精神，按照《教育部关于大力推进教师教育课程改革的意见》（教师〔2011〕6号）和《教育部办公厅关于印发〈精品资源共享课建设工作实施办法〉的通知》（教高厅〔2012〕2号）有关要求，教育部决定启动实施教师教育国家级精品资源共享课建设计划。2012年11月19日，教育部办公厅发布了《教育部办公厅关于开展教师教育国家级精品资源共享课建设工作的通知》（教师厅〔2012〕6号）[②]，本次计划重点建设200门适应教师教育改革发展需要和反映教学改革成果的新课程。2014—2015年，通过遴选准入的方式，选拔100门能够反映区域特点并具有教师教育特色的新课程。《通知》提供了《教师教育国家级精品资源共享课立项建设课程指南》，其中小学教师培养课程60门（见表5-11），包括三年制专科42门，五年制专科9门，四年制本科9门。2013

[①] 教育部高等学校教学指导委员会：《普通高等学校本科专业类教学质量国家标准（上）》，高等教育出版社，2018，第74页。

[②] 教育部办公厅关于开展教师教育国家级精品资源共享课建设工作的通知——中华人民共和国教育部政府门户网站 http://www.moe.gov.cn/srcsite/A10/s7058/201211/t20121123_144993.html 2020-6-5.

年 5 月 13 日,教育部发布了《教育部办公厅关于公布教师教育国家级精品资源共享课立项建设课程名单的通知》(教师厅函〔2013〕2 号)[①]。

表 5-11 小学教师培养课程(60 门)

序号	课程项目名称	建设门数		
		三年制专科	五年制专科	四年制本科
1	儿童发展	1	1	1
2	小学生认知与学习		1	
3	教育哲学		1	
4	小学课程设计与评价	1	1	1
5	有效教学	1	1	1
6	学校教育发展		1	
7	班级管理	1	1	1
8	学校组织与管理		1	
9	教育政策法规		1	
10	小学学科课程标准与教材研究		11	
11	小学学科教学设计		11	
12	小学跨学科教育		1	
13	小学综合实践活动		1	
14	小学生心理辅导	1	1	1
15	小学生品德发展与道德教育		1	
16	教师职业道德		1	
17	教育研究方法	1	1	1
18	教师专业发展	1	1	1
19	现代教育技术应用	1	1	1
20	教师语言	1	1	1
21	书写技能		1	
22	教育见习与实习		1	

---

① 可参见,关于公布第二批国家级精品资源共享课立项项目名单及有关事项的通知——中华人民共和国教育部政府门户网站 http://www.moe.gov.cn/s78/A08/A08_gggs/A08_sjhj/201310/t20131030_158958.html。

2017年1月22日教育部发布的《教育部办公厅关于公布第二批"国家级精品资源共享课"名单的通知》(教师厅函〔2017〕3号)①指出:"2013年,我部批准立项建设了200门教师教育国家级精品资源共享课,现已全部建成并在'爱课程'网免费向社会开放。"此次开放的教师教育国家级精品资源共享课程有小学教师教育课程53门,见表5-12。

表5-12　第二批国家级精品资源共享课小学教师培养课程名单②

序号	学制	学校名称	课程名称	负责人
01	四年制本科	唐山师范学院	儿童发展	李晓萍
02		华南师范大学	小学生认知与学习	陈俊
03	四年制本科	浙江师范大学	教育哲学	金生鈜
04	四年制本科	华南师范大学	小学课程设计与评价	黄甫全
05	四年制本科	淮阴师范学院	小学课程设计与评价	顾书明
06	五年制专科	江苏教育学院	小学课程设计与评价	季银泉
07	四年制本科	福建师范大学	有效教学	余文森
08	四年制本科	华中师范大学	有效教学	陈佑清
09		河南大学	学校教育发展	杨捷
10	四年制本科	湖北第二师范学院	班级管理	熊华生
11		东北师范大学	学校组织与管理	杨颖秀
12		广东第二师范学院	学校组织与管理	闫德明
13		河南师范大学	教育政策法规	罗红艳
14		上海师范大学	小学语文课程标准与教材研究	王荣生
15		东北师范大学	小学数学课程标准与教材研究	马云鹏
16	五年制专科	广东省外语艺术职业学院	小学英语课程标准与教材研究	刘满菇
17		江西师范大学	小学美术课程标准与教材研究	侯君波
18		福建幼儿师范高等专科学校	小学艺术课程标准与教材研究	王福阳

---

① 教育部办公厅关于公布第二批"国家级精品资源共享课"名单的通知——中华人民共和国教育部政府门户网站 http://www.moe.gov.cn/srcsite/A10/s7011/201702/t20170216_296448.html 2020-7-2.

② 注:教育部办公厅关于公布第一批"国家级精品资源共享课"主要是本科教育、高职教育以及网络教育的2 686门课程,教师教育国家级精品资源共享课立项建设课程等不在第一批行列。

(续表)

序号	学制	学校名称	课程名称	负责人
19		重庆师范大学	小学科学课程标准与教材研究	林长春
20		湖南第一师范学院	小学语文教学设计	蒋蓉
21		广西师范学院	小学语文教学设计	黄亢美
22		重庆第二师范学院	小学语文课程与教学	任运昌
23		华东师范大学	小学数学教学设计	孔企平
24		广东省外语艺术职业学院	小学英语教学设计	林红
25		郑州师范学院	小学英语教学设计	陈冬花
26		东北师范大学	小学音乐教学设计	尹爱青
27		华东师范大学	小学体育教学设计	董翠香
28		长春师范大学	小学科学教学设计	刘春明
29		临沂大学	小学科学教学设计	李中国
30		温州大学	小学信息技术教学设计	王佑镁
31		杭州师范大学	小学综合实践活动	张华
32	三年制专科	乐山师范学院	小学生心理辅导	李万兵
33	四年制本科	湖南第一师范学院	小学生心理辅导	彭小虎
34	四年制本科	安徽师范大学	小学生心理辅导	方双虎
35	五年制专科	广东省外语艺术职业学院	小学生心理辅导	李曲生
36		首都师范大学	小学生品德发展与道德教育	刘慧
37		成都学院	教师职业道德	陈大伟
38	四年制本科	上海师范大学	教育研究方法	蔡宝来
39	四年制本科	宁波大学	教育研究方法	邵光华
40	五年制专科	临沂大学	小学教育研究方法	孙成明
41	三年制专科	赣南师范学院	教师专业发展	陈上仁
42	四年制本科	上海师范大学	教师专业发展	陈永明
43	四年制本科	陕西师范大学	小学教师专业发展	龙宝新
44	五年制专科	信阳师范学院	教师专业发展	朱桂琴
45	四年制本科	首都师范大学	现代教育技术应用	王陆
46	四年制本科	华南师范大学	现代教育技术应用	柯清超

（续表）

序号	学制	学校名称	课程名称	负责人
47	四年制本科	江南大学	现代教育技术应用	陈明选
48	三年制专科	汉江师范学院	教师语言	谢忠凤
49	四年制本科	云南师范大学	教师语言	崔梅
50	五年制专科	淄博师范高等专科学校	教师语言	张祖利
51		首都师范大学	书写与书法	欧阳启名
52		四川师范大学	教育见习与实习	刘世民
53		温州大学	小学教育见习与实习	彭小明

三、卓越教师培养计划与公费小学全科教师培养

（一）卓越教师培养计划

卓越教师培养计划是为了培养高素质专业化创新型中小学教师，是我国高等教育卓越工程师人才培养计划、卓越农林人才培养计划等人才计划的重要组成部分。为了推动卓越教师计划的实施，教育部相继颁布了《教育部关于实施卓越教师培养计划的意见》（教师〔2014〕5号）和《教育部关于实施卓越教师培养计划2.0的意见》（教师〔2018〕13号）等相关政策文件。

1.《教育部关于实施卓越教师培养计划的意见》（以下简称《意见》）

2014年8月18日教育部印发了《教育部关于实施卓越教师培养计划的意见》（教师〔2014〕5号）[①]，开启了卓越教师培养计划，后续配套政策还有《教育部办公厅关于公布卓越教师培养计划改革项目的通知》《教育部关于加强师范生教育实践的意见》等。

《意见》指出，近年来，我国教师教育体系不断完善，教师教育改革持续推进，教师培养质量和水平得到提高，但也存在着教师培养的适应性和针对性不强、课程教学内容和教学方法相对陈旧、教育实践质量不高、教师教育师资队伍薄弱等突出问题。大力提高教师培养质量成为我国教师教育改革发展最核心最紧迫的任务。《意见》明确实施卓越教师培养计划的目标要求。主动适应国家经济社会发展和教育改革发展的总体要求，坚持需求导向、分类指导、协同创新、深度融合的基本原则，针对教师培养的薄弱环节和深层次问题，深化

---

① 教育部关于实施卓越教师培养计划的意见——中华人民共和国教育部政府门户网站 http://www.moe.gov.cn/srcsite/A10/s7011/201408/t20140819_174307.html 2020-6-8.

教师培养模式改革,建立高校与地方政府、中小学(幼儿园、中等职业学校、特殊教育学校,下同)协同培养新机制,培养一大批师德高尚、专业基础扎实、教育教学能力和自我发展能力突出的高素质专业化创新型中小学教师。在卓越小学教师培养方面提出:"针对小学教育的实际需求,重点探索小学全科教师培养模式,培养一批热爱小学教育事业、知识广博、能力全面,能够胜任小学多学科教育教学需要的卓越小学教师。"小学全科教师培养由此在全国逐渐展开。河南省于2016年开始全面实施农村小学全科教师培养,包括本科和专科两个培养层次。

2014年12月5日,教育部印发《教育部办公厅关于公布卓越教师培养计划改革项目的通知》(教师厅〔2014〕5号)[①];共公布了80个卓越教师培养计划改革项目,其中卓越小学教师培养改革项目20个,见表5-13。

表5-13 卓越小学教师培养改革项目

序号	高校名称	项目名称
1	东北师范大学	全科型卓越小学教师培养模式的建构与实践
2	首都师范大学	小学卓越教师培养路径的研究与探索
3	天津师范大学	"U-G-S"模式下小学教育专业多能型、研究型教师培养探索
4	上海师范大学	面向教育国际化的卓越小学教师培养
5	湖南第一师范学院	公费定向农村卓越小学教师培养
6	杭州师范大学	师德·师能·师艺并重的小学卓越全科教师培养模式创新与实践
7	大连大学	"1+X"卓越小学教师培养模式改革研究
8	重庆师范大学	基于UGIS联盟的卓越小学全科教师培养模式改革与实践
9	南通大学	定向培养初中起点多科型小学本科卓越教师模式探索
10	临沂大学	"校地联盟"协同培养农村小学卓越教师新模式的探索
11	哈尔滨学院	协作共同体模式的探究与实践——基于卓越小学教师培养改革的诉求
12	吉林师范大学	"全科发展,学有专长"的卓越小学教师培养模式创新设计
13	华南师范大学	卓越小学教师"学训研"共同体协同培养模式的构建与实践

---

① 教育部办公厅关于公布卓越教师培养计划改革项目的通知——中华人民共和国教育部政府门户网站 http://www.moe.gov.cn/srcsite/A10/s7011/201412/t20141209_182218.html 2020-6-6.

(续表)

序号	高校名称	项目名称
14	内蒙古科技大学	构建民族地区"三位一体"小学卓越教师培养机制的实践与探索
15	贵州师范大学	卓越小学全科教师培养改革项目
16	楚雄师范学院	西南边疆民族地区卓越小学教师培养模式改革与实践
17	陇南师范高等专科学校	基于"实践取向"的卓越小学教师培养研究
18	青海师范大学	西部农牧区卓越小学全科教师培养项目
19	海南师范大学	综合型卓越小学教师培养理论与实践研究
20	合肥师范学院	卓越小学全科教师培养计划

资料来源:教育部办公厅关于公布卓越教师培养计划改革项目的通知,教师厅〔2014〕5号。

为增强师范生的社会责任感、创新精神和实践能力,全面提升教师培养质量,2016年3月17日,教育部印发了《教育部关于加强师范生教育实践的意见》(教师〔2016〕2号)[①],《意见》共九条,具体内容如下。

一是明确教育实践的目标任务。师范生教育实践是教师教育课程的重要组成部分,是教师培养的必要环节。举办教师教育的院校要围绕培养适应中小学教育教学需要、高素质专业化的"四有"好教师的目标要求,通过系统设计和有效指导下的教育实践,促进师范生深入体验教育教学工作,逐步形成良好的师德素养和职业认同,更好地理解教育教学专业知识,掌握必要的教育教学设计与实施、班级管理与学生指导等能力,为从事中小学教育教学工作和持续的专业发展奠定扎实的基础。

二是构建全方位的教育实践内容体系。举办教师教育的院校要坚持把社会主义核心价值观融入教育实践全过程,将教育实践贯穿教师培养全过程,整体设计、分阶段安排教育实践的内容,精心组织体验与反思,促进理论与实践的深度融合。在师范生培养方案中设置足量的教育实践课程,以教育见习、实习和研习为主要模块,构建包括师德体验、教学实践、班级管理实践、教研实践等全方位的教育实践内容体系,切实落实师范生教育实践累计不少于1个学期制度。

三是丰富创新教育实践的形式。举办教师教育的院校要采取观摩见习、模拟教学、专项技能训练、集中实习等多种形式,丰富师范生的教育实践体验,

---

① 教育部关于加强师范生教育实践的意见——中华人民共和国教育部政府门户网站 http://www.moe.gov.cn/srcsite/A10/s7011/201604/t20160407_237042.html 2020-6-9.

提升教育实践效果。充分利用信息技术手段,开发优质教育实践资源,组织师范生参加远程教育实践观摩与交流研讨,探索建设师范生自主研训与考核数字化平台。要积极开展实习支教和置换培训,鼓励引导师范生深入薄弱学校和农村中小学,增强社会责任感和使命感。要拓宽教育实践渠道,积极探索遴选师范生到海外开展教育实践等多种形式,开阔师范生的视野。

四是组织开展规范化的教育实习。举办教师教育的院校要制订教育实习课程标准、实施计划、实习手册、评价标准等工作规范,做到实习前有明确要求,实习中有严格监督、实习后有考核评价。教育实习应包括教学实习、班主任实习、教研实习等多项内容,其中,教学实习应保证足量的课堂教学授课时数。实行实习资格考核制度,师范生必须通过相关课程学习和技能考核合格后方可进入教育实习环节。要建立完善以实习计划、实习教案、听课评课记录、实习总结与考核等为主要内容的师范生教育实习档案袋制度。

五是全面推行教育实践"双导师制"。师范生教育实践由举办教师教育的院校教师和中小学教师共同指导。举办教师教育的院校要安排数量足够的责任心强、教学经验丰富、熟悉中小学教育教学实践的教师,采取驻校指导、巡回指导和远程指导等多种方式进行有效指导。举办教师教育的院校要与地方教育行政部门、中小学协同遴选优秀教研员和中小学教师担任指导教师。培养中等职业学校教师的院校还应联合行业企业,遴选企业专业技术人员和高技能人才担任指导教师。举办教师教育的院校要与中小学、教研机构通过专题研究、协同教研、定期培训等多种形式,不断提高指导教师的专业化水平和实践指导能力。

六是完善多方参与的教育实践考核评价体系。举办教师教育的院校要以指导教师评价为主,兼顾同伴评价、自我评价、学生评价和实践基地评价,综合运用课堂观察、学生访谈及教育实践档案分析等多样化的方式,全面客观评价师范生教育实践。探索建设师范生教育实践管理系统和教师成长数字化档案,形成从职前培养到职后培训的教师专业发展档案库。完善教育实践与就业一体化的指导体系,大力推动教育实践与就业的有机结合。

七是协同建设长期稳定的教育实践基地。地方教育行政部门要统筹考虑本地区师范生规模结构和服务面向,与举办教师教育的院校共同遴选建设长期稳定、多样化的教育实践基地。实践基地应具备良好的校风师风、较强的师资力量、丰富的课程资源和教改实践经验,确保能为师范生提供充足的实践岗位、充分的实践机会、有效的实践指导和安全健康的实践环境。鼓励各省(区、市)遴选建设一批示范性教育实践基地,在师范生教育实践、教师培训、教育教学研究、基地学校发展等多方面建立合作共赢的长效机制。中小学要将接纳师范生教育实践作为应尽义务和重要责任,地方教育行政部门要将接纳师范生教育实践作为中小学工作考核评价和特色评选的重要内容。

八是建立健全指导教师激励机制。举办教师教育的院校要将教师指导师范生教育实践作为教学业绩考核的重要内容,制定指导师范生教育实践在折算教学工作量、职务(职称)晋升、薪酬分配等方面的优惠政策。地方教育行政部门和中小学要将指导师范生教育实践纳入教师业绩考核范围,作为中小学教师评奖评优和职务(职称)晋升的重要依据,作为中小学教师评选特级教师和学科带头人的重要条件。

九是切实保障教育实践经费投入。地方教育行政部门要高度重视师范生教育实践工作,加强组织领导和统筹协调,加大经费投入力度。要在经费安排、教师补充和教师培训等方面对实践基地予以优先支持。举办教师教育的院校要建立师范生教育实习经费保障机制,加大教育实践经费投入,确保完成师范生教育实践任务的需要。

2.《教育部关于实施卓越教师培养计划2.0的意见》(以下简称《意见》)

为进一步推动卓越教师培养,教育部于2018年9月17日又进一步印发了《教育部关于实施卓越教师培养计划2.0的意见》(教师〔2018〕13号),卓越教师培养计划2.0是"六卓越一拔尖"计划2.0的组成部分,"六卓越一拔尖"计划2.0指卓越工程师教育培养计划2.0、卓越医生教育培养计划2.0、卓越农林人才教育培养计划2.0、卓越教师培养计划2.0、卓越法治人才教育培养计划2.0、卓越新闻传播人才教育培养计划2.0和基础学科拔尖学生培养计划2.0。《意见》是为了贯彻《中共中央 国务院关于全面深化新时代教师队伍建设改革的意见》决策部署,落实《教育部等5部门关于印发〈教师教育振兴行动计划〉(2018—2022年)的通知》(教师〔2018〕2号)工作要求,根据《教育部关于加快建设高水平本科教育 全面提高人才培养能力的意见》,就实施卓越教师培养计划2.0而提出的。

《意见》的总体思路是围绕全面推进教育现代化的时代新要求,立足全面落实立德树人根本任务的时代新使命,坚定办学方向,坚持服务需求,创新机制模式,深化协同育人,贯通职前职后,建设一流师范院校和一流师范专业,全面引领教师教育改革发展。通过实施卓越教师培养计划,在师范院校办学特色上发挥排头兵作用,在师范专业培养能力提升上发挥领头雁作用,在师范人才培养上发挥风向标作用,培养造就一批教育情怀深厚、专业基础扎实、勇于创新教学、善于综合育人和具有终身学习发展能力的高素质专业化创新型中小学教师。

《意见》的目标要求是,经过五年左右的努力,办好一批高水平、有特色的教师教育院校和师范专业，师德教育的针对性和实效性显著增强，课程体系和教学内容显著更新，以师范生为中心的教育教学新形态基本形成，实践教学质量显著提高，协同培养机制基本健全，教师教育师资队伍明显优化，教师教育质量文化基本建立。到2035年，师范生的综合素质、专业化水平和创新能力显著提升，为培养造就数以百万计的骨干教师、数以十万计的卓越教师、数以万计的教育家型教师奠定坚实基础。

《意见》提出了全面开展师德养成教育、分类推进培养模式改革、深化信息技术助推教育教学改革、着力提高实践教学质量、建强优化教师教育师资队伍、深化教师教育国际交流与合作和构建追求卓越的质量保障体系六条改革任务和重要举措。在"分类推进培养模式改革"中针对小学教师教育提出了"面向培养素养全面、专长发展的卓越小学教师，重点探索借鉴国际小学全科教师培养经验、继承我国养成教育传统的培养模式"的要求。

（二）公费小学全科教师培养

公费小学全科教师培养是国家和地方师范生免费教育的重要组成，其实，公费培养小学教师是我国以中师教育为主体培养小学教师时期的重要特点之一，随着"三级师范"向"二级师范"过渡和高等教育的并轨转型，师范生教育包括小学教育专业师范生教育也实施了收费教育。2007我国颁布了《国务院办公厅转发教育部等部门关于教育部直属师范大学师范生免费教育实施办法（试行）的通知》（国办发〔2007〕34号）、《财政部关于追加教育部2007年部门预算的通知》（财教〔2007〕348号）和《教育部办公厅关于安排2007年师范生免费教育经费的通知》（教师厅〔2007〕3号）等文件，当年在北京师范大学、华东师范大学、东北师范大学、华中师范大学、陕西师范大学、西南大学六所教育部直属高校开展国家层面的师范生免费教育，经费由国家直接提供。如2007年教育部直属师范大学师范生免费教育经费安排情况。

表5-14 2007年教育部直属师范大学师范生免费教育经费安排

	招生数（人）	拨付数额（万元）
北京师范大学	471	565.2
华东师范大学	945	1 134
东北师范大学	1 355	1 626
华中师范大学	2 200	2 640
陕西师范大学	2 584	3 100.8
西南大学	2 945	3 534
总计	10 500	12 600

2012年,《教育部　国家发展改革委　财政部关于深化教师教育改革的意见》(教师〔2012〕13号)提出"鼓励支持地方结合实际,实行师范生免费教育制度"的意见,各地开始实施小学全科教师培养等地方师范生免费教育计划。"2019年,28个省份实行地方师范生公费教育,每年有4万余名高校毕业生到农村特别是贫困地区中小学任教"[①]。安阳师范学院于2016年开始进行/实施农村小学全科教师培养,2020年6月第一届小学教育专业(全科)学生已全部毕业。

四、小学教育专业认证

高等教育专业评估与专业认证是国家规范专业设置、提高教学质量的重要举措,教育部2002年印发了《普通高等学校本科教学工作水平评估方案(试行)》,2004年又印发了新的《普通高等学校本科教学工作水平评估方案(试行)》,2006年9月4日又印发了《〈普通高等学校本科教学工作水平评估方案(试行)〉对部分重点建设高等学校及体育类、艺术类高等学校评估指标调整的说明》。这一系列文件形成了我国高等教育专业评估的评价体系,对规范专业设置与质量保障起到了重要作用,2007年安阳师范学院小学教育专业通过专业评估。进入新时代,我国普通高等学校师范类专业开展了专业认证工作。

为贯彻落实党的十九大精神,培养高素质教师队伍,按照国家教育事业发展"十三五"规划工作要求,推进教师教育质量保障体系建设,提高师范类专业人才培养质量,教育部决定开展普通高等学校师范类专业认证工作。2017年10月26日,教育部印发了《普通高等学校师范类专业认证实施办法(暂行)》(教师〔2017〕13号)。该《办法》的指导思想是:全面贯彻党的教育方针,落实立德树人根本任务,构建中国特色、世界水平的教师教育质量监测认证体系,分级分类开展师范类专业认证,以评促建,以评促改,以评促强,全面保障和提升师范类专业人才培养质量,为培养造就党和人民满意的高素质专业化创新型教师队伍提供有力支撑;认证以"学生中心、产出导向、持续改进"为基本理念。学生中心,强调遵循师范生成长成才规律,以师范生为中心配置教育资源、组织课程和实施教学;产出导向,强调以师范生的学习效果为导向,对照师范毕业生核心能力素质要求,评价师范类专业人才培养质量;持续改进,强调对师范类专业教学进行全方位、全过程评价,并将评价结果应用于教学改进,

---

[①] 可参见,任友群:2020年教师政策支撑体系将更加"全方位、全领域"——中华人民共和国教育部政府门户网站 http://www.moe.gov.cn/s78/A10/moe_882/202003/t20200316_431788.html,2020-7-20。

推动师范类专业人才培养质量的持续提升。认证原则是：建立统一认证体系、注重省部协同推进、强化高校主体责任、运用多种认证方法。认证体系上师范类专业实行三级监测认证：第一级定位于师范类专业办学基本要求监测；第二级定位于师范类专业教学质量合格标准认证；第三级定位于师范类专业教学质量卓越标准认证。认证标准方面是分类制定中学教育、小学教育、学前教育、职业教育、特殊教育等专业认证标准。认证对象和条件方面：第一级是经教育部正式备案的普通高等学校师范类本科专业和经教育部审批的普通高等学校国控教育类专科专业；有三届以上毕业生的普通高等学校师范类专业申请参加第二级认证；有六届以上毕业生并通过第二级认证的普通高等学校师范类专业，申请参加第三级认证。个别办学历史长、社会认可度高的师范类专业可直接申请参加第三级认证。

《普通高等学校师范类专业认证实施办法（暂行）》颁布的同时，也颁布了《小学教育专业认证标准》，《小学教育专业认证标准》包括三个等级的不同标准和相应指标要求，其中第一级是国家对小学教育专业办学的基本要求，第二级是国家对小学教育专业教学质量的合格要求，第三级是国家对小学教育专业教学质量的卓越要求。详见附件4。

2018年1月10日，教育部办公厅发布了《教育部办公厅关于成立普通高等学校师范类专业认证专家委员会的通知》（教师厅〔2018〕2号）。《通知》指出，为贯彻落实党的十九大精神，培养高素质教师队伍，根据《普通高等学校师范类专业认证实施办法（暂行）》的有关规定，经研究，教育部决定成立普通高等学校师范类专业认证专家委员会（以下简称专家委员会）。本届专家委员会共25人，设主任委员1人、副主任委员2人，任期自本通知印发之日起至2020年12月31日止。秘书处设在教育部高等教育教学评估中心。如因工作岗位变动等原因，专家委员无法履行相关职责，我部将适时调整增补专家委员会委员。专家委员会成员为：刘利民、顾明远、王定华、王北生、王扬南、尹后庆、田慧生、代蕊华、朱永新、朱旭东、宋冬生、张志勇、陈学飞、周洪宇、周爱军、钟秉林、饶从满、徐辉、陶西平、黄伟、韩筠、惠中、谢维和、虞永平、瞿振元。

教育部办公厅于2019年8月16日发布了《教育部办公厅关于公布2019年通过普通高等学校师范类专业认证的专业名单的通知》（教师厅函〔2019〕12号）（以下简称《通知》）[①]。该《通知》首先通告了2019师范类专业认证结果：

---

① 可参见，教育部办公厅关于公布2019年通过普通高等学校师范类专业认证的专业名单的通知——中华人民共和国教育部政府门户网站 http://www.moe.gov.cn/srcsite/A10/s7011/201908/t20190829_396489.html，2020-6-6。

根据《中共中央 国务院关于全面深化新时代教师队伍建设改革的意见》的决策部署，按照《教育部关于印发〈普通高等学校师范类专业认证实施办法（暂行）〉的通知》（教师〔2017〕13号），经高校申请、教育评估机构组织专家现场考查、普通高等学校师范类专业认证专家委员会审定，北京师范大学汉语言文学专业等2个专业通过第三级专业认证，东北师范大学思想政治教育专业等34个专业通过第二级专业认证。江苏省、广西壮族自治区2016—2017年通过师范类专业认证试点的专业，经教育部高等教育教学评估中心组织专家复评、普通高等学校师范类专业认证专家委员会审定，南京师范大学数学与应用数学专业等26个专业通过第二级专业认证。认证结论有效期六年，自2019年8月起至2025年7月止。

《通知》指出，各地各高校要按照《普通高等学校师范类专业认证实施办法（暂行）》有关要求，做好教师资格认定工作。通过第二级认证的专业，在认证结论有效期内入学的师范生，可由高校自行组织中小学教师资格考试面试工作。所在高校根据《教育部关于加强师范生教育实践的意见》（2016）要求，建立以实习计划、实习教案、听课评课记录、实习总结与考核等为主要内容的师范生教育实习档案袋，通过严格程序组织认定师范毕业生的教育教学实践能力，出具教育教学实践能力合格证明，视同教师资格考试面试合格。通过第三级认证的专业，在认证结论有效期内入学的师范生，可由高校自行组织中小学教师资格考试笔试和面试工作。所在高校按照国家有关要求开设通识课程、学科专业课程（幼儿园分领域教育基础课程）和教师教育课程等，师范毕业生按照学校师范类专业人才培养方案修学规定课程并成绩合格、达到毕业要求，出具师范专业课程学习合格证明，视同教师资格考试笔试合格。所在高校根据《教育部关于加强师范生教育实践的意见》（2016）要求，建立以实习计划、实习教案、听课评课记录、实习总结与考核等为主要内容的师范生教育实习档案袋，通过严格程序组织认定师范毕业生的教育教学实践能力，出具教育教学实践能力合格证明，视同教师资格考试面试合格。

《通知》要求各地各高校要充分发挥师范类专业认证的示范带动作用，加大对师范院校和师范类专业的支持力度，全面落实"学生中心、产出导向、持续改进"的理念，扎实推动师范院校特色发展、追求卓越，从源头上培养新时代高素质专业化创新型中小学教师。这次认证中，小学教育专业没有通过第三级专业认证的学校，有7所学校的9个小学教育专业通过了第二级专业认证，分别是首都师范大学、首都师范大学（音乐学）、首都师范大学（美术学）、南通大学、南京晓庄学院、杭州师范大学、温州大学、州师范学院和闽南师范大学。有2所学校的小学教育专业通过了第二级专业认证复评，分别是淮阴师范学院和南宁师范大学。

2020年7月30日,教育部办公厅公布了《2020年通过普通高等学校师范类专业认证的专业名单》[①],天津师范大学、沈阳师范大学、吉林师范大学、上海师范大学、扬州师范学院、南京师范大学、江苏师范大学、盐城师范学院、常熟理工学院、湖州师范学院、丽水学院、安庆师范大学、聊城大学、临沂大学、青岛大学、齐鲁师范学院、湖北第二师范学院、湖南第一师范学院、华南师范大学、重庆师范第二师范学院、四川师范大学共21所学校的小学教育专业通过第二级认证,有效期截至2026年6月。目前,安阳师范学院小学教育专业正在为第二级认证积极准备。

第二节 安阳师范学院小学教育专业的设立与发展

2000年安阳市第二师范学校并入安阳师范学院,2000年开始招收专科层次的小学教育专业学生,2007年小学教育本科专业开始招生,而随校并入中师生于2002年全部毕业离校。20世纪的前20年,安阳师范学院小学教师教育切实上升为高等教育,主要是专科与本科层次的教育,而这20年又可大致划分为三个发展阶段:小学教育专业专科(2000—2007)、小学教育专业普通本科(2007—2019)、小学教育专业本科(全科)(2016—)。培养单位主要是安阳师范学院教育学院。其发展变化主要体现在培养规格、类型与相应培养方案的变化上,不同时期的教学计划或人才培养方案是安阳师范学院小学教育专业发展的最好体现。所以在这一部分主要介绍不同时期小学教育专业的教学计划或人才培养方案。

一、小学教育专业专科

2000年,安阳师范学院开始招收小学教育专科学生,到2008年最后一届专科生离校,近10年时间主要是小学教育专科探索和发展阶段(2007年起已有小学教育本科专业),名称有"小学教育专科""初等教育专科"和"教育学专科(小学教育方向)"三种不同称谓,其中,安阳师范学院小学教育专科专业又包括二年制和三年制两种类型。

---

① 可参见,教育部办公厅关于公布2020年通过普通高等学校师范类专业认证的专业名单的通知——中华人民共和国教育部政府门户网站 http://www.moe.gov.cn/srcsite/A10/s7011/202007/t20200728_475326.html,2020-7-30。

（一）二年制

2000年安阳师范学院二年制小学教育专业开始招生，2000级招生对象为中师毕业生，至2002年毕业，本届毕业27名学生。培养单位是安阳师范学院教育科学系，课程开设实际情况如下。①

二年制小学教育专业课程类别分为公选、公修、必修三种类型，考核方式分为考试和考查两种，共有四个学期，个学期课程开设具体情况如下。

第一个学期9门：

公修1门：体育。为考试课。

公选2门：文学名著欣赏、语言交际艺术。均为考试课。

必修6门：马克思主义哲学、写作、普通心理学、英语、高等数学、书法。高等数学为考查课，其余均为考试课。

第二个学期8门：

公修2门：大学语文、体育。其中大学语文为考查课，体育为考试课。

公选1门：名作欣赏。为考试课。

必修5门：高等数学、小学数学教学论、普通教育学、计算机应用、普通心理学。其中，普通心理学为考查课，其余均为考试课。

第三个学期9门：

公修2门：体育、音乐欣赏。均为考试课。

公选1门：现代环境艺术与欣赏。

必修6门：英语、儿童心理学、心理与教育统计学、小学语文教学论、学校管理学、现代教育技术。现代教育技术为考查课，其余均为考试课。

第四个学期7门：

均为必修课：中外教育史、教育心理学、家庭教育学、心理健康与咨询、班主任工作概论、课堂教学艺术、小教科研方法。其中班主任工作概论、课堂教学艺术、小教科研方法为考查课，其余均为考试课。

上述课程开设情况有两个突出的特点：一是学科方向类课程偏少；二是心理学课程占比较多，共开设普通心理学、儿童心理学、心理与教育统计学、教育心理学、心理与健康咨询五门，其中普通心理学开设了两个学期。经过对相关老师的访谈得知，学科方向课程偏少的主要原因是中师阶段已经开设了语文、数学等相关学科；心理学类课程占比较多的主要原因是当时教育科学系只有心理学和小学教育两个专科专业，而心理学又是安阳师范学院原生专业，小学

---

① 依据安阳师范学院档案馆毕业2002届A毕业生的档案整理。

教育专业则是新设专业，心理学类课程相对成熟，师资相对较强。

（二）三年制

二年制专科仅拓收一届，2001级起就改为了三年制，以下以2005届小学教育专科毕业学生A的档案为例，介绍三年制课程的具体开设情况。2005届安阳师范学院小学教育专业课程类别分为公选、公修、必修三种类型，考核方式分为考试和考查两种，逐学期介绍如下。

第一个学期6门均为必修课：英语、普通心理学、高等数学、计算机、体育、思想品德。英语、体育、思想品德为考查课，其他三门为考试课。

第二个学期9门。公选2门：音乐作品欣赏、美术鉴赏课，均为考试课；必修7门：法律基础、普通教育学、英语、体育、马克思主义哲学、高等数学、普通心理学。马克思主义哲学、高等数学、普通心理学为考查课，其余均为考试课。

第三个学期11门。公选4门：现代公共礼仪、普通话、健康与保健、实用会计学，均为考试课；必修7门：儿童发展心理学、普通教育学、管理心理学、小学教学论、体育、大学语文、英语。其中普通教育学、管理心理学、体育为考查课，其余均为考试课。

第四个学期7门均为必修课：中国教育史、伦理学、音乐欣赏、心理健康咨询、教育法学、课堂教学艺术、小学教育心理学。其中，中国教育史、心理健康咨询、小学教育心理学为考试课，其余均为考查课。

第五个学期8门。公修4门：美术欣赏、邓小平理论、马克思主义哲学、毛泽东思想概论。均为考查课；必修4门：心理与教育统计、社会心理学、小学语文教育学、外国教育史。社会心理学为考查课，其余均为考试课。

第六个学期7门均为必修课：现代教育技术、教育科学研究方法、教育社会学、学校管理学、家庭教育学、学校卫生学、班级管理。其中教育社会学、学校管理学、家庭教育学为考试课，其余均为考查课。

与两年制相比，三年制增加了邓小平理论、毛泽东思想概论、健康与保健、实用会计学等课程。中外教育史分设为中国教育史和外国教育史两门课程。心理学类课程有7门，其中社会心理学、管理心理学为新增课程。只有英语、高等数学、大学语文与学科相关的本体知识，学科方向类课程严重缺失，其根本原因是认为中师或高中已经学习的学科知识可以满足小学的教学需要，所以这方面的课程有所忽略，所设置的课程就多为教育学类、心理学类或通识课程。

2003年1月15日，教育部师范教育司印发了《三年制小学教育专业课程方案（试行）》，用以规范专科层次的小学教师培养的课程设置，安阳师范学院据此并结合本校实际由王晓雷老师制订了小学教育专科专业教学计划，名为

《安阳师范学院初等教育专业(师范专科)教学计划》,2008届就称为"初等教育专业专科",而2007届则称为"教育学(小学教育方向)专科",总之都是小学教育专业。《初等教育专业(师范专科)教学计划》包括培养目标、培养规格、学制、学程时间安排、额定总学分和总学时构成表、专业教学计划总表和专业主干课程及部分选修课简介七部分,具体内容如下。

初等教育专业教学计划①
(师范专科)

制订人:王晓雷

一、培养目标

本专业培养德智体美等全面发展,具有扎实教育理论知识基础的高素质小学教师、教育教学管理人员以及教育科学研究人员。

二、培养规格

1. 掌握马列主义、毛泽东思想和邓小平理论的基本原理,坚持党的各项方针政策;忠诚党的教育事业,树立科学的世界观、人生观和价值观。

2. 系统掌握教育科学的基本理论和基本知识,初步掌握教育科学研究的基本方法,了解教育科学理论前沿和教育改革的实际情况,具有较强的教育研究能力和终身学习的能力。表达能力强,"三字一话"水平高。具有较强的课堂教学能力、教学研究能力和自学能力。外语达到国家规定的水平,并能熟练掌握和运用计算机。

3. 学习和掌握小学语文和小学数学学科教育、教学理论和技能,具有从事小学教育和教学工作的能力。

4. 具有一定的体育和军事知识,养成良好的生活习惯和卫生习惯,具有健康的身体素质和心理素质。

三、学制

学制:三年。

四、学程时间安排

全学程共144周。其中课堂讲授95周,教育实习4周,社会实践(劳动与军训)5周,复习考试12周,寒暑假28周。

---

① 源于安阳师范学院教育学院教务办电子档案。

表5-15　学程时间安排表

学年 学期 项目	第一学年 上个学期 18周	第一学年 下个学期 20周	第二学年 上个学期 20周	第二学年 下个学期 20周	第三学年 上个学期 20周	第三学年 下个学期 18周	合　计
军　训	3						3
考　试	2	2	2	2	2	2	12
劳　动			1		1		2
专业见习							
教育实习					4		4
寒、暑假							28
课堂教学	13	18	17	18	13	16	95

五、额定总学分和总学时构成表

表5-16　额定总学分和总学时构成表

课程类别	学时数	该类别学时数占总学时的百分比(%)	学分数	该类别学分占总学分的百分比(%)
公共必修课	508	25	28	23
专业必修课	711	34	41	34
专业限定选修课	365	18	21	17
专业任意选修课	310	15	16	13
全校素质教育选修课	168	8	12	10
实践性环节			4	3
总　计	2 062	100	122	100

六、专业教学计划总表

表 5-17 专业教学计划总表

课程类别	课程编号	课程名称	学分	第一学年上学期	第一学年下学期	第二学年上学期	第二学年下学期	第三学年上学期	第三学年下学期	讲授	实验	实习	实践	考试	考查
公共必修课	312101	思想道德修养与法律基础	3	3						39					√
	312102	毛泽东思想、邓小平理论和"三个代表"重要思想概论	4				2	2		58				√	
	312103	形势与政策	1							66					√
	042101	大学英语（一）	4	4						52				√	
	042102	大学英语（二）	4		4					72				√	
	042103	大学英语（三）	2			2				34					√
	092101	计算机基础	2	4						26	26			√	
	122101	大学体育（一）	2	2						26				√	
	122102	大学体育（二）	2		2					36					√
	122103	大学体育（三）	2			2				34				√	
	142101	现代教育技术学	2				2			26					√
	191114	大学生就业指导						1		13					√
专业必修课	071201	基础心理学	4	4						52				√	
	071202	教育基本原理	3		3					54				√	
	071203	儿童发展心理学	3		3					54					√
	071204	心理健康与辅导	3			3				51				√	
	071205	班级管理	2					2		32					√
	071206	中外教育史	3				3			54				√	
	071207	课程与教学论	3			3				51				√	
	071208	小学教育心理学	3			3				51				√	
	071209	教育统计学	3				3			54				√	

(续表)

课程类别	课程编号	课程名称	学分	第一学年上学期	第一学年下学期	第二学年上学期	第二学年下学期	第三学年上学期	第三学年下学期	讲授	实验	实习	实践	考试	考查
	071210	教育科学研究方法	2						2	32				√	
	071211	小学语文、历史、社会教学与研究	4					4		52				√	
	071212	小学数学、科学教学研究	4				4			68				√	
	071213	大学语文	2		3					54				√	
	071214	大学数学	2	4						52				√	
专业限定选修课	071301	学校管理学	2				3			54				√	
	071302	家庭教育学	2						2	32					√
	071303	小学综合实践活动设计	2						2	32					√
	071304	自然科学基础	2		3					39				√	
	071305	教育社会学	2						2	32				√	
	071306	社会科学基础	2						2	32					√
	071307	音乐	2				2			36					√
	071308	美术	2					2		26					√
	071309	学校卫生学	2			2				34					√
	071310	教师口语(普通话)	1	1						13					√
	071311	书写(书法)	2		1	1				35					√
专业任意选修课	071401	教育经济学※	2						2	32					√
	071402	教育法学	2				2			36					√
	071403	社会心理学※	2						2	32					√
	071404	管理心理学※	2				2			36					√
	071405	课堂教学艺术	2				2			36					√
	071406	伦理学※	2			2				34					√

· 209 ·

(续表)

课程类别	课程编号	课程名称	学分	各个学期周学时分配						总学时分配				考核方式	
				第一学年		第二学年		第三学年		讲授	实验	实习	实践	考试	考查
				上学期	下学期	上学期	下学期	上学期	下学期						
	071407	中外教育名著选讲※	2						2	32					√
	071408	心理科学史	2				2			36					√
	071409	现代教育制度与思想※	2		2					36					√
中文与社会方向	071501	汉语基础	2				2			26				√	
	071502	写作	2				2			26				√	
	071503	近现代文学	2					2		32				√	
	071504	古典文学	2				2			26				√	
	071505	中外文明简史	2					2		32				√	
	071506	中国近现代史	2				2			26					√
数学与科学方向	071601	现代数学概论	2				2			26				√	
	071602	科学技术与社会	2				2			26				√	
	071603	物质科学	2					2		32				√	
	071604	生命科学	2				2			26				√	
	071605	地球与空间科学	2				2			26				√	
	071606	数学实践与科学实验	2					2		32				√	

注:"※"表示专业任意选修课。

七、专业主干课程及部分选修课简介

本部分共介绍了基础心理学、教育基本原理、儿童发展心理学、课程与教学论、小学语文(历史、社会)教学与研究、小学数学(科学)教学研究、小学综合实践活动设计、社会科学基础、班级管理、中国教育史、外国教育史、音乐、美术、大学语文、小学教育心理学、心理健康与咨询、教育统计学、学校管理学、家庭教育学、学校卫生学、伦理学、教育社会学、教育科学研究方法23门课程,主要简介了从程内容、教材及主要参考书两,如下面对《学校管理学》的介绍:

学校管理学

课程内容：本课程研究如何充分运用办学规律，发挥中小学校内人力、财力、物力诸因素的作用。利用校内各种有利的条件，组织和领导全体成员，有效地实现学校教育目标。主要内容有：学校管理的目标、原则、过程、体制、方法，教师工作、教学工作、德育工作、体育卫生工作、总务工作的管理以及学校公共关系、学校管理人员等。本课程采用课堂讲授、讨论、实地考察相结合的教学方式。

教材及主要参考书：《学校管理学》(增订本)肖宗六著，人民教育出版社；《学校管理学》江月孙主编，新世纪出版社；《学校管理学导论》(修订本)张济正主编，华东师范大学出版社；《学校管理学》陈孝彬主编，北京师范大学出版社。

本教学计划最重要的改进是增加了中文与社会、数学和科学学科方向性课程，弥补了原来学科方向性课程缺失的不足，凸显小学教育专业专科的学科特征，课程方案得到进一步规范，为申报小学教育本科专业积累了经验、奠定了基础。

根据安阳师范学院档案馆相关档案，安阳师范学院小学教育专科专业各届毕业学生人数如下。

2002届小学教育专科专业毕业27名（二年制）。

2001年小学教育专业招生计划为60人，招收中师毕业生，学制2年，实为3年，2004年毕业，所以，2003年没有小学教育毕业生。

2004年小学教育专科专业毕业36名（学制3年），延迟毕业2名。

2005年小学教育专科专业毕业33名。

2006年小学教育专科专业毕业58名。

2007年教育学（小学教育方向）专科毕业75名。

2008年初等教育专科专业毕业66名。

二、小学教育专业（普本）

2003年起安阳师范学院开始申报增设小学教育本科专业，2006年安阳师范学院再次申报小学教育和其他五个本科专业（统计学、财务管理、软件工程、工商管理、教育学）获得成功，2007年小学教育本科专业开始招生。在此之前，教育科学系（现在的教育学院）已有心理学和公共事业管理（教育管理方向）两个本科专业，为小学教育本科专业的设置积累经验，打下了基础，在小学教育本科专业课程设置上也相应地凸显了某些特征，如心理学类课程优势明显等。

小学教育专业(本科)又分为三种类型:小学教育专业(普本)[①]、小学教育专业(全科)和小学教育专业(专升本)。小学教育专业普通本科2007年开始招生,2016年停招。小学教育专业本科(全科)2016开始招生。小学教育专业(专升本)2017年开始招生,2019年停招一年,2020年再次招生。安阳师范学院小学教育专业设置以来,在国家提高本科教学质量、培养卓越教师、评估和认证的一系列改革的大背景下,也在不断进行着改革与改进,具体体现在不同阶段的培养方案之中。安阳师范学校小学教育专业教学计划(或人才培养方案)从2007年开始招生至2019年最后一届学生毕业,先后共有2007版、2010版、2011版、2015版四个版本,以下将从四个不同版本的教学计划(或人才培养方案)展示安阳师范学院小学教育专业普通本科的发展。

(一) 2007版小学教育专业教学计划

2007版小学教育专业教学计划由教育科学系陈录生主任和王晓雷老师负责制订,教学计划包括培养目标、培养规格、学制与学位、学程时间安排、额定总学分和总学时构成表、专业教学计划总表和专业主干课程及部分选修课简介七部分。该计划继承了三年制初等教育专业的特点,如采用学年学分制和继续设置方向性课程模块等,方向性课程方面设计了语文、数学、英语三个模块。

2007小学教育专业教学计划[②]
(师范本科)

责任人:陈录生　王晓雷

一、培养目标

主要培养德、智、体、美等诸方面全面发展的、具有较深厚的文化素质和科学素质的、适应21世纪小学教育教学改革需要的、具有创新精神和实施素质教育能力的小学教师和初等教育研究人才。

二、培养规格

1. 掌握马列主义、毛泽东思想和邓小平理论和"三个代表"重要思想的基本原理,坚持党的基本路线,拥护党的各项方针政策;忠诚党和人民的教育事业,树立科学的世界观、人生观和价值观。

2. 具有从事小学教育、教学及研究工作所需要的专业基础知识和基本技能;了解国际小学教育发展的动态和趋势,更新教育理念,适应新世纪我国基

---

① 为有所区别,本书把安阳师范学院非全科的和非专升本的"小学教育本科专业"称为"小学教育专业(普本)"。

② 源于安阳师范学院教育学院教务办电子档案。

础教育课程改革的需要；除精通一门学科的教学之外，同时能从事多学科的教学；外语水平达到规定标准；能够熟练运用计算机，掌握一定的现代教育技术和教育方法；具有较强的表达能力、相应的普通话水平、课堂教学能力、教学研究能力、教育管理能力和自我发展与自我完善的能力。

3. 达到国家规定的《大学生体育合格标准》。具有一定的体育和军事知识，养成良好的生活习惯和卫生习惯，具有健康的身体素质和心理素质。

4. 具有良好的艺术修养、健康的审美观点和综合实践活动能力。了解小学教育的有关法律、法规，及时掌握国家有关小学教育的方针与政策，促进小学教育的发展。

三、学制与学位

学制：本科四年。

授予学位：教育学学士。

四、学程时间安排

全学程共196周。其中课程讲授123周，教育实习6周，社会实践（劳动、军训）5周，毕业论文6周，复习考试16周，寒暑假40周。

表5-18 学程时间安排表

项目 \ 学期	第一学年 上个学期 18周	第一学年 下个学期 20周	第二学年 上个学期 20周	第二学年 下个学期 20周	第三学年 上个学期 20周	第三学年 下个学期 20周	第四学年 上个学期 20周	第四学年 下个学期 18周	合计
军训	2								2
考试	2	2	2	2	2	2	2	2	16
劳动			1		1		1		3
教育实习						6			6
毕业论文								6	6
寒、暑假									40
课堂教学	14	18	17	18	17	12	17	10	123

五、额定总学分和总学时构成表

表 5-19 额定总学分和总学时构成表

课程类别	学时数	该类别学时数占总学时数的百分比(%)	学分数	该类别学分占总学分的百分比(%)
公共必修课	814	35.31	47	30.72
专业必修课	869	37.70	53	34.64
专业限定选修课	210	9.11	12	7.84
专业任意选修课	188	8.16	15	9.80
全校素质教育选修课	224	9.72	16	10.46
实践性环节			10	6.54
总计	2 305	100	153	100

六、专业教学计划总表

表 5-20 专业教学计划总表

课程类别	课程编号	课程名称	学分	第一学年上个学期	第一学年下个学期	第二学年上个学期	第二学年下个学期	第三学年上个学期	第三学年下个学期	第四学年上个学期	第四学年下个学期	讲授	实验	实习	实践	考试	考查
公共必修课	311101	思想道德修养与法律基础	3	3								42					√
公共必修课	311102	中国近现代史纲要	2		2							36					√
公共必修课	311103	马克思主义基本原理	3				3					51					√
公共必修课	311104	毛泽东思想邓小平理论和"三个代表"重要思想概论	6					3	3			87					√
公共必修课	311105	形势与政策	2									84					√
公共必修课	041101	大学英语(一)	4	4+2								56				√	
公共必修课	041102	大学英语(二)	4		4+2							72				√	
公共必修课	041103	大学英语(三)	4			4						68				√	
公共必修课	041104	大学英语(四)	4				4					72				√	
公共必修课	091101	计算机基础(一)	2	2								28	28			√	
公共必修课	091102	计算机基础(二)	2		2							36	36			√	

(续表)

课程类别	课程编号	课程名称	学分	第一学年上个学期	第一学年下个学期	第二学年上个学期	第二学年下个学期	第三学年上个学期	第三学年下个学期	第四学年上个学期	第四学年下个学期	讲授	实验	实习	实践	考试	考查
	121101	大学体育(一)	2	2								28				√	
	121102	大学体育(二)	2		2							36					√
	121103	大学体育(三)	2			2						34				√	
	121104	大学体育(四)	2				2					36					√
	141101	现代教育技术学	2				2					36					√
	191114	大学生就业指导	1					1				12					√
专业必修课	073201	基础心理学	6	3	3							96				√	√
	073202	高等数学	4	4								56				√	
	073203	大学语文	3		3							54				√	
	073204	教育统计学	3				3					36				√	
	073205	儿童发展心理学	3			3						51				√	
	073206	课程与教学论	3			3						51				√	
	073207	教育科学研究方法	3				3					51				√	
	073208	教育基本原理	3		3							54				√	
	073209	小学生心理健康与辅导	3		3							51				√	
	073210	教育社会学	3						3			51				√	
	073211	课件制作	3						3			51				√	
	073212	中国教育史	3				3					51					√
	073213	外国教育史	3					3				36					√
	073214	教育心理学	3			3						54					√
	073215	教育哲学	3					3				36					√
	073216	德育原理	2					3				36				√	
	073217	学校管理学	2			3						54				√	

(续表)

课程类别	课程编号	课程名称	学分	第一学年上个学期	第一学年下个学期	第二学年上个学期	第二学年下个学期	第三学年上个学期	第三学年下个学期	第四学年上个学期	第四学年下个学期	讲授	实验	实习	实践	考试	考查
专业限定选修课	073301	学校卫生学	2			2						34					✓
	073302	自然科学基础	2					2				34					✓
	073303	社会科学基础	2								2	20				✓	
	073304	心理测量学	2				3					51				✓	
	073305	教育法学	2				2					34					✓
	073306	家庭教育学	2						2			34				✓	
	073307	公共关系学	2		2							36					✓
	073308	马克思主义教育思想	2						3			51					✓
	073309	教育经济学	2								2	20					✓
专业任意选修课	073401	课堂教学艺术	2								2	20				✓	
	073402	专业英语	2								2	20					✓
	073403	现代教育制度与思想	2								2	20					✓
	073404	教师口语	2								2	20					✓
	073405	书写与书法	2						2			34					✓
	073406	班级管理	2								2	20					✓
	073407	音乐欣赏	2			2						36					✓
	073408	美术欣赏	2				2					34					✓
	073409	实验心理学	2							2		34					✓
	073410	心理学史	2					2				24					✓
语文方向	073501	现代汉语	2								2	20					✓
	073502	小学语文教学论	2							2		34					✓
	073503	儿童文学	2								2	20					✓
	073504	中外文学简史	2								2	20					✓
	073505	小学综合实践活动设计	2								2	20					✓

(续表)

课程类别	课程编号	课程名称	学分	第一学年上个学期	第一学年下个学期	第二学年上个学期	第二学年下个学期	第三学年上个学期	第三学年下个学期	第四学年上个学期	第四学年下个学期	讲授	实验	实习	实践	考试	考查
数学方向	073601	现代数学概论	2								2	20					√
	073602	小学数学教学论	2						2			34					√
	073603	数学实践与科学实验	2								2	20					√
	073604	科学技术与社会	2								2	20					√
	073605	小学综合实践活动设计	2								2	20					√
英语方向	073701	英语语音	2								2	20					√
	073702	英语口语与听力	2								2	20					√
	073703	英语阅读	2								2	20					√
	073704	小学英语教学论	2						2			34					√
	073705	小学综合实践活动设计	2								2	20					√

七、专业主干课程及部分选修课程简介

本部分共介绍了基础心理学、教育基本原理、学校管理学、教育法学、教育经济学、教育统计学、教育科学研究方法、儿童发展心理学、中国教育史、外国教育史、教育心理学、家庭教育学、学校卫生学、教育社会学、课程与教学论、音乐欣赏、美术欣赏、大学语文、小学语文教学论、小学数学教学论、小学生心理健康与辅导、班级管理、社会科学基础、书写与书法、教师口语25门课程,英语方向类课程的介绍缺失,英语语音、英语口语与听力、英语阅读三门课没有进入介绍之列。

就2007版教学计划整体而言,学科基础课程比较薄弱,通识课程有所增加,教育学与心理学专业方面的课程较为丰富。通识课程如形势与政策开设了六个学期、毛泽东思想邓小平理论和"三个代表"重要思想开设了两个学期;心理学类课程尤为丰富,共开设7门、8个学期此类课程,这也逐渐成为安阳师范学院小学教育专业课程开设的鲜明特色。另外,本届课程设置另一重要特色就加了"校选课程","校选课程"当时属于周末选修课。再有一个特色就是设置了三门考研课程,即英语阅读考研专题讲座、英语写作考研专题讲座和英语语法考研专题讲座。

(二) 2010 版小学教育专业培养方案

2010 年,安阳师范学院教育科学学院对小学教育专业教学计划进行了修订,称为《教育科学学院小学教育专业培养方案》(师范本科),负责人是王彦才教授。内容包括培养目标、培养规格、学制学位、学分要求、学程实践安排、课程学分学时分配比列表、课程教学学时学分分布、专业主干课及部分选修课程介绍八部分内容,其中"课程教学学时学分分布"又包括通识教育平台、专业课程平台、专业深化拓展平台、实践教学平台四类教学平台。具体内容如下。

教育科学学院小学教育专业培养方案[①]
(师范本科)

责任人:王彦才

一、培养目标

培养德、智、体、美等诸方面全面发展的、具有较深厚的科学文化素质的、适应 21 世纪小学教育教学改革需要的、具有创新精神和实践能力的小学教师和初等教育研究人才。

二、培养规格

1. 掌握马列主义、毛泽东思想和邓小平理论和"三个代表"重要思想的基本原理,坚持党的基本路线,拥护党的各项方针政策;忠诚党和人民的教育事业,树立科学的世界观、人生观和价值观。

2. 具有从事小学教育、教学及研究工作所需要的专业基础知识和基本技能;了解国际小学教育发展的动态和趋势,更新教育理念,适应新世纪我国基础教育课程改革的需要;具有较强的表达能力、相应的普通话水平、课堂教学能力、教学研究能力、自学能力,除精通一门学科的教学之外,同时能从事多学科的教学。

3. 具有良好的艺术修养、健康的审美观点和综合实践活动能力。了解小学教育的有关法律、法规,及时掌握国家有关小学教育的方针与政策,促进小学教育的发展。

4. 计算机水平和外语水平达到国家规定标准。能够熟练掌握计算机基本知识和应用技能;具有良好的外语听力、口语表达能力以及写作技能、技巧。

[①] 安阳师范学院 2010 版本科专业人才培养方案(内部资料),2010 年 6 月。

5. 达到国家规定的《大学生体育合格标准》。具有一定的体育和军事知识,养成良好的生活习惯和卫生习惯,具有健康的身体素质和心理素质。

三、学制、学位

学制四年;教育学学士。

四、学分要求

四年至少修满200学分

五、学程时间安排

全学程共196周。其中课堂讲授122周,教育实习10周,社会实践(劳动与军训)5周,毕业论文8周,复习考试14周,寒暑假40周。

表 5-21 学程时间安排表

学年 学期 项目	第一学年 上个学期 18周	第一学年 下个学期 20周	第二学年 上个学期 20周	第二学年 下个学期 20周	第三学年 上个学期 20周	第三学年 下个学期 20周	第四学年 上个学期 20周	第四学年 下个学期 18周	合计
考 试	2	2	2	2	2	2	2		14
军 训	2								2
教育实习								10	10
毕业论文								8	8
寒、暑假									40
课堂教学	14	18	18	18	18	18	18	0	122

六、课程学分学时分配比列表

表 5-22 课程结构及学分学时比例

课程类别		学分及比例 学分	学分及比例 小计	学分及比例 占总学分比例	学分及比例 小计	课堂学时及比例 学时	课堂学时及比例 小计	课堂学时及比例 占课堂总学时比例	课堂学时及比例 小计
通识教育平台	必修课	45	55	22.5%	27.5%	626	706	28.4%	32.0%
	选修课	10		5%		80		3.6%	
专业课程平台	必修课	57	100	28.5%	50%	778	1390	35.3%	63.1%
	限选课	17		8.5%		252		11.4%	
	任选课	26		13%		360		16.3%	

219

(续表)

课程类别		学分及比例				课堂学时及比例			
		学分	小计	占总学分比例	小计	学时	小计	占课堂总学时比例	小计
专业深化拓展平台	专业技能教育课	6	6	3%	3%	108	108	4.9%	4.9%
	知识深化综合课	6		3%		108		4.9%	
实践教学平台	基础实践	19	39(58)	9.5%	19.5%(29%)				
	专业实践	24		12%					
	综合实践	15		7.5%					
合计			200		100%		2 204		100%

说明	1. 专业必修课共14门,双语课程0门。 2. 专业选修课共21门,其中限定选修课8门,分1个方向;任意选修课13门。学生应从限定选修课中至少选修17学分,从任意选修课中至少选修26学分。 3. 实验课程共2门,其中独立开设的实验课0门,既有理论又有实验的课程2门,含综合性、设计性实验的课程0门。课程实践共19门。 4. 课堂学时:2 204学时,其中理论讲授2 180学时、实验教学24学时。 5. 总学分:200学分,其中课堂142学分、实践环节58学分。

七、课程教学学时、学分分布

表5-23 通识教育平台(55学分,706课堂学时)

课程类别	课程代码	课程名称	总学时数	总学分数	总学时分配			学期、周学时安排								考核方式
					课堂		课外实践	第一学年		第二学年		第三学年		第四学年		
					讲授	实验		1	2	3	4	5	6	7	8	
必修课	A310011101	思想道德修养与法律基础	54	3	28		26	2								2
	A310011102	中国近现代史纲要	36	2	20		16		2							2
	A310011103	马克思主义基本原理	54	3	36		18			2						1
	A310011104	毛泽东思想和中国特色社会主义理论体系概论(一)	54	3	26		28					2				2

(续表)

课程类别	课程代码	课程名称	总学时数	总学分数	讲授	实验	实践	1	2	3	4	5	6	7	8	考核方式
	A310011105	毛泽东思想和中国特色社会主义理论体系概论（二）	54	3	28		26						2		1	
	A310011106	形势与政策	32	2	32			见							注	2
	A040011201	大学英语（一）	56	4	48		8	4								2
	A040011202	大学英语（二）	72	4	64		8		4							1
	A040011203	大学英语（三）	72	4	64		8			4						2
	A040011204	大学英语（四）	72	4	64		8				4					2
	A320011301	大学计算机基础	56	2	28	20	8	2								1
	A320011302	多媒体技术与应用	72	2	36	24	12		2							2
	A120011401	大学体育（一）	28	2	28			2								2
	A120011402	大学体育（二）	36	2	36				2							1
	A120011403	大学体育（三）	36	1			36			✓						2
	A120011404	大学体育（四）	36	1			36				✓					2
	A010011501	大学语文	36	2	26		10					2				2
	A730011501	大学生就业指导	18	1	18								1			2
		小计	874	45	582	44	248									
选修课	安排在3~7个学期开设,学生选修学分不低于10学分。其中须选修2学分以上自然科学系列。																

注：1. 综合素养选修课程由学校统一安排并公布；

2. 考试方式中,1为考试,2为考查。其他表格中相同；

3. 形式与政策开设个学期为1~8学期,每个学期4学时；

4. 大学体育（三）、大学体育（四）实行俱乐部制。

表 5-24 专业课程平台(100 学分,1390 课堂学时)

课程类别	课程代码	课程名称	总学时数	总学分数	课堂讲授	课堂实验	课外实践	第一学年 1	第一学年 2	第二学年 3	第二学年 4	第三学年 5	第三学年 6	第四学年 7	第四学年 8	考核方式
必修课	A070021111	普通心理学(一)	74	5	56		18	4								1
	A070021112	普通心理学(二)	46	3	36		10		2							1
	A070021103	中国教育史	56	5	56			4								1
	A070021104	外国教育史	72	5	72				4							1
	A070321205	教育原理	80	5	72		8		4							1
	A070321206	课程与教学论	74	4	54		20			3						1
	A070021207	教育心理学	90	5	72		18				4					2
	A070021308	学校卫生学	64	4	54		10				3					2
	A070321309	教育研究方法	60	3	36		24				2					2
	A070321310	心理与教育统计	80	5	72		8				4					1
	A070321311	学校管理学	64	3	54		10				3					1
	A070321312	德育原理	54	4	54							3				1
	A070321313	心理健康与咨询	64	4	54		10				3					2
	A140021103	现代教育技术	44	2	30	6	8			2						2
限定选修课	A070322101	小学语文教学论	64	4	54		10		3							1
	A070322102	写作	46	3	36		10				2					2
	A070322103	儿童文学	54	3	54				3							
	A070322104	艺术欣赏	54	3	54						3					
	A070322105	社会科学基础	54	4	54				3							2
	A070322106	高等数学	54	3	54					3						1
	A070322107	小学综合实践活动设计	36	2	36						2					2
	A070322108	科学课程设计	36	2	36						2					
任意选修课	A070222201	家庭教育学	66	4	54		12				3					2
	A070222202	教育社会学	52	3	36		16			2						2
	A070222203	教育经济学	44	2	36		8			2						2

(续表)

课程类别	课程代码	课程名称	总学时数	总学分数	总学时分配 课堂讲授	总学时分配 课堂实验	总学时分配 课外实践	第一学年 1	第一学年 2	第二学年 3	第二学年 4	第三学年 5	第三学年 6	第四学年 7	第四学年 8	考核方式
	A070222204	教育名著选读	36	2	36					2						2
	A070222205	儿童发展心理学	54	4	54					3						1
	A070222206	自然科学基础	54	3	54					3						2
	A070222207	小学数学教学论	64	4	54		10					3				1
	A070022208	实验心理学	54	4	36	18								3		1
	A070222209	比较教育	36	2	36						2					2
	A070222210	新课程改革的理论与实践	36	2	36									2		2
	A070222211	教育法学	46	3	36		10						2			2
	A070222212	现代汉语	28	2	28										2	2
	A070222213	教师职业道德	36	2	36							2				1
		小计	1926	118	1682	24	220									

备注：限定选修课学生须选修17学分以上，任意选修课学生须选修26学分以上。

表5-25　专业深化拓展平台(6学分,108课堂学时)

课程类别	课程代码	课程名称	总学时数	总学分数	总学时分配 课堂讲授	总学时分配 课堂实验	总学时分配 课外实践	第一学年 1	第一学年 2	第二学年 3	第二学年 4	第三学年 5	第三学年 6	第四学年 7	第四学年 8	考核方式
知识深化	A070332201	中外教育思想比较	36	2	36									2		2
知识深化	A070332202	现代教育理论新进展	36	2	36									2		2
知识深化	A070332203	教育测量学	36	2	36								2			1
		小计	108	6	108											

(续表)

课程类别	课程代码	课程名称	总学时数	总学分数	总学时分配 课堂 讲授	总学时分配 课堂 实验	总学时分配 课外 实践	学期、周学时安排 第一学年 1	学期、周学时安排 第一学年 2	学期、周学时安排 第二学年 3	学期、周学时安排 第二学年 4	学期、周学时安排 第三学年 5	学期、周学时安排 第三学年 6	学期、周学时安排 第四学年 7	学期、周学时安排 第四学年 8	考核方式
专业技能	A070331201	现代教师教学技能(一)	46	2	36		10						2			2
专业技能	A070331202	现代教师教学技能(二)	46	2	36		10							2		2
专业技能	A070331203	班级管理	36	2	36									2		2
		小计	128	6	108		20									
备注	学生须选修6学分以上,可以在该平台内任意选课。																

表5-26 实践教学平台(39学分)

课程类别		课程代码	课程名称	周数	学分数	开课学期、时间 第一学年 1	开课学期、时间 第一学年 2	开课学期、时间 第二学年 3	开课学期、时间 第二学年 4	开课学期、时间 第三学年 5	开课学期、时间 第三学年 6	开课学期、时间 第四学年 7	开课学期、时间 第四学年 8	考核方式
基础实践		课程实践、课程实验学分、学时在课程安排中体现												
专业实践	必修	A070241101	军事理论及训练	2	2	√								2
专业实践	必修	A070241102	教育实习	10	12							√		2
专业实践	必修	A070241103	毕业论文	8	10							√		2
综合实践	选修	A070242101	综合实践	根据《大学生综合实践实施方案》,所有专业学生修读不少于15学分。										

八、专业主干课及部分选修课程介绍

本部分介绍了以下课程:

基础心理学、教育原理、中国教育史、外国教育史、教育心理学、学校管理学、教育法学、教育经济学、心理与教育统计、教育研究方法、儿童发展心理学、家庭教育学、学校卫生学、教育社会学、课程与教学论、小学语文教学论、小学数学教学论、心理健康与咨询、社会科学基础。

整体而言,2010年方案延续2007的学年学分制,删去了方向性课程模块,增加了专业拓展类课程,课程整体设计趋向平台化、模块化。

(三) 2011版小学教育专业培养方案

2011年出台的《安阳师范学院2011级小学教育本科专业指导性人才培养方案(师范本科)》,责任人是王彦才教授。为何2010年培养方案使用仅一年便重新修订,主要原因是学校从2011年起实施学分制,而2010版方案还是延续的2007版的学年学分制。最显著的标志就是体现在修业年限上,2010版人才培养方案学制为四年,实行的学年学分制。2011版指导性人才培养方案彻底实施了学分制,学制仍为四年,但修业年限规定为三至六年。另外,在"课程教学学时学分分布"部分增加8学分的"跨学科教育平台"。其他主要是在学分、课时等方面有所调整,开设课程基本没有变化,因此本书不再呈现《安阳师范学院2011版小学教育本科专业指导性人才培养方案(师范本科)》的具体内容。

(四) 2015版小学教育专业人才培养方案

2015年安阳师范学院对小学教育本科专业培养方案进行了修订,本次修订继续发展了2011版的学分制。突出的特点主要有三:一是课程设计进一步平台化、模块化,形成了"三大教育平台九大课程模块"的课程体系;二是本方案落实了我国卓越小学教师培养的相关政策,把培养"全科型小学教师"作为培养目标;三是进一步加强了实践环节,进行了教育实习与毕业论文(设计)一体化设计,并逐渐发展为本专业的重要特色。以下为2015版小学教育专业人才培养方案文本。

安阳师范学院本科专业培养方案
教育学院小学教育专业人才培养方案(2015版)[①]
(教育学)

一、培养目标

本专业旨在培养具有系统的教育科学理论知识,广泛的文化科学知识和良好的艺术修养,具备一定的从事小学教育教学工作能力和教研能力,能适应现代小学教育改革和发展需要的高素质全科型小学教师。

二、培养规格

(一) 思想和文化素质方面

掌握马克思主义、毛泽东思想、邓小平理论和中国特色社会主义理论的基

[①] 可参见,安阳师范学院教务处:安阳师范学院本科专业人才培养方案(2015版·下册),2015年8月。

本原理，坚持党的基本路线，拥护党的方针政策，具有正确的社会主义核心价值观，以人为本，立德树人，具有高尚的人格、良好的职业道德和求实、创新精神。

（二）知识和能力素质方面

具有从事小学教育科学和基础教育、教学工作所需的扎实的专业基本理论、基础知识和基本技能；把握国内外小学教育的发展动态和趋势，站在学科的最前沿，具有不断发现问题、解决问题的能力；具有教育创新意识和创新能力；掌握现代教育技术手段，除精通一门学科的教学之外，同时能从事多学科的教学；能够熟练掌握计算机基本知识和应用技能；具有良好的外语听力、口语表达能力以及写作技能、技巧。

（三）身体和心理素质方面

具有一定的体育和军事知识，养成良好的生活习惯和卫生习惯，具有健康的身体素质和心理素质。达到国家规定的《大学生体育合格标准》。

三、学制、学位

学　　制：四年

修业年限：三至六年

学　　位：教育学学士

四、毕业学分要求

总学分修满 167 学分，其中：

1. 其中通识教育必修课程模块 38.5 学分，通识教育选修课程模块 3.5 学分；

2. 学科基础课程模块 32 学分，专业核心课程模块 23 学分；

3. 个性拓展模块中，学术后备人才 39 学分（含跨学科 6 学分），其他人才 35 学分（含跨学科 6 学分）；

4. 集中实践模块中，学术后备人才 21 学分，其他人才 25 学分；

5. 综合实践积分 10 学分。

五、学程时间安排

（一）学术后备人才

标准全学程共 193 周，其中军训、入学教育 2 周，复习考试 7 周，寒暑假 48 周，课堂讲授 113 周，教育实习 6 周，毕业论文（设计）17 周，第一、二、三学年暑假安排思想政治教育类课程实践（见表 5-27）。

表 5-27　学术后备人才学程时间安排表

学期\项目	第一学年 上个学期 17周	第一学年 下个学期 19周	第二学年 上个学期 19周	第二学年 下个学期 19周	第三学年 上个学期 19周	第三学年 下个学期 19周	第四学年 上个学期 19周	第四学年 下个学期 14周	合计
课堂教学	14	18	18	18	18	18	9		113
复习考核	1	1	1	1	1	1	1		7
军训、入学教育	2								2
学年论文				2★		2★			4
课程设计						1.5★			1.5
教育见习		1★							1
教育实习								6	6
毕业论文							9	8	17
寒、暑假		14周		14周		14周		6周	

注：★代表学年论文、课程设计、教育见习时间和课堂教学时间可以交叉。

（二）其他类人才

其他类人才主要包括行业企业人才、创新创业人才和基础教育师资。

标准全学程共193周，其中课堂讲授104周，复习考核6周，军训、入学教育2周，教育实习14周，毕业论文19周，寒暑假48周，第一、二、三学年暑假安排思想政治教育类课程实践（见表5-28）。

表 5-28　其他类型人才学程时间安排表

学期\项目	第一学年 上个学期 17周	第一学年 下个学期 19周	第二学年 上个学期 19周	第二学年 下个学期 19周	第三学年 上个学期 19周	第三学年 下个学期 19周	第四学年 上个学期 19周	第四学年 下个学期 14周	合计
课堂教学	14	18	18	18	18	18			104
复习考核	1	1	1	1	1	1			6
军训、入学教育	2								2
学年论文				2★		2★			4
课程设计						1.5★			1.5

(续表)

学年\学期\项目	第一学年 上个学期 17周	第一学年 下个学期 19周	第二学年 上个学期 19周	第二学年 下个学期 19周	第三学年 上个学期 19周	第三学年 下个学期 19周	第四学年 上个学期 19周	第四学年 下个学期 14周	合计
教育见习		1★							1
教育实习							10	4	14
毕业论文							9	10	19
寒、暑假	14周		14周		14周		6周		

注：★代表学年论文、课程设计，教育见习时间和课堂教学时间可以交叉。

六、课程体系结构及学分学时比例

课程体系由"三大教育平台、九大课程模块"构成。"三大教育平台"包括通识教育平台、专业教育平台、实践教育平台。"九大课程模块"包括通识教育必修课程模块、通识教育选修课程模块、学科基础课程模块、专业核心课程模块、个性拓展课程模块、实验课程模块、课程实践模块、集中实践模块和综合实践模块（见表5-29）。

表5-29　课程体系结构及学分学时比例

平台类别	课程模块	课程类别	学分	各模块学分占总学分比例	小计	各平台学分占总学分比例	学时	各模块学时占总学时比例	小计	各平台学时占总学时比例
通识教育平台	通识教育必修课程模块	必修	38.5	23%	42	25%	662	31%(30%)	662	32%(30%)
通识教育平台	通识教育选修课程模块	选修	3.5	2%	42	25%	662	31%(30%)	662	32%(30%)
专业教育平台	学科基础课程模块	必修	55	33%	90(94)	54%(56%)	880	42%(41%)	1440(1504)	68%(70%)
专业教育平台	专业核心课程模块	必修	55	33%	90(94)	54%(56%)	880	42%(41%)	1440(1504)	68%(70%)
专业教育平台	个性拓展课程模块	选修	35(39)	21%(23%)	90(94)	54%(56%)	560(624)	27%(29%)	1440(1504)	68%(70%)

(续表)

平台类别	课程模块	课程类别	学分及比例			学时及比例		
^^^	^^^	^^^	学分	各模块学分占总学分比例	小计	各平台学分占总学分比例	学时	各模块学时占总学时比例	小计	各平台学时占总学时比例
实践教育平台	实验课程模块	必修	17	10%	35(31)	21%(19%)	不计学时		
^^^	课程实践模块	必修	^^^	^^^	^^^	^^^	^^^		
^^^	集中实践模块	必修	25(21)	15%(13%)	^^^	^^^	^^^		
^^^	综合实践模块	必修	10	6%	^^^	^^^	^^^		
合计			167	100%	167	100%	2 102(2 166)	100%	

说明：
1. 实验课程模块、课程实践学分学时包含在通识教育平台和专业教育平台中，在总学时学分中不重复计算；
2. 本专业学术后备人才选修课学分占总学分25%，必修课学分占总学分75%，理论课学分占总学分71%，实践课学分占总学分29%；其他类型人才选修课学分占总学分23%，必修课学分占总学分77%，理论课学分占总学分69%，实践课学分占总学分31%；
3. 括号内为学术后备人才学生数据。

七、课程教学学时、学分分布

（一）通识教育平台

通识教育平台包括通识教育必修课程模块和通识教育选修课程模块两个模块，共42学分。

通识教育必修课程模块主要包括思想政治教育类课程、大学英语课程、大学计算机基础课程、大学体育课程、大学语文课程、大学生职业生涯规划课程、艺术素养教育课程、心理健康教育课程、大学生国防教育课程等。通识教育选修课程模块分为四个系列：人文社会科学系列、自然科学技术系列、教师教育系列、健康艺术体育系列。通识教育必修课程总共38.5学分，每位学生必须学习；通识教育选修课程共3.5学分，学生可以选修网络课程也可选修学校开设的双休日选修课程，但选修学分至少3.5学分（见表5-30）。

表5-30 通识教育平台课程模块

课程模块	课程代码	课程名称	总学时数	总学分数	课堂讲授	课程实验	课程实践	第一学年 1	第一学年 2	第二学年 3	第二学年 4	第三学年 5	第三学年 6	第四学年 7	第四学年 8	考核方式
通识教育必修课程模块	S204111001	思想道德修养与法律基础	54	3	28		26	2								2
	S204111002	中国近现代史纲要	36	2	20		16		2							2
	S204111003	马克思主义基本原理	54	3	28		26				2					1
	S204111004	毛泽东思想和中国特色社会主义理论体系概论（一）	54	3	28		26						2			1
	S204111005	毛泽东思想和中国特色社会主义理论体系概论（二）	54	3	28		26							2		2
	S204111006	形势与政策	32	2	32			见说明									2
	S084111001	大学英语（一）	56	3.5	48		8	4								2
	S084111002	大学英语（二）	72	4	64		8		4							2
	S084111003	大学英语（三）	72	4	64		8			4						1
	S194111001	大学计算机基础	72	4	36	18	18	4								1
	S124111001	大学体育（一）	28	1.5	28			2								2
	S124111002	大学体育（二）	36	2	36				2							1
	S124111003	大学体育（三）	36	2	36					2						2
	S124111004	大学体育（四）	36	2	36						2					1
	S014111001	大学语文★	28	1.5	24		4	2								2
	S294111001	大学生职业生涯规划	26	1.5	26			2								2
	S214111001	艺术素养教育	16	1	16				2							2
	S304111001	心理健康教育	8	0.5	8			2								2
	S274111001	大学生国防教育	8	0.5	8			2								2
		小计	778	44	594	18	116	14	16	8	2	2	2			

(续表)

课程模块	课程代码	课程名称	总学时数	总学分数	总学时分配 课堂讲授	总学时分配 课程实验	总学时分配 实践	学期、周学时安排 第一学年 1	第一学年 2	第二学年 3	第二学年 4	第三学年 5	第三学年 6	第四学年 7	第四学年 8	考核方式

通识教育选修课程模块	1. 通识选修课程分为四个系列：人文社会科学系列、自然科学技术系列、教师教育系列和健康艺术体育系列。 2. 每位学生选修学分不低于3.5学分，学生须选修1学分以上自然科学技术系列。 3. 通识教育选修课程模块安排在第1～6个学期开设。
说明	1. 考试方式中，1为考试，2为考查。 2. 形势与政策课程总计2学分，开设在第1～8个学期。 3. 有课程实践环节的课程，其课堂讲授周数按照周学时上满讲授总学时即可，不延长讲授周数。课程实践可与讲授同步安排或交叉延后安排。其他平台的课程也依此为准安排。

（二）专业教育平台

专业教育平台包括学科基础课程、专业核心课程及个性拓展课程三个模块。

学科基础课程、专业核心课程为必修课程，个性拓展模块为选修课程鼓励学生在明确自我发展方向的前提下，可相对集中选修一个模块，可打通模块选课，也可跨学科选课，学术后备人才学生需修满39学分(含跨学科选修6学分)，其他类人才每个学生需修满35学分(含跨学科选修6学分)(见表5-31)。

表5-31 专业教育平台课程模块

课程模块	课程代码	课程名称	总学时数	总学分数	课堂讲授	课程实验	实践	1	2	3	4	5	6	7	8	考核方式
学科基础课程模块	S140023001	普通心理学	64	4	56		8	4								1
学科基础课程模块	S140023002	中国教育史	64	4	56		8	4								1
学科基础课程模块	S140023003	外国教育史	64	4	54		10			3						1
学科基础课程模块	S140023004	教育概论	64	4	54		10			3						1
学科基础课程模块	S140023005	人体解剖生理学	32	2	28		4		2							2

(续表)

课程模块	课程代码	课程名称	总学时数	总学分数	课堂讲授	课堂实验	课程实践	第一学年 1	第一学年 2	第二学年 3	第二学年 4	第三学年 5	第三学年 6	第四学年 7	第四学年 8	考核方式
	S140323006	教育统计学	48	3	36		12			2						1
	S140323007	学校卫生学	48	3	36		12				2					1
	S140323008	德育原理	48	3	36		12					2				1
	S140323009	教育哲学	32	2	20		12			2						2
	S140323010	儿童发展心理学	48	3	28		20		3							1
	小计		512	32	404		108	8	8	7	2	2				
专业核心课程模块	S140324001	教育心理学	48	3	36		12			2						1
	S140324002	小学语文教学论	48	3	36		12			2						1
	S140324003	小学数学教学论	48	3	36		12					2				1
	S140324004	小学英语教学论	48	3	36		12							2		1
	S140324005	小学教育学	48	3	36		12				2					1
	S140324006	小学心理学	42	2	28		14			2						1
	S140324007	教学论	54	4	36		18			2						1
	S140324008	小学班队原理与实践	32	2	22		10					2				1
	小计		368	23	266		102			4	8	2	2			
个性拓展课程模块	S140325101	教育科学研究方法	48	3	36		12						2		1	
	S140325102	教育法学	32	2	26		6		2						2	
	S140325103	合唱与指挥	32	2	26		6							2		2
	S140325104	教育社会学	32	2	26		6									2
	S140325105	学校管理学	32	2	36							2				1
	S140325106	艺术欣赏	36	2	32			2								2
	S140025112	教师专业发展	18	1	18								2			2
	S140325109	中小学生心理辅导	28	1	18		10							2		2
	S140025114	教师职业道德	18	1	18					2						2

232

(续表)

课程模块	课程代码	课程名称	总学时数	总学分数	课堂讲授	课堂实验	课程实践	第一学年 1	第一学年 2	第二学年 3	第二学年 4	第三学年 5	第三学年 6	第四学年 7	第四学年 8	考核方式
	S154125101	现代教育技术★	36	2	18	4	14					2				1
	S140025105	教师礼仪练习☆	见注													2
	S140025106	书写技能实践☆	见注													2
	S140025107	说课技能训练☆	见注													2
	S140025108	教师基本功实践☆	见注													2
	S140025109	教学名师观摩☆	见注													2
	S140025110	地方基础教育调查研究☆	见注													2
	S140025115	听评课与面试技巧	28	1	18		10						2			2
	S140325118	阅读与写作	36	2	28		8			2						2
	S140325119	大学数学	36	2	28		8				2					2
	S140325120	小学自然科学课程与教学	36	2	30		6			2						2
	S140325121	小学思想品德与社会教学	36	2	30		6				2					2
	S140325122	当代教育名家解读	36	2	32		4					2				2
	S140325123	科学技术史	38	3	36		12				2					1
	S140325124	家庭教育学	32	2	22		10				2					1
	S140325125	儿童文学	42	2	28		14			2						2
	小计		642	36	506	4	132	2		10	14	6	6			
学术后备人才课程模块	S084123301	拓展英语	72	4	72							4	见说明			2
	S140325301	教育测量与评价	32	2	27		5							3		2
	S140325302	教育专业英语	32	2	18		14						2			2
	S140325303	SPSS原理与应用	32	2	18		14						2			2
	S140325304	科研论文写作指导	32	2	18		14				2					2

(续表)

课程模块	课程代码	课程名称	总学时数	总学分数	总学时分配 课堂讲授	总学时分配 课程实验	实践	第一学年 1	第一学年 2	第二学年 3	第二学年 4	第三学年 5	第三学年 6	第四学年 7	第四学年 8	考核方式
	S140325305	教育名著选读	36	2	36					2						2
	S140325306	基础教育专题研究	32	2	26	6					2					2
	S140325307	教育行政学	32	2	26	6								3		2
	S140325308	教育经济学	32	2	26	6							2			2
	S140325309	教育专书解读	32	2	26	6						2				2
	小计		364	22	293	71				2	2	4	2	3	7	
创新创业人才课程模块	S324125401	大学生创业基础★	32	2	24	8			2							2
	S324125402	GYB课程	16	1	8	8				2						2
	S324125403	创业环境与创业政策	16	1	10	6						2				2
	S324125404	创业融资	32	2	24	8							2			2
	S324125405	小微企业经营战略	16	1	10	6							2			2
	S324125406	SYB课程	32	2	24	8								2		2
	S324125407	创业模拟实训	16	1		16								8		2
	S140325401	创业政策解读★	32	2	26	6							2			2
	S140325402	心理咨询与辅导★	32	2	22	10							2			1
	S064125201	公务员考录★	64	4	36	28								2		2
	小计	288	18	184	16	88	0	2	2	2	8	6	12			

说明
1. 在基础教育师资课程模块中，带★的课程是师范专业必修课程，带☆的课程是师范专业教育实习的必修课程，在实习期间完成。其他未标注的为选修课程。
2. 在创新创业人才课程模块中，带★的课程是必选课程。
3. 跨学科选修课程安排在前6个学期，要求学生需选本专业所属一级学科以外的其他学科的专业必修课，选修6学分。
4. 拓展英语(学术后备人才英语、雅思、托福、英文经典赏析)由外国语学院开设，开设在4~7个学期，每个学生最多选一次。

（三）实践教育平台

实践教育平台包括实验课程模块、课程实践模块、集中实践模块、综合实践模块四个模块，均为必修模块。

集中实践模块和个性拓展模块实行学分总量控制，每个学生两个模块需修满60学分。毕业论文与教育实习一体化安排，学生在实习期间完成切合实际的调研报告、毕业设计可获得相应毕业论文的学分（见表5-32）。

表5-32　实践教育平台课程模块

模块	编号	课程名称	周数	学分	开课学期	考核方式	备注
课程实验模块	S194111001	大学计算机基础		1	2	1	
课程实践模块	S084111001	大学英语（一）		0.5	1	2	
	S084111002	大学英语（二）		0.5	2	2	
	S084111003	大学英语（三）		0.5	3	1	
	S194111001	大学计算机基础		1	2	1	
	S014111001	大学语文★		0.5	1	2	
	S140023001	普通心理学		0.5	1	1	
	S140023002	中国教育史		0.5	1	1	
	S140023003	外国教育史		0.5	2	1	
	S140023004	教育概论		0.5	2	1	
	S140023005	人体解剖生理学		0.5	2	2	
	S140323006	教育统计学	1	3		1	
	S140323007	学校卫生学	1	4		1	
	S140323008	德育原理	1	5		1	
	S140323009	教育哲学	1	3		2	
	S140323010	儿童发展心理学	1	3		1	
	S140324001	教育心理学	1	4		1	
	S140324002	小学语文教学论	1	4		1	
	S140324003	小学数学教学论	0.5	5		1	
	S140324004	小学英语教学论	0.5	6		1	

(续表)

模块	编号	课程名称	周数	学分	开课学期	考核方式	备注
	S140324005	小学教育学		0.5	4	1	
	S140324006	小学心理学		0.5	3	1	
	S140324007	教学论		0.5	3	1	
	S140324008	小学班队原理与实践		1	4	1	
备注	课程实验模块与课程实践模块学分之和为17，约占专业课程学分的比例为31%。							
集中实践模块	S550011001	军训、入学教育	2	1			
	S140438001	教育实习（一）	14	6	第7～8个学期一体化安排。设置14周的校外教育实习，19周的毕业论文（设计）。实习期间完成1～2门的置换课程。根据小学教育专业实际情况制定一体化的可操作性的实践教学方案。	1	其他模块
	S140438002	毕业设计（论文）（一）	19	6		1	
	S140438003	教育实习（二）	6	4	主要在第8个学期完成。设置6周的校外教育实习，8周的毕业论文（设计）。根据小学教育专业实际情况制定一体化的可操作性的实践教学方案。	1	学术模块
	S140438004	毕业设计（论文）（二）	8	4		1	
	S204111007	思想政治教育类课程实践	6	5.5	要求每个学生至少参与两个主题的暑期实践活动。关于暑期课程实践管理办法和学分评定办法按照学校的有关规定执行。	2	
	S140438005	学年论文	4	4	要求学生在第2、第3学年的第4、第6个学期内完成，在第4、第6个学期的第11～12周提交1篇有关小学教育专业方面的论文或调研报告，每篇记2个学分，共4个学分。	2	
	S140438007	课程设计	1.5	1.5	主要在第5个学期完成。配合学校大学生教学技能大赛，在各班举行为期1.5周的课程设计或说课比赛，为学校彰德教师班选拔人才，提高学生的教学技能。	2	

(续表)

模块	编号	课程名称	周数	学分	开课学期	考核方式	备注
	S140438006	教育见习	1	1	主要安排在第2个学期的第6周完成。	2	
小计				25(21)			
综合实践模块		按照《安阳师范学院本科生综合实践实施方案》执行					10学分
说明	1. 军训、学年论文、课程设计、教育见习在第1—6个学期完成。 2. 集中实践模块与个性拓展模块合计为60学分,其中学术后备人才个性拓展模块选修39学分(含跨学科选修6学分),集中实践模块可选择毕业论文(二)与教育实习(二),须选修21学分;其他类型人才个性拓展模块选修35学分(含跨学科选修6学分),集中实践模块可选择毕业论文(一)与教育实习(一),须选修25学分。 3. 实验课程模块、课程实践模块的学分学时包含在通识教育平台和专业教育平台之中,在总学分总学时中不重复计算。 4. 括号内为学术后备人才学生数据。						

八、专业核心课程及部分选修课程介绍

本部分介绍的课程有:教育心理学、小学语文教学论、小学英语教学论、小学教育学、小学心理学、教学论、小学班队原理与实践、教育社会学、教育法学、普通心理学、中国教育史、外国教育史、教育概论、儿童发展心理学、家庭教育学。

安阳师范学院从2007年招收第一届小学教育普通本科专业学生到2019年最后一届学生离校,13年共毕业9届毕业生,为基础教育输送一批批优秀小学教师,以下是各届毕业和授学位学生人数。

2011年安阳师范学院小学教育专业毕业本科学生44名,授予学士学位44人。其中一班22名,二班22名。他们是安阳师范学院第一届小学教育专业本科毕业生。

2012年安阳师范学院小学教育专业本科毕业64人,缓毕业1人,授予学士学位64人,不授予学士学位1人。

2013年安阳师范学院小学教育专业本科毕业50人,授予学士学位64人。

2014年安阳师范学院小学教育专业本科毕业45人,授予学士学位45人。

2015年安阳师范学院小学教育专业本科毕业49人,授予学士学位49人。

2016 年安阳师范学院小学教育专业本科毕业 51 人,授予学士学位 51 人。
2017 年安阳师范学院小学教育专业本科毕业 51 人,授予学士学位 51 人。
2018 年安阳师范学院小学教育专业本科毕业 70 人,授予学士学位 70 人。
2019 年安阳师范学院小学教育专业本科毕业 98 人,授予学士学位 98 人。

三、小学教育专业(全科)

2015 年安阳师范学院成功申报了河南省农村小学全科教师培养单位,2016 年开始招收小学教育(全科)专业学生,同时停招小学教育专业(普通)本科学生。2020 年,第一届小学教育专业(全科)学生已经毕业。四年间人才培养方案共有两版:一是 2016 版,二是 2019 修订版,以下对其简要介绍。

(一)2016 版小学教育专业(全科)人才培养方案

2016 版小学教育专业(全科)人才培养方案是在 2015 版小学教育专业(普本)人才培养方案的基础上和河南省小学全科教师培养指导性方案的指导下编制而成。整体框架包括指导思想、培养目标、培养规格、学制学位、毕业要求、学程时间安排、课程教学学时与学分分布、课程大纲九部分,与 2015 版相比,本方案增加了"指导思想""毕业要求"取代了"毕业学分要求""课程大纲"取代了"主要课程简介"。本次培养方案的特点主要有四:一是再行试行了 2010 年之前的学年学分制,规定修业年限为四年;二是延续了 2015 版方案的"三大平台九大模块"课程体系;三是在课程设置上进一步凸显了全科小学教师教育的特点;四是学科方向课程依旧薄弱。以下为方案原文。

安阳师范学院本科专业培养方案
2016 教育学院小学教育(全科)专业人才培养方案[①]
(教育学)

一、指导思想

根据国务院办公厅《关于印发乡村教师支持计划(2015—2020 年)的通知》(国办发〔2015〕43 号)、省教育厅、省财政厅、省人力资源和社会保障厅、省编办下发的《关于印发〈河南省农村小学全科教师培养工作实施方案〉(试行)的通知》(教师〔2015〕881 号)等文件精神,小学教育全科教师培养工作以党的十八大精神为指导,以习近平总书记提出的做"有理想信念、有道德情操、有扎实学识、有仁爱之心",让党和人民满意的"四有"好教师为标准,以更新教师教育理念为先导,以培养适应时代需要的农村小学全科教师为目标,为河南省农

---

① 资料来源:安阳师范学院教育学院资料室,部分摘录。

村小学培养一批热爱教育事业、基础知识宽厚、专业技能扎实、德智体美全面发展、综合素质高、具有实施素质教育和一定教育教学研究及管理能力、能胜任多门学科教学、引领农村基础教育改革与发展"一专多能"的小学全科教师，积极推进河南省农村基础教育教师队伍整体素质的提高。

二、培养目标

本专业旨在培养适应时代要求和河南省农村小学教育改革需要，热爱农村小学教育事业，德智体美全面发展，具备良好的职业道德和文化素质，掌握教育科学理论知识和学科基本理论知识，学科素养和教师专业素养高度整合，富有社会责任感、创新意识、教育教学工作能力、教育教学研究能力和良好的艺术修养，能够胜任小学多门学科教学和教育管理工作，"下得去，留得住，教得好"的高素质全科型农村小学教师。

三、培养规格

1. 以马克思列宁主义、毛泽东思想、邓小平理论、"三个代表"重要思想和科学发展观为指导，领会和掌握中国特色社会主义道路、中国特色社会主义理论体系、中国特色社会主义制度的精神实质，具有坚定的理想信念和政治立场。

2. 热爱农村小学教育事业，立德树人，具有扎根农村长期从教、终身从教的使命感，具有良好的教师职业道德，具有社会责任感、改革创新意识，具有奉献精神和团队精神。强化教师专业精神的养成，具有良好的教师职业理想、责任、使命、情感、态度和价值观。

3. 熟悉国家教育法规和方针政策，了解基于小学教育改革的发展趋势，能够正确认识和把握小学课程的性质、价值和目标，学会运用符合小学教育规律的教学方法和科学的教学评估原则、方法，能够胜任小学课堂教学、指导小学生课外艺体活动和参与校园文化环境建设。

4. 系统掌握从事小学教育各科教学所必备的学科基本理论、基础知识和基本技能。主要包括数学、自然科学、汉语言文学、英语语言文学、思想品德教育、音乐、美术、体育等学科的基本知识和基本理论。掌握科学实验的基本技能和体育训练技能，具有良好的艺术理论修养，健康的审美观和一定的艺术教育能力。

5. 坚持育人为本、实践取向、终身学习的理念。具有较强的组织协调能力、表达能力、教育科研能力、教育反思能力，以及使用现代教育信息技术的能力和开发小学生潜质的能力。

6. 掌握标准的普通话，规范的三笔字和熟练操作信息技术的能力。掌握一门外语，具有一定的外语应用能力。养成良好的锻炼习惯、卫生习惯和生活习惯,具有良好的心理素质、健康的体魄和积极向上的生活态度。掌握体育运动的基本知识和技能,达到国家规定的《大学生体育合格标准》。

四、学制、学位

实行学年学分制,修业年限:四年

学　　位:教育学学士

五、毕业要求

思想政治合格,在规定的年限内修完本专业人才培养方案规定课程,取得毕业资格(本定向培养计划特指有毕业证书、教师资格证书,其中本科生还需有学位证书,下同)。同时,普通话达二级甲等、"三字一话"考核合格、学科教学能力达标。

六、学程时间安排

标准全学程共193周,其中课堂讲授104周,复习考核6周,军训、入学教育2周,教育实习33周,毕业论文33周,寒暑假48周。见表5-33。

表5-33　学程时间安排表

学年 学期 项目	第一学年 上个学期 17周	第一学年 下个学期 19周	第二学年 上个学期 19周	第二学年 下个学期 19周	第三学年 上个学期 19周	第三学年 下个学期 19周	第四学年 上个学期 19周	第四学年 下个学期 14周	合计
课堂教学	14	17	17	17	17	17			99
复习考核	1	1	1	1	1	1			6
军训、入学教育	2								2
学年论文				2★		2★			4
课程设计				1.5★					1
教育见习		1★	1★	1★	1★	1★			10
教育实习与毕业论文一体化							33		33
寒、暑假	14周		14周		14周		6周		

注:★1. 学年论文、课程设计和课堂教学时间可以交叉。

　　2. 教育见习与课堂教学时间不可交叉。

七、课程体系结构及学分学时比例

表 5-34 课程体系结构及学分学时比例

平台类别	课程模块	课程类别	学分及比例				学时及比例			
			学分	各模块学分占总学分比例	小计	各平台学分占总学分比例	学时	各模块学时占总学时比例	小计	各平台学时占总学时比例
通识教育	通识教育必修课程模块	必修	47	27.6%	50.5	29.6%	718	33.8%	718	33.8%
	通识教育选修课程模块	选修	3.5	2%						
专业教育	学科基础课程模块	必修	49	28.7%	90	52.8%	688	32.5%	1402	66.2%
	专业核心课程模块	必修								
	个性拓展课程模块	必修	41	24%			714	33.7%		
实践教育	实验课程模块	必修	不计学分		30	17.6%	不计学时			
	课程实践模块	必修					
	集中实践模块	必修	20	11.7%			
	综合实践模块	必修	10	6%			
合计			170.5	100%	170.5		2 120		100%	

说明	1. 实验课程、课程实践学分学时包含在通识教育和专业教育中,在总学时学分中不重复计算; 2. 通识教育必修课程的 48 学分包括课程实践学分 5.5 学分。

八、课程教学学时、学分分布

(一)通识教育平台

通识教育平台包括通识教育必修课程模块(47 学分)和通识教育选修课程模块(3.5 学分)两个模块,共 50.5 学分。

通识教育必修课程模块主要包括思想政治教育类课程、大学英语课程、大学计算机基础课程、大学体育课程、大学语文课程、大学生职业生涯规划课程、艺术素养教育课程、心理健康教育课程、大学生国防教育课程等。

通识教育选修课程模块分为四个系列：人文社会科学系列、自然科学技术系列、健康艺术体育系列。

表5-35 通识教育平台课程

课程模块	课程代码	课程名称	总学时数	总学分数	总学时分配 课堂讲授	总学时分配 课程实验	总学时分配 实践	第一学年 1	第一学年 2	第二学年 3	第二学年 4	第三学年 5	第三学年 6	第四学年 7	第四学年 8	考核方式
通识教育必修课程	S204111001	思想道德修养与法律基础	54	3	28		26	2								2
	S204111002	中国近现代史纲要	36	2	20		16		2							2
	S204111003	马克思主义基本原理	54	3	28		26				2					1
	S204111004	毛泽东思想和中国特色社会主义理论体系概论（一）	54	3	28		26						2			1
	S204111005	毛泽东思想和中国特色社会主义理论体系概论（二）	54	3	28		26							2		2
	S204111006	形势与政策	32	2	32			见说明	2							
	S084111001	大学英语（一）	56	3.5	48		8	4								2
	S084111002	大学英语（二）	72	4	64		8		4							2
	S084111003	大学英语（三）	72	4	64		8			4						1
	S084111005	大学英语（四）：英语视听说、英美文学	72	4	64		8				4					2
	S194111001	大学计算机基础	72	4	36	18	18		4							1
	S124111001	大学体育（一）	28	1.5	28			2								2
	S124111002	大学体育（二）	36	2	36				2							1
	S124111003	大学体育（三）：含小学体育教学设计与实践	36	2	36					2						2

· 242 ·

(续表)

课程模块	课程代码	课程名称	总学时数	总学分数	总学时分配 课堂讲授	总学时分配 课程实验	总学时分配 实践	学期、周学时安排 第一学年 1	学期、周学时安排 第一学年 2	学期、周学时安排 第二学年 3	学期、周学时安排 第二学年 4	学期、周学时安排 第三学年 5	学期、周学时安排 第三学年 6	学期、周学时安排 第四学年 7	学期、周学时安排 第四学年 8	考核方式
	S124111004	大学体育（四）：足球	36	2	36						2					1
	S014111001	大学语文★	28	1.5	24	4			2							2
	S294111001	大学生职业生涯规划	26	1.5	26			2								2
	S304111001	心理健康教育	8	0.5	8			2								2
	S274111001	大学生国防教育	8	0.5	8			2								2
		小计	718	41.5	646	18	174	14	14	8	6	2	2			
通识教育选修课程	1. 通识选修课程分为四个系列：人文社会科学系列、自然科学技术系列、教师教育系列和健康艺术体育系列。 2. 每位学生选修学分不低于3.5学分，学生须选修1学分以上自然科学技术系列。 3. 通识教育选修课程模块安排在第1~6个学期开设。 4. 每位学生可以选修网络通识课程。															
说明	1. 考试方式中，1为考试，2为考查。 2. 形势与政策课程总计2学分，开设在第1~6个学期。 3. 有课程实践环节的课程，其课堂讲授周数按照周学时上满讲授总学时即可，不延长讲授周数；课程实践可与讲授同步安排或交叉延后安排。其他平台的课程也依此为准安排。 4. 通过全国大学英语四级的学生可获得必修大学英语课程的11.5学分。 5. 获得全国计算机等级考试二级以上证书者可获得相应的4学分。															

（二）专业教育平台

专业教育平台包括学科基础课程、专业核心课程及个性拓展课程三部分。

表 5-36 专业教育平台课程模块

课程模块	课程代码	课程名称	总学时数	总学分数	总学时分配 课堂讲授	总学时分配 课堂实验	总学时分配 课程实践	第一学年 1	第一学年 2	第二学年 3	第二学年 4	第三学年 5	第三学年 6	第四学年 7	第四学年 8	考核方式
学科基础课程	S141023001	中外教育简史	48	3	42		6	3								1
	S141023002	普通心理学	28	2	28				2							1
	S141023003	普通话与教师语言	30	2	26		4	2								2
	S110023038	高等数学	56	4	56			4								1
	S141023004	教育概论	54	4	48		6		3							1
	S141023005	人文社会科学基础	34	2	30		4		2							2
	S141023006	书写基础与技能	34	2	30		4		2							2
	S141023007	教育统计学	34	2	30		4			2						2
	S141023008	自然科学基础	34	2	30		4				2					2
	S141023009	学校卫生学	28	2	24		4						2			2
		小计	380	25	344		36	11	6	4	2					
专业核心课程	S141024001	小学心理学	54	4	48		6		3							1
	S141024002	小学教育学	38	3	34		4			2						1
	S141024003	小学教育心理学	38	3	34		4			2						1
	S141024004	小学课程与教学论	38	3	34		4				2					1
	S141024005	小学语文课程标准与教学设计	38	3	34		4				2					1
	S141024006	小学班队原理与实践	26	2	22		4				2					2
	S141024007	小学数学课程标准与教学设计	38	3	34		4						2			1
	S141024008	小学英语课程标准与教学设计	38	3	34		4						2			1
		小计	308	24	274		34		3	6	4	4				

(续表)

课程模块	课程代码	课程名称	总学时数	总学分数	课堂讲授	课堂实验	课程实践	1	2	3	4	5	6	7	8	考核方式
个性拓展课程	S141025001	教育名家名著解读	34	2	34					2						2
	S141025002	小学德育理论与实践	30	1	30		4				2					1
	S141025003	教育科学研究方法	40	3	34		6				2					2
	S141025004	家庭教育学	38	2	34		4				2					1
	S141025005	教师职业道德	22	1	18		4				2					2
	S141025006	儿童文学	28	2	24		4						2			2
	S141025007	特殊教育	18	1	18								2			2
	S154125101	现代教育技术	36	2	18	4	14						2			1
	S141025008	教育法学	22	1	18		4					2				2
	S141025009	小学生心理辅导	22	1	18		4							2		2
	S141025010	听评课与面试技巧	22	1	18		4							2		2
	S141025011	小学教育教学专题研究(师生现场共研)☆													☆	2
	S141025012	小学校本课程开发与实施(师生现场共研)☆	见注												☆	2
	S140025105	教师礼仪练习☆													☆	2
	S140025106	书写技能实践☆													☆	2
	S140025107	说课技能训练☆													☆	2
	S140025108	教师基本功实践☆													☆	2
	S140025109	教学名师观摩☆													☆	2
	S141022013	农村留守儿童问题研究☆													☆	2

245

(续表)

课程模块	课程代码	课程名称	总学时数	总学分数	总学时分配 课堂讲授	总学时分配 课程实验	总学时分配 课程实践	学期、周学时安排 第一学年 1	第一学年 2	第二学年 3	第二学年 4	第三学年 5	第三学年 6	第四学年 7	第四学年 8	考核方式
学科拓展课程	S140025110	地方基础教育调查研究☆												☆		2
		小计	316	17	264	4	48			2	10	6	4			
	S214111002	音乐基础（乐理、视唱练耳）	40	2.5	36		4		2							2
	S100125321	甲骨文书法	20	1	18		2		2							2
	S100125322	简笔画设计与实践	22	1	18		4			2						2
	传媒	阅读与写作	28	2	28						2					2
	文学院	演讲与口才	16	1	12		4				2					2
	数学	小学趣味数学	28	2	28						2					2
	公共艺术部	美术基础（素描、色彩）	38	2.5	34		4					2				2
	数学	小学数学思维	18	1	18							2				2
	公共艺术部	电钢琴教学与设计	22	1	18		4					2				2
	教育学院	小学综合实践活动设计	22	1	18		4					2				2
	文学院	朗读与讲故事指导	22	1	18		4					2				2
	S100125323	板书设计	14	1	10		4						2			2
	传媒	微课设计与制作	12	1	8		4						2			2
	公共艺术部	少儿合唱与指挥	28	2	24		4						2			2
	公共艺术部	手工设计与制作	22	1	18		4						2			2
	公共艺术部	弹唱综合训练	22	1	18		4						2			2
	物电	小学科技活动指导	12	1	8		4							2			2
	文学院	小学生作文指导	12	1	8		4							2			2
		小计	398	24	340		58		4	2	6	10	14			
		总计	1402	90	1222	4	176	11	13	14	22	20	18			

说明 带☆的课程是教育实习的必修课程，在实习期间完成。

（三）实践教育

实践教育包括实验课程模块、课程实践模块、集中实践模块、综合实践模块四个模块，均为必修模块。

毕业论文与教育实习一体化安排，学生在实习期间完成切合实际的调研报告、毕业设计可获得相应毕业论文的学分（见表5-37）。

表5-37 实践教育课程模块

模块	编号	课程名称	周数	学分	开课学期	考核方式	备注
课程实践模块	S194111001	大学计算机基础		1	2	1	
课程实践模块	S084111001	大学英语（一）		0.5	1	2	
	S084111002	大学英语（二）		0.5	2	2	
	S084111003	大学英语（三）		0.5	3	2	
	S084111004	大学英语（四）		0.5	4	2	
	S194111001	大学计算机基础		1	2	1	
	S014111001	大学语文★		0.5	2	2	
	S141023001	中外教育简史		0.5	2	2	
	S141023003	普通话与教师语言		0.5	1	1	
	S141023004	教育概论		0.5	2	1	
	S141023005	人文社会科学基础		0.5	2	2	
	S141023006	书写基础与技能		0.5	2	2	
	S141023007	教育统计学		0.5	3	2	
	S141023008	自然科学基础		0.5	3	2	
	S141023009	学校卫生学		0.5	4	2	
	S141024001	小学心理学		0.5	2	1	
	S141024002	小学教育学		0.5	2	1	
	S141024003	小学教育心理学		0.5	3	1	
	S141024004	小学课程与教学论		0.5	3	1	

(续表)

模块	编号	课程名称	周数	学分	开课学期	考核方式	备注
	S141024005	小学语文课程标准与教学设计		0.5	4	1	
	S141024006	小学班队原理与实践		0.5	4	2	
	S141024007	小学数学课程标准与教学设计		0.5	5	1	
	S141024008	小学英语课程标准与教学设计		0.5	5	1	
集中实践模块	S550011001	军训、入学教育	2	1	1	2	
	S140438001	教育实习	33	12	第四学年的第7~8个学期一体化安排。设置33周的校外教育实习和毕业论文(设计)。实习期间,结合毕业论文以师生共研的方式完成2门课程的现场教学,同时完成带☆号的课程要求。根据小学教育专业实际情况制定一体化的可操作性的实践教学方案。	2	
	S140438002	毕业设计(论文)					
	S204111007	思想政治教育类课程实践	6	5.5	要求每个学生至少参与两个主题的暑期实践活动。关于暑期课程实践管理办法和学分评定办法按照学校的有关规定执行。	2	
	S140438005	学年论文	4	4	要求学生在第2、第3学年的第4、第6个学期内完成,在第4、第6个学期的第11~12周提交1篇有关小学教育专业方面的论文或调研报告,每篇记2个学分,共4个学分。	2	
	S140438007	课程设计	1.5	1.5	主要在第5个学期完成。配合学校大学生教学技能大赛,在各班举行为期1.5周的课程设计或说课比赛,为学校彰德教师班选拔人才,提高学生的教学技能。	2	
	S140438006	教育见习	5	1.5	教育见习贯穿全程,主要安排在第2~6个学期。	2	

(续表)

模块	编号	课程名称	周数	学分	开课学期	考核方式	备注
小计				20			
综合实践模块		按照《安阳师范学院本科生综合实践实施方案》执行					10学分
说明	军训、学年论文、课程设计、教育见习在第1～6个学期完成。						

（二）2019版小学教育专业（全科）人才培养方案

2019版人才培养方案前期由王晓雷老师历经6个多月的时间修改8稿，初等教育系成立后，在王晓雷老师修订的基础上，全体初等教育系教师又历经数月，最终于2019年9月成稿。2019版人才培养方案是根据《小学教育专业质量标准》《小学教师教育课程标准》《小学教育专业认证标准》及河南省小学全科教师相关政策，充分吸收安阳师范学院小学教育专业历发展经验，并在时代特点和区域特色综合考量的基础上修订而成。整体框架包括专业简介、学制学位学分、培养目标、毕业要求、课程体系结构、课程安排、专业核心课程及部分选修课程介绍八部分，其中重要的改革有三：一是增加毕业五年左右学生发展预期，进一步落实了目标导向；二是增加了小学教育专业认证"践行师德、学会教学、学会育人、学会发展"具体要求；三是增加了"小学教育专业课程支撑毕业要求有效达成矩阵"，强化了课程设置的目标导向。以下为2019版方案的具体内容。

教育学院小学教育专业（全科）人才培养方案（2019版）[①]
（学科门类：教育学　专业类别：小学教育　专业代码：040107）

一、专业简介

安阳师范学院小学教育专业立足豫北、面向河南、辐射全国，培养具有国际视野、本土情怀，儿童为本、彰德博学，素养全面、一专多能的创新型小学教师和教育管理人才，为毕业后成长为骨干教师、卓越教师和教育家型教师奠定坚实基础。本专业源于1908年创办的彰德师范传习所小学教师培养，2007年本科专业开始招生，现在拥有一支教学科研能力强、学历层次高、高职称占比高的优秀教师队伍和一个院级科研创新团队，拥有虚拟仿真实验教学项目、

[①] 来源：安阳师范学院2019版本科专业人才培养方案，2019年12月，部分摘录。

教师教育实验中心等省级质量工程项目和书法教室、美术教室、手工制作教室、微格教室、钢琴房、形体练功房、科学实验室、心理咨询室等专业实验室,有校外优质实践教学基地 27 个,是学校特色专业。

二、学制、学位、学分

学制:4 年。

学位:教育学学士。

学分:158 学分。

三、培养目标

小学教育专业(全科)为定向培养,旨在培养适应时代要求和河南省农村小学教育改革需要,热爱农村小学教育事业,德智体美全面发展,具备良好的职业道德和文化素质,掌握教育科学理论知识和学科基本理论知识,学科素养和教师专业素养高度整合,富有社会责任感、创新意识、教育教学工作能力、教育教学研究能力和良好的艺术修养,一专多能,"下得去,留得住,教得好"的高素质全科型农村小学教师。毕业五年左右,能够成长为小学骨干教师。

四、毕业要求

(一)修业年限

4 年。

(二)学分要求

本专业实行学分制。学生毕业时须修满 158 学分,其中通识必修 53 学分,通识选修 4 学分,专业必修 56 学分(其中学科基础课 9 学分,专业核心课程 25 学分,集中实践 22 学分),基础人才课程 40 分,第二课堂 5 分。

(三)知识、能力、素质要求

经过四年培养,毕业前应达到《普通高等学校本科专业类教学质量国家标准》规定的小学教育专业在培养目标上的要求,即具有良好思想道德品质、扎实的学科知识和较强的教育教学能力,一专多能的全科型小学教师。符合师范类专业认证"践行师德、学会教学、学会育人、学会发展"之要求,取得毕业资格(有毕业证书、学位证书、教师资格证书),普通话达到二级乙等、"三字一话"考核合格、学科教学能力达标等毕业及学位授予要求。具体要求如下:

毕业要求 1:师德规范

践行社会主义核心价值观,坚持立德树人,增进对中国特色社会主义的认同。贯彻党的教育方针;遵守新时代中小学教师职业行为准则规范要求,有依法执教意识,立志成为有理想信念、有道德情操、有扎实学识、有仁爱之心的好老师。

毕业要求 2:教育情怀

具有从教意愿,认同教师工作的意义和专业性,具有正确的教育观、教学观、学生观,对学生对教育有积极的情感;具有强烈的爱心与责任感,乐于做学生成长的指导者和引路人。

毕业要求3:学科素养

具有良好的人文与科学素养,掌握主教学科的知识体系、思想与方法,理解学科核心素养内涵;掌握兼教学科和其他学科的基本知识、基本原理和技能,了解学科知识体系基本思想和方法;初步习得基于核心素养的学习指导方法和策略。

毕业要求4:教学能力

能够以学习者为中心,创设适合的学习环境,科学指导学习过程,进行有效学习评价。具备课程整合与综合性学习设计与实施能力;运用现代信息技术支持学习设计和转变学生学习方式。

毕业要求5:班级指导

树立"德育为先"的理念,了解小学德育原理与方法;掌握班级组织与建设的工作规律与方法,能够胜任班主任工作;能够组织、指导德育与心理健康教育等活动,具备与家长及社区沟通与合作的能力。

毕业要求6:综合育人

掌握育人的知识与技能,处理好小学生全面发展和个性发展的关系;在实践中,能够结合学科教学进行育人活动;了解校园文化和教育活动的育人内涵与方法;积极参与组织主题教育、少先队活动和社团活动。

毕业要求7:学会反思

运用批判性思维方法,能够从学生学习、课堂教学、学科理解等不同角度进行反思;掌握教育实践研究的方法和指导学生探究学习的技能,具有一定的创新意识和教育教学研究能力。

毕业要求8:沟通合作

具有团队协作精神,掌握沟通合作技能,能够开展小组互助与合作学习;能够与学生、家长进行有效沟通与合作,促进学生发展;能够与同事合作交流,共同学习与发展。

五、学程时间安排

标准全学程共193周。其中课堂讲授104周,军训、入学教育2周,教育实习与毕业论文一体化(设计)33周,其他集中实践环节包括学年论文4周,课程设计1周,教育研习2周,教育见习2周,复习考试6周,寒暑假48周(见表5-38)。

表 5-38 小学教育专业学程时间安排表

学期\学年\项目	第一学年 上个学期 17周	第一学年 下个学期 19周	第二学年 上个学期 19周	第二学年 下个学期 19周	第三学年 上个学期 19周	第三学年 下个学期 19周	第四学年 上个学期 19周	第四学年 下个学期 14周	合计
课堂教学	14	18	18	18	18	18			104
考试	1	1	1	1	1	1			6
军训、入学教育	2								2
学年论文				2★		2★			4
教育考察				1★					1
教育调查				1★					1
教育实训						1★			1
课程设计						1★			1
教育研习				1★		1★			2
教育见习		1★		1★					2
教育实习与毕业论文一体化							33		33
寒、暑假		14周		14周		14周		6	48

注：★1. 学年论文、课程设计、教育考察、教育调查、教育实训和课堂教学时间可以交叉。
2. 教育见习、教育研习与课堂教学时间不可交叉。

六、课程体系结构

小学教育专业（全科）人才培养方案课程体系根据学校的指导性意见，由"三大教育平台九大课程模块"组成，以保障培养目标的达成。"三大教育平台"包括通识教育平台、专业教育平台、实践教育平台。"九大课程模块"包括通识教育必修课程模块、通识教育选修课程模块、学科基础课程模块、专业核心课程模块、基础教育人才培养课程模块、实验课程模块、课程实践模块、集中实践模块和第二课堂模块。

课程体系结构及学分学时分配（见表 5-39、表 5-40）。

表5-39 小学教育专业总体课程体系结构及学分学时分配

平台类别	课程模块	课程类别	课程组成	学分分配	学时分配
通识教育平台	通识教育必修课程	必修	1. 思想政治教育类课程 2. 形势与政策 3. 大学英语 4. 大学计算机基础 5. 大学体育 6. 大学语文 7. 大学生职业生涯与发展规划 8. 就业指导 9. 学业指导 10. 心理健康教育 11. 艺术素养 12. 军事理论 13. 大学生创新创业基础 14. 劳动教育	53学分	902学时
	通识教育选修课程	选修	1. 人文社会科学系列 2. 自然科学技术系列 3. 教师教育系列 4. 健康艺术体育系列 5. 校本课程系列	4学分	不计学时
专业教育平台	学科基础课程	必修	1. 相关学科基础课 2. 本学科基础课 3. 专业基础课	9学分	156
	专业核心课程	必修	培养专业核心知识和核心能力的课程	25学分	518
	基础教育人才课程	选修	培养基本能力和综合能力的课程	40学分	820
实践教育平台	实验课程	必修	包括：与理论课程同步开设的实验课程和单独开设的实验课程两类。	24学分	学时计入相应理论课程
	课程实践	必修	主要是课程内含的实践教学环节		

(续表)

平台类别	课程模块	课程类别	课程组成	学分分配	学时分配
集中实践		必修	包括军事技能训练、课程论文、课程设计、教育实训、教育考察、教育调查、教育见习、教育实习、毕业论文9个环节。	22学分	不计学时
第二课堂		必修	按照《安阳师范学院第二课堂成绩单制度实施方案》执行	5学分	不计学时
合计				158学分	2 396学时
说明	本专业在通识教育平台和专业教育平台课程中设置的实验课程、课程实践学分计入实践教育平台,学时计入相应理论课程中。在总学分学时中不重复计算。				

表5-40 小学教育专业总体课程体系结构及学分学时表

平台类别	课程模块	课程类别	学分及比例			学时及比例		
			学分	小计	各平台学分占总学分比例	学时	小计	各平台学时占总学时比例
通识教育	通识教育必修课程	必修	53学分	57学分	36%	902学时	902学时	40%
	通识教育选修课程	选修	4学分			不计学时		
专业教育	学科基础课程	必修	34学分	74学分	47%	156学时	1 494学时	60%
	专业核心课程	必修				518学时		
	基础教育人才课程	选修	40学分			820学时		
实践教育	实验课程	必修	24学分		17%	学时计入相应理论课程中,在总学时中不重复计算	不计学时	
	课程实践	必修						
	集中实践课程	必修	22学分	22学分		不计学时		
	第二课堂	必修	5学分	5学分				
合计	总学分=通识教育必修课程学分+通识教育选修课程学分+学科基础课程学分+专业核心课程学分+分类培养课程应修学分+集中实践课程学分+第二课堂学分		158学分		100%	各专业根据实际统计	2 396学时	100%

(续表)

平台类别	课程模块	课程类别	学分及比例			学时及比例		
^	^	^	学分	小计	各平台学分占总学分比例	学时	小计	各平台学时占总学时比例
说明		1. 学时按照:1 学分=14~18 学时计算。 2. 本专业在通识教育平台和专业教育平台课程中设置一定学分的实验课程和课程实践,达到 24 学分。

七、课程安排

小学教育专业(全科)按照学校设计的"121"学程分段培养模式安排课程,第一学年,主要进行通识教育,第二、第三两个学年主要进行专业教育,第四学年主要进行实践教学,完成教育实习与毕业论文一体化教学工作。

（一）通识教育平台

通识教育平台包括通识教育必修课程模块和通识教育选修课程模块,共 57 学分,其中,通识教育必修课程模块 53 学分,通识教育选修课程模块 4 学分(见表 5-41)。

学校将网络教学形式引入通识教育课程教学,实行线上线下相结合的混合式教学形式。线下课堂教学由学校统一安排,线上课程教学依托网络在线开放课程教学进行,学生可通过在线学习完成课程学习任务。通识教育平台课程设置具体要求如下:

1. 通识必修课程模块

本模块主要包括:思想政治教育类课程、军事理论课程、大学生创新创业基础课程、心理健康教育课程、大学生职业生涯与发展规划课程、就业指导课程、学业指导课程、艺术素养教育课程、大学语文课程、大学英语课程、大学计算机基础课程、大学体育课程、劳动教育课程。

2. 通识选修课程模块

本模块设置人文社会科学、自然科学技术、教师教育、健康艺术体育和校本课程等五个系列选修。本专业学生至少选修 1 学分自然科学技术类课程。

表5-41 小学教育专业通识教育平台课程模块

课程模块	课程代码	课程名称	总学时数	总学分数	总学时分配 - 课堂讲授学时	总学时分配 - 课堂讲授学分	总学时分配 - 实验学时	总学时分配 - 实验学分	总学时分配 - 课程实践学时	总学时分配 - 课程实践学分	学期、周学时安排 - 第一学年	学期、周学时安排 - 第二学年	学期、周学时安排 - 第三学年	学期、周学时安排 - 第四学年	考核方式
通识教育必修课程	D219100101	思想道德修养与法律基础	54	3	45	2.5			9	0.5	1	2				2
	D219100102	中国近现代史纲要	54	3	45	2.5			9	0.5	2					1
	D219100103	马克思主义基本原理概论	54	3	45	2.5			9	0.5		3				1
	D219100104	毛泽东思想和中国特色社会主义理论体系概论（一）	45	2.5	36	2			9	0.5			2			2
	D219100105	毛泽东思想和中国特色社会主义理论体系概论（二）	45	2.5	36	2			9	0.5				2		1
	D219100106	形势与政策	32	2	32	2					2					2
	D099111001	大学英语（一）	56	3.5	48	3			8	0.5	4					1
	D099111002	大学英语（二）	72	4	64	3.5			8	0.5		4				2
	D099111003	大学英语（三）	72	4	64	3.5			8	0.5						1
	D229111001	大学计算机基础	72	4	36	2	18	1	18	1	3	4				1
	D129111001	大学体育（一）	28	1.5	18	1			10	0.5	2					2
	D129111002	大学体育（二）	36	2	18	1			18	1		2				1
	D129111003	大学体育（三）	36	2	18	1			18	1			2			2
	D129111004	大学体育（四）	36	2	18	1			18	1				2		1

(续表)

课程模块	课程代码	课程名称	总学时数	总学分数	总学时分配 课堂讲授 学时	总学时分配 课堂讲授 学分	总学时分配 实验 学时	总学时分配 实验 学分	总学时分配 课程实践 学时	总学时分配 课程实践 学分	学期、周学时安排 第一学年	学期、周学时安排 第二学年	学期、周学时安排 第三学年	学期、周学时安排 第四学年	考核方式
											1	2	3	4	5	6	7	8	
通识教育选修课程	D01911001	大学语文	28	1.5	24	1.5			4		2								
	D32911101	大学生职业生涯与发展规划	18	1	10	0.5			8	0.5	2								2
	D32911102	就业指导	20	1	10	0.5			10	0.5								2	2
	D10011001	艺术鉴赏	32	2	32	2							2						2
	D31911001	心理健康教育	36	2	36	2					2								2
	D28911001	军事理论	36	2	36	2					2								2
	D25911001	大学生创新创业基础	32	2	24	1.5			8	0.5	2								2
	D14911001	学业指导	8	0.5	8	0.5					见								2
	D28911002	劳动教育		2						2	注								2
		小计	902	53	703	40	18	1	181	12									

说明
1. 通识选修课程分为五个系列,分别是:人文社会科学、自然科学技术、教师教育、健康艺术体育、校本课程系列。
2. 每位学生选修学分不低于4学分,其中人文社科类专业学生至少选修1学分自然科学技术类课程。
3. 通识教育选修课程模块安排在第1~8学期开设。

1. 考试方式中,1为考试,2为考查。
2. 形势与政策课程总计2学分,开设在第1~8学期,其课堂讲授周数按照周学时上满讲授总学时即可,不延长讲授同数。课程实践可与讲接同步安排或交叉后安排。
3. 有课程实践环节的课程,其他平台的课程也以此为准安排。

(二) 专业教育平台

该专业教育平台包括学科基础课程、专业核心课程及基础教育人才课程三个模块，共74学分。专业教育平台课程根据"国标"、师范类专业认证标准和本专业培养目标进行设置（见表5-42）。

1. 学科基础课程模块

学科基础课程模块主要包括小学教育学、小学教育心理学、中外教育简史共计3门课程、9学分。

2. 专业核心课程模块

专业核心课程模块主要包括儿童发展心理学、小学教育哲学、小学教育管理、小学课程与教学论、小学班队原理与实践、小学综合实践活动设计、小学生心理辅导、小学生品德发展与道德教育、小学教师职业道德、小学教育研究方法、普通话与教师语言、家庭教育学、教育统计学、书法Ⅰ共计14门课程、25学分。

3. 基础教育人才课程模块

该模块开设现代汉语、古代汉语、高等数学Ⅰ、基础英语Ⅰ、人文社会科学基础、自然科学基础、特殊教育概论、小学语文课程标准与教学设计、小学语文微格教学指导、小学语文课程与教学研究、儿童文学、阅读与写作、文学概论、中国文学、外国文学、朗读与讲故事指导、小学思想政治课程标准与教学设计、小学生作文指导、小学数学课程标准与教学设计、学数学微格教学指导、小学数学课程与教学研究、初等数论、小学数学思维、高等数学Ⅱ、小学科技活动指导、小学趣味数学、智能机器人、计算机程序设计基础、小学科学课程标准与教学设计、科学技术史、小学英语课程标准与教学设计、小学英语微格教学指导、小学英语课程与教学研究、基础英语Ⅱ、英语口语与听力、英语阅读与写作、高级英语、英汉翻译基础、英语口译、英语国家文化概况、英语文学作品选读、日语、音乐基础、美术基础、简笔画设计与实践、舞蹈基础、电钢琴教学与设计、少儿合唱与指挥、小学音乐课程标准与教学设计、小学美术课程标准与教学设计、小学体育与健康课程标准与教学设计、学校卫生学、手工设计与制作、教育政策法规、小学教师专业发展、现代教育技术、儿童认知神经发展、生命教育、教育名家名著解读、中外小学教育发展比较、红旗渠研学旅行课程开发、甲骨文书法、安阳师院小教发展史专题、全球小学课程与教学改革专题、SPSS基础与应用、科研论文写作指导、农村教育专题、小学教师面试技能、书法Ⅱ、书法Ⅲ、书法Ⅳ、经典诵读、教师礼仪练习、书写技能实践、说课技能训练、教师基本功实践、教学名师观摩共计77门课程、121.5学分，需选修40学分。

表5-42 小学教育专业教育平台课程模块

课程模块	课程代码	课程名称	总学时数	总学分数	讲授学时	讲授学分	实验学时	实验学分	课程实践(项目)课时	课程实践学分	第一学年(1)	第一学年(2)	第二学年(3)	第二学年(4)	第三学年(5)	第三学年(6)	第四学年(7)	第四学年(8)	考核方式
学科基础课程	D14702 3001	小学教育学	52	3	42	2.5			10	0.5		2	3						1
	D14702 3002	小学教育心理学	52	3	42	2.5			10	0.5			3						1
	D14702 3003	中外教育简史	52	3	42	2.5			10	0.5	3								1
		小计	156	9	126	7.5			30	1.5									
专业核心课程	D14732 4001	儿童发展心理学	44	2	34	2			10	0.5	3								1
	D14732 4002	小学教育哲学	28	1.5	18	1			10	0.5	2								2
	D14732 4003	小学教育管理	42	2	32	1.5			10	0.5				2					2
	D14732 4004	小学课程与教学论	44	2	34	1.5			10	0.5	2								2
	D14732 4005	小学班队原理与实践	40	2	32	1.5			8	0.5				2					2
	D14732 4006	小学综合实践活动设计	34	1.5	24	1			10	0.5					2				2
	D14732 4007	小学生心理辅导	28	1.5	18	1			10	0.5					2				1
	D14732 4008	小学生品德发展与道德教育	34	1.5	24	1			10	0.5						2			2
	D14732 4009	小学教师职业道德	28	1.5	18	1			10	0.5				2					1
	D14732 4010	小学教育研究方法	42	1.5	32	1.5			10	0.5		2							2
	D14732 4011	普通话与教师语言	46	2.5	36	2			10	0.5	2								2
	D14732 4012	家庭教育学	44	2	34	1.5			10	0.5		2							2

（续表）

课程模块	课程代码	课程名称	总学时数	总学分数	课堂讲授学时	课堂讲授学分	实验学时	实验学分	课程实践（项目）课程学时	课程实践（项目）课程学分	第一学年(1)	第一学年(2)	第二学年(3)	第二学年(4)	第三学年(5)	第三学年(6)	第四学年(7)	第四学年(8)	考核方式
	D147324013	教育统计学	42	2	34	1.5			8	0.5		2							2
	D147324014	书法Ⅰ	22	1	18	1			4		2								2
		小计	518	25	388	19			130	6.5									
基础教育人才课Ⅰ	D147325001	现代汉语★	42	2	34	1.5			8	0.5	2								1
	D147325002	古代汉语★	52	3	42	2.5			10	0.5		2							1
	D147325003	小学语文课程标准与教学设计★	46	2.5	36	2			10	0.5				2					1
	D147325004	小学语文微格教学指导	46	2.5	36	2			10	0.5					2				2
	D147325005	小学语文课程与教学研究	46	2.5	36	2			10	0.5							2		2
	D147325006	儿童文学	32	2	26	1.5			6	0.5		2							2
	D147325007	阅读与写作	28	1.5	18	1			10	0.5		2							2
	D147325008	文学概论	40	2	32	1.5			8	0.5			2						2
	D147325009	中国文学	40	2	36	2			4				2						2
	D147325010	外国文学	40	2	36	2			4					2					2
	D147325011	朗读与讲故事指导	22	1	18	1			4										2
	D147325012	小学思想政治课程标准与教学设计	28	1.5	18	1			10	0.5							2		2

· 260 ·

(续表)

课程模块	课程代码	课程名称	总学时数	总学分数	总学时分配 课堂讲授 学时	总学时分配 课堂讲授 学分	总学时分配 实验 学时	总学时分配 实验 学分	课程实践（项目课程）课时	课程实践（项目课程）学分	学期、周学时安排 第一学年 1	第一学年 2	第二学年 3	第二学年 4	第三学年 5	第三学年 6	第四学年 7	第四学年 8	考核方式
	D147325013	小学生作文指导	12	0.5	8	0.5			4										2
	D147325014	人文社会科学基础★	42	2	34	1.5			8	0.5				2		2			1
	D060023021	高等数学Ⅰ★	52	3	52	3					3								1
基础教育人才课程Ⅱ	D147325015	小学数学课程标准与教学设计★	46	2.5	36	2			10	0.5			2	2					1
	D147325016	小学数学微格教学指导	46	2.5	36	2			10	0.5					2	2			2
	D147325017	小学数学课程与教学研究	46	2.5	36	2			10	0.5					2	2			2
	D147325018	初等教论	42	2	34	1.5			8	0.5			2	2					1
	D147325019	小学数学思维	28	1.5	18	1			10	0.5					2				2
	D147325020	高等数学Ⅱ	52	3	42	2.5			10	0.5		3							1
	D147325021	小学科技活动指导	12	0.5	8	0.5			4							2			2
	D147325022	小学趣味数学	28	1.5	18	1			10	0.5				2					2
	D147325023	智能机器人	28	1.5	18	1			10	0.5				2					2
	D147325024	计算机程序设计基础	42	2	34	1.5			8	0.5				2					2
	D147325025	小学科学课程标准与教学设计	28	1.5	18	1			10	0.5						2			1

(续表)

课程模块	课程代码	课程名称	总学时数	总学分数	课堂讲授学时	课堂讲授学分	课程实践(项目)课时	课程实践学分	第一学年 1	第一学年 2	第二学年 3	第二学年 4	第三学年 5	第三学年 6	第四学年 7	第四学年 8	考核方式
基础教育人才课程Ⅲ	D14732526	自然科学基础★	42	2	34	1.5	8	0.5	1								1
	D14732527	科学技术史	28	1.5	18	1	10	0.5			2						2
	D14732528	基础英语Ⅰ★	42	2	34	1.5	8	0.5		2							1
	D14732529	小学英语课程标准教学设计★	46	2.5	36	2	10	0.5				2					1
	D14732530	小学英语微格教学指导	46	2.5	36	2	10	0.5					2				2
	D14732531	小学英语课程与教学研究	46	2.5	36	2	10	0.5				2					2
	D14732532	基础英语Ⅱ	40	2	32	1.5	8	0.5			2						2
	D14732533	英语口语听力	40	2	32	1.5	8	0.5				2					2
	D14732534	英语阅读写作	40	2	32	1.5	8	0.5			2						2
	D14732535	高级英语	40	2	32	1.5	8	0.5				2					2
	D14732536	英汉翻译基础	28	1.5	18	1	10	0.5						2			2
	D14732537	英语口译	28	1.5	18	1	10	0.5						2			2
	D14732538	英语国家文化概况	28	1.5	18	1	10	0.5					2				2
	D14732539	英语文学作品选读	28	1.5	18	1	10	0.5						2			2
	D14732540	日语	28	1.5	18	1	10	0.5					2				

(续表)

课程模块	课程代码	课程名称	总学时数	总学分数	讲授学时	讲授学分	实验学时	实验学分	课程实践(项目课程)学分	第一学年 1	第一学年 2	第二学年 3	第二学年 4	第三学年 5	第三学年 6	第四学年 7	第四学年 8	考核方式
基础教育人才课程Ⅳ	D147325041	音乐基础(乐理、视唱练耳)★	40	2	36	2	4			2	2							2
	D147325042	美术基础(素描、色彩)★	38	1.5	34	1.5	4				2							2
	D147325043	简笔画设计与实践	28	1.5	18	1	10	0.5					2					2
	D147325044	舞蹈基础	22	1	18	1	4				2							2
	D147325045	电钢琴教学与设计	22	1	18	1	4				2							2
	D147325046	少儿合唱与指挥	22	1	18	1	4							2				2
	D147325047	小学音乐课程标准与教学设计	28	1.5	18	1	10	0.5							2			2
	D147325048	小学美术课程标准与教学设计	28	1.5	18	1	10	0.5							2			2
	D147325049	小学体育与健康课程标准与教学设计	28	1	24	1	4						3					2
	D147325050	学校卫生学	54	3	45	2.5	9										2	2
	D147325051	手工设计与制作	28	1	18	1	4											2

(续表)

课程模块	课程代码	课程名称	总学时数	总学分数	总学时分配 讲授 学时	总学时分配 讲授 学分	总学时分配 实验 学时	总学时分配 实验 学分	总学时分配 课程实践(项目)课程 学时	总学时分配 课程实践(项目)课程 学分	学期、周学时安排 第一学年 1	学期、周学时安排 第一学年 2	学期、周学时安排 第二学年 3	学期、周学时安排 第二学年 4	学期、周学时安排 第三学年 5	学期、周学时安排 第三学年 6	学期、周学时安排 第四学年 7	学期、周学时安排 第四学年 8	考核方式
基础教育人才课程 V	D147325052	特殊教育概论(双语课程)★	40	2	30	1.5			10	0.5				2					2
	D147325053	教育政策法规	28	1.5	18	1			10	0.5		2		2					2
	D147325054	小学教师专业发展	22	1	18	1			4										1
	D150025101	现代教育技术★	40	2	18	1	8	0.5	14	0.5			2						2
	D147325055	儿童认知神经发展	22	1	18	1			4										2
	D147325056	生命教育	22	1	18	1			4					2					2
	D147325057	教育名家名著解读	40	2	34	1.5			6	0.5				2		2			2
	D147325058	中外小学教育发展比较	42	2	32	1.5			10	0.5				2					2
	D147325059	红旗渠研学旅行课程开发(地方特色课程)	22	1	18	1			4					2					2
	D147325060	甲骨文书法(校本课程)	22	1	18	1			4							2			2
	D147325061	安阳师院小教发展专题(校本课程)	18	1	14	1			4		2								1
	D147325062	全球小学课程与教学改革专题(讲座)	18	1	14	1			4			2							2
	D147325063	SPSS基础与应用	28	1.5	18	1			10	0.5						2			1
	D147325064	科研论文写作指导	22	1	18	1			4							2			2

(续表)

课程模块	课程代码	课程名称	总学时数	总学分数	讲授学时	讲授学分	实验学时	实验学分	课程实践(项目课程)学时	课程实践学分	第一学年 1	第一学年 2	第二学年 3	第二学年 4	第三学年 5	第三学年 6	第四学年 7	第四学年 8	考核方式
	D147325065	农村教育专题	28	1.5	18	1			10	0.5									2
	D147325066	小学教师面试技能	22	1	18	1			4			2								2
	D147325067	书法Ⅱ	22	1	18	1			4					2						2
	D147325068	书法Ⅲ	22	1	18	1			4						2					2
	D147325069	书法Ⅳ	22	1	18	1			4							2				2
	D147325070	经典诵读★	32	1.5	26	1			6	0.5	2								2
	D147325071	教师礼仪练习☆															☆		2
	D147325072	书写技能实践☆															☆		2
	D147325073	说课技能训练☆														☆			2
	D147325074	教师基本功实践☆															☆		2
	D147325075	教学名师观摩☆															☆		2
		小计	2388	121.5	1839	97.5	8	0.5	535	23	7	21	26	35	28	30			

说明：
1. 本专业带★的课程是必修课，带☆的课程是选修教育类课程，带公共的必修课。其他未标注的为选修课程。选修模块，需修满40学分。
2. 农村教育专题包括六个方面：陶行知教育思想概论；农村留守儿童心理特点与教育；农村学校校本课程开发；农村优秀教师成长研究；农村小规模班级教学研究；农村小学教育资源开发与合理利用。
3. 小学教师面试技能实践主要是"课证融合"，主要针对教师资格考试开设的课程。

265

(三) 实践教育平台

实践教育平台由实验课程模块、课程实践模块、集中实践模块及第二课堂模块4部分组成(见表5-43)。

表5-43 小学教育专业实践教育平台课程模块

模块	编号	课程名称	周数	学分	开课学期	考核方式	备注
实验课程 课程实践		24学分467学时			在第1~6学期完成。课程实践占专业课程理论教学总学时的20%。		
集中实践	D140338001	军事技能训练	2	2		2	
	D140338002	教育实习	≥15	6	基础教育人才培养在第7~8学期进行教育实习与毕业论文一体化实习安排,其中包括不少于8周的校外实习,2周的校内实习及学生安全教育,校外实习前的专项实践训练(见注),最后1周的实习总结;在实习期间完成不少于10周的毕业论文和教育考察与教育调研,同时实习期间完成1~2门的置换课程。学院根据专业实际制订可操作性的实践教学方案。	1	一体化模块
	D140338003	毕业论文	≥10	6		1	
	D140338004	课程论文	不计学时	0	各任课老师自行安排	2	
	D140338005	教育考察	不计学时	0	第3学期布置任务,提交教育考察报告。	2	
	D140338006	教育调查	不计学时	0	第4学期布置任务,提交教育考察报告。	2	
	D140338007	教育实训	不计学时	0	第5学期针对教育教学问题,进行教育教学实际训练。	2	
	D140338008	学年论文	4	2	在第2第3学年的第4第6学期完成,参照毕业论文格式,字数在3 000字以上。	2	
	D140338009	课程设计	1	2	主要在第五学期完成,配合学校大学生教学技能大赛,在各班进行讲课、说课设计。	2	

(续表)

模块	编号	课程名称	周数	学分	开课学期	考核方式	备注
	D140338010	教育研习	2	2	主要在第3学期和第5学期进行,结合教育见习中遇到的问题,或者实际模拟课堂教学,进行研讨。	2	
	D140338011	教育见习	2	2	主要在第2学期和第4学期进行,到合作学校实地听评课,和一线小学老师和管理人员交流,写出见习心得。	2	
第二课堂	按照《安阳师范学院"第二课堂成绩单"制度实施暂行办法》执行							5学分
说明	1. 军事技能训练、课程论文、课程设计、教育考察、教育调查、教育实训、教育研习、教育见习在第1—6学期完成。 2. 集中实践模块中,军事技能训练、教育实习、毕业论文属于必修实践环节。 3. 教育实训、教育考察、教育调查是为校外一体化实习做准备的实践训练,如:专题讲座、教育项目训练等。 4. 置换课程即将人才培养方案中的部分课程替换为实习单位的某些相关教育或实践环节,在实践过程中要有严格的教学大纲、教学计划和教学安排,实现教学应达到的教学目标,完成替代课程后,经认定可获得被替换课程相应的学分。							

(四)课程设置与毕业要求的关系矩阵

小学教育专业根据师范类专业认证标准,坚持"学生中心、产出导向、持续改进"的理念,培养方案设置的所有课程均对专业人才毕业要求有效达成起到支撑作用,课程支撑人才毕业要求有效达成矩阵(见表5-44)。

表5-44 小学教育专业课程支撑毕业要求有效达成矩阵

课程设置\毕业要求	毕业要求1 师德规范	毕业要求2 教育情怀	毕业要求3 学科素养	毕业要求4 教学能力	毕业要求5 班级指导	毕业要求6 综合育人	毕业要求7 学会反思	毕业要求8 沟通合作
思想道德修养与法律基础	S	S	W	W	W	W	W	W
中国近现代史纲要	W	S	W	W	W	W	W	W
马克思主义基本原理概论	W	S	W	W	W	W	W	W

(续表)

课程设置＼毕业要求	毕业要求1 师德规范	毕业要求2 教育情怀	毕业要求3 学科素养	毕业要求4 教学能力	毕业要求5 班级指导	毕业要求6 综合育人	毕业要求7 学会反思	毕业要求8 沟通合作
毛泽东思想和中国特色社会主义理论体系概论（一）	W	S	W	W	W	W	W	W
形势与政策	W	S	W	W	W	W	W	W
大学英语	W	W	S	S	W	W	S	S
大学计算机基础	W	W	S	S	W	W	W	W
大学体育	W	W	W	W	W	W	W	W
大学语文	W	S	S	W	W	W	W	W
大学生职业生涯与发展规划	W	W	W	W	W	S	W	S
就业指导	W	W	W	W	W	W	W	W
艺术鉴赏	W	W	S	S	W	W	W	W
心理健康教育	W	W	W	W	W	S	W	S
军事理论	W	S	W	W	W	W	S	W
大学生创新创业基础	W	W	W	W	W	W	S	S
学业指导	W	S	W	W	W	S	W	W
劳动教育	W	S	S	W	W	S	W	W
小学教育学	W	S	W	S	W	W	W	W
小学教育心理学	W	W	S	W	W	W	W	W
中外教育简史	W	S	W	W	W	W	S	W
儿童发展心理学	W	W	W	W	W	W	W	W
小学教育哲学	W	S	S	W	W	W	S	W
小学教育管理	S	S	W	W	S	W	W	W
小学课程与教学论	W	W	S	S	W	S	W	W
小学班队原理与实践	W	W	W	W	S	W	W	W
教育政策法规	S	S	W	W	W	W	W	W
家庭教育学	W	S	S	W	W	S	W	W

· 268 ·

(续表)

毕业要求 课程设置	毕业要求1 师德规范	毕业要求2 教育情怀	毕业要求3 学科素养	毕业要求4 教学能力	毕业要求5 班级指导	毕业要求6 综合育人	毕业要求7 学会反思	毕业要求8 沟通合作
小学综合实践活动设计	W	W	S	W	W	S	W	S
小学生心理辅导	W	W	S	W	W	S	W	W
小学生品德发展与道德教育	S	S	W	W	W	S	W	W
小学教师职业道德	S	S	W	W	W	W	W	W
小学教育研究方法	W	W	W	S	W	W	S	W
小学教师专业发展	W	W	W	W	W	W	S	W
现代教育技术	W	W	W	S	W	W	W	W
普通话与教师语言	W	W	S	W	W	W	S	W
书法Ⅰ	W	W	S	W	W	W	S	W
书法Ⅱ	W	W	S	W	W	W	S	W
现代汉语	W	W	S	S	W	W	W	W
古代汉语	W	W	S	S	W	S	S	W
阅读与写作	W	W	S	S	W	S	W	W
文学概论	W	W	S	S	W	S	W	W
中国文学	W	W	S	S	W	S	W	W
外国文学	W	W	S	S	W	S	W	W
儿童文学	W	W	S	S	W	S	W	W
朗读与讲故事指导	W	W	S	S	W	S	W	S
小学语文课程标准与教学设计	W	W	S	S	W	S	W	W
小学思想政治课程标准与教学设计	W	W	S	S	W	S	W	W
小学生作文指导	W	W	S	S	W	W	W	W
小学语文微格教学指导	W	W	S	S	W	W	W	W
小学语文课程与教学研究	W	W	S	S	W	S	W	W

(续表)

课程设置 \ 毕业要求	毕业要求1 师德规范	毕业要求2 教育情怀	毕业要求3 学科素养	毕业要求4 教学能力	毕业要求5 班级指导	毕业要求6 综合育人	毕业要求7 学会反思	毕业要求8 沟通合作
人文社会科学基础	W	W	S	S	W	S	W	W
高等数学Ⅰ	W	W	S	S	W	S	W	W
高等数学Ⅱ	W	W	S	S	W	S	W	W
初等数论	W	W	S	S	W	S	W	W
小学数学思维	W	W	S	S	W	S	W	W
小学数学课程标准与教学设计	W	W	S	S	W	S	W	W
小学科技活动指导	W	W	S	S	W	S	W	W
小学数学微格教学指导	W	W	S	S	W	W	W	W
小学数学课程与教学研究	W	W	S	S	W	S	W	W
小学趣味数学	W	W	S	S	W	S	W	W
智能机器人	W	W	S	S	W	S	W	W
计算机程序设计基础	W	W	S	S	W	S	W	W
小学科学课程标准与教学设计	W	W	S	S	W	S	W	W
教育统计学	W	W	S	S	W	S	W	W
自然科学基础	W	W	S	S	W	S	W	W
科学技术史	W	S	S	S	W	S	W	W
基础英语Ⅰ	W	W	S	S	S	S	W	W
高级英语	W	W	S	S	S	S	W	S
基础英语Ⅱ	W	W	S	S	S	S	W	W
英语口语与听力	W	W	S	S	S	S	W	W
英语阅读与写作	W	W	S	S	S	S	S	W
小学英语课程标准与教学设计	W	W	S	S	W	S	W	W
小学英语微格教学指导	W	W	S	S	W	W	W	W

(续表)

课程设置 \ 毕业要求	毕业要求1 师德规范	毕业要求2 教育情怀	毕业要求3 学科素养	毕业要求4 教学能力	毕业要求5 班级指导	毕业要求6 综合育人	毕业要求7 学会反思	毕业要求8 沟通合作
英汉翻译基础	W	W	S	S	W	S	S	W
小学英语课程与教学研究	W	W	S	S	W	S	W	W
英语口译	W	W	S	S	W	S	W	S
英语国家概况	W	S	S	S	W	S	W	W
英语文学作品选读	W	W	S	S	W	S	S	W
日语	W	W	S	W	W	S	W	W
音乐基础(乐理、视唱练耳)	W	W	S	S	W	S	W	W
美术基础(素描、色彩)	W	W	S	S	W	S	W	W
舞蹈基础	W	W	S	S	W	S	W	W
电钢琴教学与设计	W	W	S	S	W	S	W	W
少儿合唱与指挥	W	W	S	S	W	S	W	W
小学音乐课程标准与教学设计	W	W	S	S	W	S	W	W
小学美术课程标准与教学设计	W	W	S	S	W	S	W	W
小学体育与健康课程标准与教学设计	W	W	S	S	W	S	W	W
学校卫生学	W	W	S	W	S	S	W	W
简笔画设计与实践	W	W	S	S	W	S	W	W
手工设计与制作	W	W	S	S	W	S	W	W
特殊教育概论(双语课程)	W	W	S	S	W	S	S	S
儿童认知神经发展	W	W	S	S	W	S	W	W
生命教育	W	W	S	S	W	S	W	W
教育名家名著解读	W	S	W	W	W	S	W	W
中外小学教育发展史比较	W	W	W	W	W	S	S	W

· 271 ·

(续表)

课程设置＼毕业要求	毕业要求1 师德规范	毕业要求2 教育情怀	毕业要求3 学科素养	毕业要求4 教学能力	毕业要求5 班级指导	毕业要求6 综合育人	毕业要求7 学会反思	毕业要求8 沟通合作
红旗渠研学旅行课程开发(地方特色课程)	W	S	W	W	W	S	W	W
甲骨文书法(校本课程)	W	W	S	W	W	S	W	W
安阳师院小教发展史专题(校本课程)	W	S	W	W	W	S	S	W
全球小学课程与教学改革专题(讲座)	W	S	W	W	W	S	W	W
SPSS基础与应用	W	W	S	S	W	W	W	W
科研论文写作指导	W	W	S	W	W	W	W	W
农村教育专题	W	S	S	W	W	W	W	W
小学教师面试技能	W	W	W	S	W	S	W	W
书法Ⅲ	W	W	S	W	W	W	W	W
书法Ⅳ	W	S	S	W	W	S	W	W
经典诵读	W	W	W	W	W	S	W	W
教师礼仪练习	W	W	W	W	W	S	W	W
书写技能实践	W	W	S	S	W	W	W	W
说课技能训练	W	W	S	S	W	W	W	W
教师基本功实践	W	W	S	S	W	W	W	W
教学名师观摩	W	S	W	W	W	W	W	W

注：课程对知识、能力、素质等毕业要求达成的支撑作用，按强支撑(S)、弱支撑(W)、无支撑作用不填写。

表 5-45　小学教育专业课程理论教学与实验教学、课程实践等课程实践教学环节一体化教学安排表

课程名称 \ 教学环节	理论教学	实验教学	课程实践
思想道德修养与法律基础	√		√
中国近现代史纲要	√		√
马克思主义基本原理概论	√		√
毛泽东思想和中国特色社会主义理论体系概论（一）	√		√
毛泽东思想和中国特色社会主义理论体系概论（二）	√		√
大学英语（一）	√		√
大学英语（二）	√		√
大学英语（三）	√		√
大学计算机基础	√	√	√
大学体育（一）	√		√
大学体育（二）	√		√
大学体育（三）	√		√
大学体育（四）	√		√
大学语文	√		
大学生职业生涯与发展规划	√		
就业指导	√		
艺术鉴赏	√		√
心理健康教育	√		
军事理论	√		
大学生创新创业基础	√		√
学业指导	√		√
劳动教育	√		√
小学教育学	√		√
小学教育心理学	√		√

(续表)

课程名称 \ 教学环节	理论教学	实验教学	课程实践
中外教育简史	√		√
儿童发展心理学	√		√
小学教育哲学	√		√
小学教育管理	√		√
小学课程与教学论	√		√
小学班队原理与实践	√		√
教育政策法规	√		√
家庭教育学	√		√
小学综合实践活动设计	√		√
小学生心理辅导	√		√
小学生品德发展与道德教育	√		√
小学教师职业道德	√		√
小学教育研究方法	√		√
小学教师专业发展	√		√
现代教育技术	√	√	√
普通话与教师语言	√		√
书法Ⅰ	√		√
书法Ⅱ	√		√
现代汉语	√		√
古代汉语	√		√
阅读与写作	√		√
文学概论	√		√
中国文学	√		√
外国文学	√		√
儿童文学	√		√
朗读与讲故事指导	√		√

(续表)

课程名称 \ 教学环节	理论教学	实验教学	课程实践
小学语文课程标准与教学设计	✓		✓
小学思想政治课程标准与教学设计	✓		✓
小学生作文指导	✓		✓
小学语文微格教学指导	✓		✓
小学语文课程与教学研究	✓		✓
人文社会科学基础	✓		✓
高等数学Ⅰ	✓		✓
高等数学Ⅱ	✓		✓
初等数论	✓		✓
小学数学思维	✓		✓
小学数学课程标准与教学设计	✓		✓
小学科技活动指导	✓		✓
小学数学微格教学指导	✓		✓
小学数学课程与教学研究	✓		✓
小学趣味数学	✓		✓
智能机器人	✓		✓
计算机程序设计基础	✓		✓
小学科学课程标准与教学设计	✓		✓
教育统计学	✓		✓
自然科学基础	✓		✓
科学技术史	✓		✓
基础英语Ⅰ	✓		✓
高级英语	✓		✓
基础英语Ⅱ	✓		✓
英语口语与听力	✓		✓
英语阅读与写作	✓		✓

(续表)

课程名称 \ 教学环节	理论教学	实验教学	课程实践
小学英语课程标准与教学设计	✓		✓
小学英语微格教学指导	✓		✓
英汉翻译基础	✓		✓
小学英语课程与教学研究	✓		✓
英语口译	✓		✓
英语国家概况	✓		✓
英语文学作品选读	✓		✓
日语	✓		✓
音乐基础(乐理、视唱练耳)	✓		✓
美术基础(素描、色彩)	✓		✓
舞蹈基础	✓		✓
电钢琴教学与设计	✓		✓
少儿合唱与指挥	✓		✓
小学音乐课程标准与教学设计	✓		✓
小学美术课程标准与教学设计	✓		✓
小学体育与健康课程标准与教学设计	✓		✓
学校卫生学	✓		✓
简笔画设计与实践	✓		✓
手工设计与制作	✓		✓
特殊教育概论(双语课程)	✓		✓
儿童认知神经发展	✓		✓
生命教育	✓		✓
教育名家名著解读	✓		✓
中外小学教育发展史比较	✓		✓
红旗渠研学旅行课程开发(地方特色课程)	✓		✓

(续表)

课程名称 \ 教学环节	理论教学	实验教学	课程实践
甲骨文书法（校本课程）	√		√
安阳师院小教发展史专题（校本课程）	√		√
全球小学课程与教学改革专题（讲座）	√		√
SPSS 基础与应用	√		√
科研论文写作指导	√		√
农村教育专题	√		√
小学教师面试技能	√		√
书法Ⅲ	√		√
书法Ⅳ	√		√
经典诵读	√		
教师礼仪练习			√
书写技能实践			√
说课技能训练			√
教师基本功实践			√
教学名师观摩			√

注：

1. 根据课程教学目标对毕业要求的支撑作用合理设计课程实践教学环节。

2. 推进课程理论教学与课程实践教学环节一体化安排，提高理论教学与实践教学紧密联系、提高课程教学应用效果。

3. 一体化安排的相应实践教学环节用√标注。

4. 本专业人才培养方案中设计两个（含两个）以上教学环节的所有必修课程，均须实施一体化教学。

2020 年安阳师范学院小学教育专业（全科）毕业生 98 人，2020 年拟招生 314 人，2019 级在校生 108 人，2018 级在校生 168 人，2017 级在校生 156 人。安阳师范学院全科小学教师的培养正在进行中，2019 版人才培养方案也在实践中不断探索与完善，以期培养出更多优秀的小学全科教师。

另外，安阳师范学院小学教育专业从 2017 年起开始招收小学教育专升本专业学生，2019 年停招，2020 年恢复招生。小学教育专升本专业修业年限为

2年,采用学年学分制,课程设置上主要是在专科基础上的专业提升,主要课程源于四年制小学教育专业本科人才培养计划等,本书不再做专题介绍。

第三节　安阳师范学院小学教育专业的特色与影响

安阳师范学院小学教育专业在二十年的发展中逐渐形成了自己的特色,一批批小学教育专业毕业生在豫北、在河南、在全国都展现了他们热爱学习,勤于工作、积极向上的优秀品质,产生了较好的社会影响。

一、专业特色

安阳师范学院小学教育专业源于1908年创办的彰德师范传习所小学教师培养,2000年开始设置小学教育专业,经过长期发展,现在拥有一支教学科研能力强、学历层次高、高职称占比高的优秀教师队伍和一个院级科研创新团队,拥有虚拟仿真实验教学项目、教师教育实验中心等省级质量工程项目和书法教室、美术教室、手工制作教室、微格教室、钢琴房、形体练功房、科学实验室、心理咨询室等专业实验室,有校外优质实践教学基地27个,是学校特色专业。在办学定位、培养目标、课程设置、培养模式等方面逐渐形成了自己的专业特色。

（一）办学定位

"立足豫北、面向河南、辐射全国"是安阳师范学院小学教育专业的办学定位。安阳师范学院所在地安阳位于河南北部,为豫北培养基础教育师资是其主要任务所在,百年安师小教学子不但成为豫北教育事业,尤其是基础教育事业的中坚力量,而且有大批学生服务于河南其他区域,我国其他省市也有他们的身影,如2000级学生谈龙河现就职于杭州市下城区教育局、王霞现担任上海市老干部大学学校办公室主任、赵留梅就职于北京市直机关工委党校（北京市委党校一分校）等。

（二）培养目标

培养具有国际视野、本土情怀、彰德博学、求是创新,一专多能的创新型小学教师和教育管理人才,为毕业后成长为骨干教师、卓越教师和教育家型教师奠定坚实基础。

国际视野。国际视野是安阳师范学院小学教育专业一以贯之的特色之一,安阳师范学院的前身——彰德府安阳师范传习所产生于清末面向世界、创建新式学堂的教育改革中,传习所率先培养的就是小学教师。现在,安阳师范学院有不少小学教育专业学子在其他国家从事汉语教学等工作,为传播中华优秀文化、建设"一带一路"做出了重要贡献。在中国特色社会主义新时代,安师小教人将以更加开阔的国际视野为构建人类命运共同体做出新贡献。

本土情怀。本土情怀是家国情怀、爱国主义精神的底色与特征,安阳师范学院小学教育专业注重挖掘本土特色文化资源,培养学生的本土情怀。安阳师范学院的所在地安阳是历史文化名城,有着丰富的中华优秀传统文化和先进的社会主义建设文化,安阳是民族英雄岳飞的家乡汤阴所在地,"精忠报国"成为安阳特有的爱国主义文化;安阳是甲骨文发源地,安阳师范学院拥有教育重点甲骨文研究中心;安阳还是周易文化的发源地,每年羑里城都举办两岸周易文化国际研讨会,弘扬中华优秀传统文化、凝聚全球华人的家国情怀;红旗渠精神更是激励一代代新人奋力建设社会主义国家的先进文化,同时也是安阳的名片和特色文化。学校在校园文化建设和课程设置上都在不同程度上凸显安阳的文化特色,用以培植学生爱国主义情怀,如安阳师范学院学校东门左内侧的"乃文乃武"石、小学教育专业课程中的《红旗渠研学旅行课程开发》《甲骨文书法》等。

彰德博学。"彰德"既是1908年所建彰德府安阳师范传习所的历史记忆,也是以立德树人之要,培养优秀小学教师的内在要求;"博学"是对安阳师范学院校训"进德修业、博学笃行"之"博学"的彰显,也是培养具有广博而扎实学识的小学教师的应有之义。总之,一以贯之的"彰德博学"既是历史记忆与学校特色,也是学高为师、德高为范之小学教师教育的根本所在。

求是创新。"求是"是追求真理、勇于实践,是中国人民与中国共产党改天换地、建设新中国、改革开放的宝贵经验,也是百年"安师小教"孜孜追求的精神风貌。"创新"是人才培养的内在要求,在信息化的今天,在创新的时代,安师小教人将继续发扬追求真理,勇于创新的精神,为建设富强、民主、文明、和谐、美丽的社会主义现代化强国培养出更多的创新型小学教师。因此,"求是创新"这一特色是追求真理与创新型人才培养的有机结合,也是安阳师范学院小学教育专业师生的精神风貌。

一专多能。"一专多能"是小学教师区别于其他行业的重要特点,百年安师小教培养出了一代又一代德才兼备的优秀学子,他们拥有在小学从事多种学科教学的能力、适应了不同时期和不同教学组织形式,为基础教育做出了重大贡献。培养"一专多能"的小学教师已经成为安师小教的培养目标和鲜明特色。新时代,安师小教"一专多能"的鲜明特色在小教全科培养模式中得到了进一步发展。安师小教正在致力于培养德智体美劳全面发展、"一专多能"的新时代创新型小学教师。

培养创新型小学教师是本专业的培养目标所在,"为毕业后成长为骨干教师、卓越教师和教育家型教师奠定坚实基础"是安阳师范学院小学教育专业指向毕业生未来的专业发展,在课程设置等方面为他们将来成长为骨干教师、卓越教师和教育家型教师奠定坚实基础。通过对毕业学子调查,现在已有不少学子成为所在学校的骨干教师和不同级别的名师等。

安阳师范学院小学教育专业为培养"一专多能"的创新型小学教师,除了不算完善和加强课程育人外,还通过开展全员参与教学技能大赛等制度化的活动,促进学生技能和创新能力的形成,即使在2020年疫情期间,此类活动依然不停,以创新形式开展。下面即是2020春季安阳师范学院教育学院小学教育专业举行教学技能大赛的相关报道。

庆"六一":教育学院"云方式"举办小教专业教学技能大赛①

"沙场练兵,教学相长",2020年的六一儿童节,教育学院初等教育系师生们翘首期盼的教学技能大赛的决赛在学院办公室如期举行。这个因疫情影响以"云方式"呈现的视觉盛宴,让教育学院师生千里心相连,万里"云相聚"。教育学院领导荆怀福、魏延庆、郭翠菊等参加了相关活动。

图5-1 教育学院领导参加活动现场照片

---

① 可见安阳师范教育学院院系新闻,庆"六一":教育学院"云方式"举办小教专业教学技能大赛-安阳师范学院教育教学学院 http://jyx.aynu.edu.cn/info/1003/4103.htm,2020-8-26。

第五章 改革提升 安阳师范学院

本次大赛共分为简笔画、手工制作、简笔画、手工制作、说课、讲故事、歌唱（弹唱）、舞蹈与英语演讲九个项目，小教专业全体学生参加，共提交初赛作品2429份，决赛作品274份。6月1日上午，简笔画评选出特等奖3名，一等奖17名，二等奖24名；手工制作评比出特等奖1名，一等奖6名，二等奖9名；钢笔字评选出特等奖3名，一等奖13名，二等奖22名；毛笔字评比出特等奖2名，一等奖12名，二等奖25名；说课评选出特等奖1名，一等奖6名，二等奖9名；讲故事评比出特等奖3名，一等奖17名，二等奖22名；歌唱（弹唱）评选出特等奖3名，一等奖17名，二等奖18名；舞蹈评选出特等奖1名，一等奖3名，二等奖4名；英语演讲评选出特等奖1名，一等奖6名，二等奖7名。

图5-2 参赛学生"云方式"比赛现场

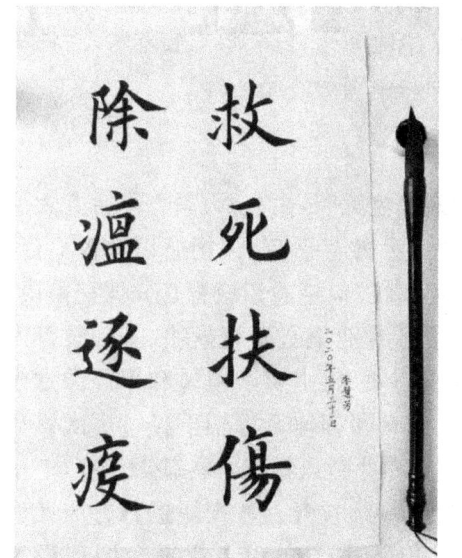

图5-3 参赛学生作品"云展示"

6月1日下午是教学技能大赛的颁奖仪式,此次活动邀请了学院领导作为助阵嘉宾。活动开始时,首先由李小静老师负责播放学生作品,各位院领导与初等教育系几位老师一起欣赏学生的决赛作品。

图5-4　参赛学生结合时事创作的作品

伴随着《少时》音乐的结束,同学们的作品也欣赏完毕,之后分别由魏臣宇、李小静、高瑞芳三位老师分别介绍各组学生的获奖名单,最后由学院领导讲话,给予学生以热切期望。

最后,荆怀福院长等领导给予此次大赛高度的赞扬。初等教育系借助教学技能大赛这个平台,与学生们一起欢度"六一"儿童节,这是一个特别好的想法和做法,选题立意清晰明朗,内容积极向上,通过比赛展示学生的绘画功底、书写功底以及基本的教学功底,弘扬了社会正能量,也展示了初等教育系干事创业团结向上的良好氛围,希望所有教育学院的老师都能以生为本,立德树人,用自己的热情浇灌学生,让希望之花开在祖国的各个角落!

(三)课程设置

小学教育专业人才培养方案课程体系特色鲜明,由"三大教育平台九大课程模块"组成,以保障培养目标的达成。"三大教育平台"包括通识教育平台、专业教育平台、实践教育平台。"九大课程模块"包括通识教育必修课程模块、通识教育选修课程模块、学科基础课程模块、专业核心课程模块、基础教育人才培养课程模块、实验课程模块、课程实践模块、集中实践模块和第二课堂模块。其中,专业教育平台课程设置方面在已有课程体系框架下经过历次修订形成了自己的专业特色,如根据小学教育的专业特点精选学科基础课程,把小学教师教育基本课程厘定为专业核心课程,基础教育人才模块进行方向性设置,毕业论文指导与实习一体化设置等,以下主要介绍专业平台课程设置特色。

1. 精选学科基础课程

小学教育专业的学科性、教育性、综合性等特点,在一次次人才培养方案修订中,形成了精选学科基础课程的理念,如现行方案中的学科基础课程确定为三门:小学教育学、小学教育心理学和中外教育简史。

2. 厘定专业核心课程

安阳师范学院小学教育专业随着教师教育课程改革深入,通过多次研讨,形成了将小学教师教育基本课程厘定为专业核心课程的课程改革思路,并以此设置了主要的专业核心课程:儿童发展心理学、小学教育哲学、小学教育管理、小学课程与教学论、小学班队原理与实践、小学综合实践活动设计、小学生心理辅导、小学生品德发展与道德教育、小学教师职业道德、小学教育研究方法、普通话与教师语言、家庭教育学、教育统计学、书法Ⅰ等。

3. 方向性设置基础教育人才模块

安阳师范学院小学教育专业在基础教育人才模块的整体框架下设计了五类课程,较好地解决了学科方向性课程、特色课程、校本课程与其他教师教育选修课程的归属问题,五类课程如下。

基础教育人才课程Ⅰ——文科类课程,课程主要有现代汉语、古代汉语、小学语文课程标准与教学设计、小学语文微格教学指导、小学语文课程与教学研究、儿童文学、阅读与写作、文学概论、中国文学、外国文学、朗读与讲故事指导、小学思想政治课程标准与教学设计、小学生作文指导、人文社会科学基础等。

基础教育人才课程Ⅱ——理科类课程,课程主要有小学数学课程标准与教学设计、小学数学微格教学指导、小学数学课程与教学研究、初等数论、小学数学思维、高等数学Ⅰ、高等数学Ⅱ、小学科技活动指导、小学趣味数学、自然科学基础、智能机器人、计算机程序设计基础、小学科学课程标准与教学设计、科学技术史等。

基础教育人才课程Ⅲ——英语类课程,课程主要有小学英语课程标准与教学设计、小学英语微格教学指导、小学英语课程与教学研究、基础英语Ⅰ、基础英语Ⅱ、英语口语与听力、英语阅读与写作、高级英语、英汉翻译基础、英语口译、英语国家文化概况、英语文学作品选读等。

基础教育人才课程Ⅳ——艺术和体育类课程,课程主要有音乐基础、美术基础、简笔画设计与实践、舞蹈基础、电钢琴教学与设计、少儿合唱与指挥、小学音乐课程标准与教学设计、小学美术课程标准与教学设计、小学体育与健康课程标准与教学设计、学校卫生学、手工设计与制作等。

基础教育人才课程Ⅴ——特色课程、校本课程和其他教师教育类课程等,课程主要有特殊教育概论(双语课程)、教育政策法规、小学教师专业发展、现代教育技术、儿童认知神经发展、生命教育、教育名家名著解读、中外小学教育发展比较、红旗渠研学旅行课程开发、甲骨文书法、安阳师院小教发展史专题(校本课程)、全球小学课程与教学改革专题(讲座)、SPSS基础与应用、科研论文写作指导、农村教育专题、小学教师面试技能、书法Ⅱ、书法Ⅲ、书法Ⅳ、经典诵读、教师礼仪练习、书写技能实践、说课技能训练、教师基本功实践、教学名师观摩等。

4. 教育实习与毕业论文(设计)一体化

安阳师范学院小学教育专业在毕业论文指导和实习方面逐渐形成富有特色的组合模式,即"小学教育专业教育实习与毕业论文(设计)一体化",下面是其简介。

小学教育专业教育实习与毕业论文(设计)一体化设计

根据《安阳师范学院关于修改本科生专业人才培养方案(2015版)的指导性意见》,结合教育学专业特点,突出实践教学、彰显学生个性、服务学生成长成才,特以学术后备人才和其他类人才(基础教育人才、行业企业人才、创新创业人才)两种方案对教育实习和毕业论文工作进行一体化设计,具体如下:

学术类:

在第4学年第7~8学期完成。设计6周校外教育实习,17周毕业论文设计。教育实习在安阳师范学院实践教学基地。

非学术类(基础教育人才、行业企业人才、创新创业人才):

在第4学年第7、8学期完成。设计14周校外实习,19周的毕业论文设计。

设计方案的特色:

1. 协调各种资源有序推进。学院领导、论文指导老师、双导师、辅导员、班主任以及实习指导老师等,通过教学实践管理系统及各种新媒体手段对学生加强管理,确保一体化方案圆满完成。

2. 设计个性化方案做到因材施教。将学生分为"学术类"和"非学术类",量身定做方案,彰显学生个性。

3. 交叉设计提高论文和实习质量。教育实习与毕业论文的写作在时间上相互交叉,从教育生活中发现问题,把问题当成研究课题,用理论指导与实践和用实践丰富理论,最大限度地提升学生的论文质量。

4. 突出实践活化理论。除了增加实习和毕业论文的时间外,还要求学生结合所选论题,开展调查研究,搜集整理资料,学会从专业视角分析研究教育问题,做到学以致用,知行合一。

经过多轮实践,教育实习与毕业论文(设计)一体化设计效果显著、特色鲜明。现在,小学教育专业本科·全科全体学生的教育实习和毕业论文均在第4学年第7、8学期完成。设计14周校外实习和19周的毕业论文。

(四) 培养模式

协同培养是安阳师范学院小学教育专业人才培养的重要特色之一,它既是小学教育专业综合性、实践性特点的必然要求,也是具有综合性质的安阳师范学院的优越性所在和地方政府和小学积极参与的结果。安阳师范学院小学教育专业协同培养模式包括"系室协同、院际协同、GUS协同"三个层面。

系室协同培养。在小学教育专业开设之初,教育学院(原教育科学系)老师只有任教学科的不同,没有设置现行的教育学系、心理学系、学前教育系等专业系室,大部分教师任教于不同专业的课程。这一传统发展至今,教师们虽然归属了不同专业系室,但是每个专业,尤其是小学教育专业的课程教学仍然由不同系室的教师共同承担。如2019年11月初等教育系成立,郝俊杰教授、王晓雷副教授、朱海林副教授、黄思记副教授四位主要从事小学教师教育教学与研究的教师和张慧玉博士、高瑞芳硕士、李小静硕士、魏臣宇硕士成为初等教育系第一批教师,主要承担小学教育专业的管理与教学工作,同时也承担着其他系室的教学工作。教育学院其他系室教师一如既往地承担着小学教育专业的课程,如教育学系主任房艳梅副教授一直承担着小学语文课程与教学论方面教学工作,心理学系的王金娥老师一直担任小学教育心理学的教学工作,学前教育系的肖国刚老师一直担任着小学课程与教学论的教学工作,等等。因此,系室协同培养、共同承担小学教育专业的课程成为安阳师范学院小学教育专业培养模式的传统与特色,同时也是小学教育专业"专业课程"得以高质量实施的根本保障。

院际协同培养。安阳师范是一所综合性师范类高校,对于综合性较强的小学教育专业而言具有明显优势,小学教育专业由教育学院负责,但教学工作从小学教育专业开设之日起就开展院际合作,共同实施教学。如2007级小学教育专业的教学计划在执行中由校内共有13个二级单位承担了不同课程的教学任务,他们是:教育科学系、文学院、数学科学学院、外国语学院、体育学院、音乐学院、美术学院、资源环境与旅游学院、教育技术学系、思想政治理论课教学部、公共计算机教学部、公共计算机教学部、就业办。详见表5-46。

表 5-46　2007 小学教育教学计划

课程代码	课程名称	课程性质	课程类别	开课学期	周学时	学分	考核方式	起止周	总学时	讲课学时	专业方向	开课学院
04111106	大学英语（一）	公共必修课	公共必修课	1	4.0~0.0	4	考查	05~18	56	56	无方向	外国语学院
12111111	大学体育（一）	公共必修课	公共必修课	1	2.0~0.0	2	考试	05~18	28	28	无方向	体育学院
31111101	思想道德修养与法律基础	公共必修课	公共必修课	1	3.0~0.0	3	考查	05~18	42	42	无方向	思想政治理论课教学部
31111505	形势与政策（一）	公共必修课	公共必修课	1	.75~0.0	0.3	考查	05~18	9.8	9.8	无方向	教育科学系
32111110	计算机基础（一）	公共必修课	公共必修课	1	2.0~2.0	2	考查	05~18	56	28	无方向	公共计算机教学部
07031201	基础心理学（一）	专业必修课	专业必修课	1	3.0~0.0	3	考试	05~18	42	42	无方向	教育科学系
07031202	高等数学	专业必修课	专业必修课	1	4.0~0.0	4	考试	05~18	56	56	无方向	数学科学学院
07031411	应用写作	专业任选课	专业任选课	1	2.0~0.0	2	考试	05~18	28	28	无方向	文学院
04111207	大学英语（二）	公共必修课	公共必修课	2	4.0~0.0	4	考试	01~18	72	72	无方向	外国语学院
12111112	大学体育（二）	公共必修课	公共必修课	2	2.0~0.0	2	考查	01~18	36	36	无方向	体育学院
31111202	中国近现代史纲要	公共必修课	公共必修课	2	2.0~0.0	2	考试	01~18	36	36	无方向	思想政治理论课教学部
31111506	形势与政策（二）	公共必修课	公共必修课	2	.75~0.0	0.3	考查	01~18	12.6	12.6	无方向	教育科学系
32111211	计算机基础（二）	公共必修课	公共必修课	2	2.0~2.0	2	考试	01~18	72	36	无方向	公共计算机教学部
07031203	大学语文	专业必修课	专业必修课	2	3.0~0.0	3	考试	01~18	54	54	无方向	文学院
07031208	教育基本原理	专业必修课	专业必修课	2	3.0~0.0	3	考试	01~18	54	54	无方向	教育科学系

(续表)

课程代码	课程名称	课程性质	课程类别	开课学期	周学时	学分	考核方式	起止周	总学时	讲课学时	专业方向	开课学院
07031218	基础心理学(二)	专业必修课	专业必修课	2	3.0~0.0	3	考查	01~18	54	54	无方向	教育科学系
04111308	大学英语(三)	公共必修课	公共必修课	3	4.0~0.0	4	考查	01~18	72	72	无方向	外国语学院
12111113	大学体育(三)	公共必修课	公共必修课	3	2.0~0.0	2	考试	01~18	36	36	无方向	体育学院
31111303	马克思主义基本原理	公共必修课	公共必修课	3	3.0~0.0	3	考试	01~18	54	54	无方向	思想政治理论课教学部
31111507	形势与政策(三)	公共必修课	公共必修课	3	.75~0.0	0.3	考查	01~18	12.6	12.6	无方向	教育科学系
07031205	儿童发展心理学	专业必修课	专业必修课	3	3.0~0.0	3	考试	01~18	54	54	无方向	教育科学系
07031206	课程与教学论	专业必修课	专业必修课	3	3.0~0.0	3	考试	01~18	54	54	无方向	教育科学系
07031209	小学生心理健康与辅导	专业必修课	专业必修课	3	3.0~0.0	3	考试	01~18	54	54	无方向	教育科学系
07031301	学校卫生学	专业限选课	专业限选课	3	2.0~0.0	2	考查	01~18	36	36	无方向	教育科学系
04111409	大学英语(四)	公共必修课	公共必修课	4	4.0~0.0	4	考试	01~18	72	72	无方向	外国语学院
12111114	大学体育(四)	公共必修课	公共必修课	4	2.0~0.0	2	考查	01~18	36	36	无方向	体育学院
14111119	现代教育技术学	公共必修课	公共必修课	4	2.0~0.0	2	考查	01~18	36	36	无方向	教育技术学系
31111508	形势与政策(四)	公共必修课	公共必修课	4	.75~0.0	0.3	考查	01~18	12.6	12.6	无方向	教育科学系
07031214	教育心理学	专业必修课	专业必修课	4	3.0~0.0	3	考查	01~18	54	54	无方向	教育科学系
07031217	学校管理学	专业必修课	专业必修课	4	3.0~0.0	2	考试	01~18	54	54	无方向	教育科学系
07031407	音乐欣赏	专业任选课	专业任选课	4	2.0~0.0	2	考查	01~18	36	36	无方向	音乐学院

(续表)

课程代码	课程名称	课程性质	课程类别	开课学期	周学时	学分	考核方式	起止周	总学时	讲课学时	专业方向	开课学院
07031307	公共关系学	专业限选课	专业限选课	4	2.0~0.0	2	考查	01~18	36	36	无方向	教育科学系
31111404	毛泽东思想邓小平理论和"三个代表"重要思想概论（一）	公共必修课	公共必修课	5	3.0~0.0	3	考试	01~18	54	54	无方向	思想政治理论课教学部
31111509	形势与政策（五）	公共必修课	公共必修课	5	.75~0.0	0.3	考查	01~18	12.6	12.6	无方向	教育科学系
07031207	教育科学研究方法	专业必修课	专业必修课	5	3.0~0.0	3	考试	01~18	54	54	无方向	教育科学系
07031212	中国教育史	专业必修课	专业必修课	5	3.0~0.0	3	考查	01~18	54	54	无方向	教育科学系
07031408	美术欣赏	专业任选课	专业任选课	5	2.0~0.0	2	考查	01~18	36	36	无方向	美术学院
07031302	自然科学基础	专业限选课	专业限选课	5	2.0~0.0	2	考查	01~18	36	36	无方向	资源环境与旅游学院
07031304	心理测量学	专业限选课	专业限选课	5	3.0~0.0	2	考试	01~18	54	54	无方向	教育科学系
07031305	教育法学	专业限选课	专业限选课	5	2.0~0.0	2	考查	01~18	36	36	无方向	教育科学系
	教育实习											
19111420	大学生就业指导	公共必修课	公共必修课	6	1.0~0.0	1	考查	01~03,10~18	12	12	无方向	就业办
31111405	毛泽东思想邓小平理论和"三个代表"重要思想概论（二）	公共必修课	公共必修课	6	3.0~0.0	3	考试	01~03,10~18	36	36	无方向	思想政治理论课教学部
31111510	形势与政策（六）	公共必修课	公共必修课	6	.75~0.0	0.3	考查	01~03,10~18	8.4	8.4	无方向	教育科学系

(续表)

课程代码	课程名称	课程性质	课程类别	开课学期	周学时	学分	考核方式	起止周	总学时	讲课学时	专业方向	开课学院
07031204	教育统计学	专业必修课	专业必修课	6	3.0~0.0	3	考试	01~03,10~18	36	36	无方向	教育科学系
07031213	外国教育史	专业必修课	专业必修课	6	3.0~0.0	3	考查	01~03,10~18	36	36	无方向	教育科学系
07031215	教育哲学	专业必修课	专业必修课	6	3.0~0.0	3	考查	01~03,10~18	36	36	无方向	教育科学系
07031216	德育原理	专业必修课	专业必修课	6	3.0~0.0	2	考试	01~03,10~18	36	36	无方向	教育科学系
07031410	心理学史	专业任选课	专业任选课	6	2.0~0.0	2	考查	01~03,10~18	24	24	无方向	教育科学系
31111511	形势与政策（七）	公共必修课	公共必修课	7	.75~0.0	0.3	考查	01~18	12.6	12.6	无方向	教育科学系
07031210	教育社会学	专业必修课	专业必修课	7	3.0~0.0	3	考试	01~18	54	54	无方向	教育科学系
07031211	课件制作	专业必修课	专业必修课	7	3.0~0.0	3	考试	01~18	54	54	无方向	计算机与信息工程学院
07031405	书写与书法	专业任选课	专业任选课	7	2.0~0.0	2	考查	01~18	36	36	无方向	教育技术学系
07031409	实验心理学	专业任选课	专业任选课	7	2.0~0.0	2	考查	01~18	36	36	无方向	教育科学系
07031412	小学语文教学论	专业任选课	专业任选课	7	2.0~0.0	2	考查	01~18	36	36	语文方向	教育科学系
07031417	小学数学教学论	专业任选课	专业任选课	7	2.0~0.0	2	考查	01~18	36	36	数学方向	教育科学系
07031424	小学英语教学论	专业任选课	专业任选课	7	2.0~0.0	2	考查	01~18	36	36	英语方向	教育科学系
07031306	家庭教育学	专业限选课	专业限选课	7	2.0~0.0	2	考试	01~18	36	36	无方向	教育科学系
07031308	马克思主义教育思想	专业限选课	专业限选课	7	3.0~0.0	2	考查	01~18	54	54	无方向	教育科学系
31111512	形势与政策（八）	公共必修课	公共必修课	8	.75~0.0	0.3	考查	01~09	6.3	6.3	无方向	教育科学系

(续表)

课程代码	课程名称	课程性质	课程类别	开课学期	周学时	学分	考核方式	起止周	总学时	讲课学时	专业方向	开课学院
07031401	课堂教学艺术	专业任选课	专业任选课	8	2.0~0.0	2	考试	01~09	18	18	无方向	教育科学系
07031402	专业英语	专业任选课	专业任选课	8	2.0~0.0	2	考查	01~09	18	18	无方向	教育科学系
07031403	现代教育制度与思想	专业任选课	专业任选课	8	2.0~0.0	2	考查	01~09	18	18	无方向	教育科学系
07031404	教师口语	专业任选课	专业任选课	8	2.0~0.0	2	考查	01~09	18	18	无方向	教育科学系
07031406	班级管理	专业任选课	专业任选课	8	2.0~0.0	2	考查	01~09	18	18	无方向	教育科学系
	毕业论文											
07031413	儿童文学	专业任选课	专业任选课	8	2.0~0.0	2	考查	01~09	18	18	语文方向	教育科学系
07031414	中外文学简史	专业任选课	专业任选课	8	2.0~0.0	2	考查	01~09	18	18	语文方向	文学院
07031415	小学综合实践活动设计	专业任选课	专业任选课	8	2.0~0.0	2	考查	01~09	18	18	语文方向	教育科学系
07031416	现代数学概论	专业任选课	专业任选课	8	2.0~0.0	2	考查	01~09	18	18	数学方向	数学科学学院
07031418	数学实践与科学实验	专业任选课	专业任选课	8	2.0~0.0	2	考查	01~09	18	18	数学方向	数学科学学院
07031419	科学技术与社会	专业任选课	专业任选课	8	2.0~0.0	2	考查	01~09	18	18	数学方向	教育科学系
07031420	小学综合实践活动设计	专业任选课	专业任选课	8	2.0~0.0	2	考查	01~09	18	18	数学方向	教育科学系
07031421	英语语音	专业任选课	专业任选课	8	2.0~0.0	2	考查	01~09	18	18	英语方向	外国语学院
07031422	英语口语与听力	专业任选课	专业任选课	8	2.0~0.0	2	考查	01~09	18	18	英语方向	外国语学院
07031423	英语阅读	专业任选课	专业任选课	8	2.0~0.0	2	考查	01~09	18	18	英语方向	外国语学院

(续表)

课程代码	课程名称	课程性质	课程类别	开课学期	周学时	学分	考核方式	起止周	总学时	讲课学时	专业方向	开课学院
07031425	小学综合实践活动设计	专业任选课	专业任选课	8	2.0~0.0	2	考查	01~09	18	18	英语方向	教育科学系
07031426	现代汉语	专业任选课	专业任选课	8	2.0~0.0	2	考查	01~09	18	18	语文方向	文学院
07031303	社会科学基础	专业限选课	专业限选课	8	2.0~0.0	2	考试	01~09	18	18	无方向	教育科学系
07031309	教育经济学	专业限选课	专业限选课	8	2.0~0.0	2	考查	01~09	18	18	无方向	教育科学系

GUS"三位一体"协同培养。安阳师范学院、市县人民政府和小学形成协同培养模式是安阳师范学院小学教育专业重要的办学特色,安阳师范学院与安阳市、鹤壁市、濮阳市等人民政府以及安阳人民大道小学、安阳市第一实验小学、安阳铁西路小学、南乐创信小学等学校有着较为稳定的制度化的长期合作关系,对培养"一专多能"的创新型小学教师起到了重要作用。安阳师范学院主要从两个方面保障了GUS"三位一体"协同培养模式的顺利运行。

其一,成立安阳师范学院和地方政府联合成立"校—地"小学教师协同培养工程领导小组,负责项目的顶层设计、资源统筹、经费保障、建设推进和质量评定工作,确保"三位一体"协同培养机制落到实处。

其二,进行了具体而清晰的分工。地方政府负责统筹本地区域内教师队伍建设规划,科学预测农村小学教师需求信息,做好招生培养与需求对接,与学校及相关区域农村小学共同制定小学教师培养方案,指导实习实践基地建设,全程参与小学教师的培养;安阳师范学院负责与地方政府及其区域内学校共同制定小学教育专业学生的培养目标和培养方案、设计课程体系、建设课程资源、组织教学团队、建设实践基地、开展教学研究、评价培养质量;推进包括入校后二次选拔的多元化招生选拔改革;开展生动有效的就业教育等;相关区域农村小学负责选派骨干教师担任学校兼职教师,提供长期稳定的实习实践机会,小学教师的培养,共享学校优质教育资源。

二、社会影响

(一)为国家培养了一批批的优秀毕业生

自2000年安阳师范学院开设小学教育专业以来,为豫北地区和省内外培养一批批专科和本科毕业生。根据安阳师范学院档案馆相关档案,小学教育专业各届专科和本科毕业学生人数如下。

2002届小学教育专业专科毕业27名。

2001年小学教育专业招生计划为60人,招收中师毕业生,学制2年,实为3年,2004年毕业,所以,2003年没有小学教育毕业生。

2004年小学教育专业专科毕业36名(学制3年),缓毕业2名。

2005年小学教育专业专科毕业33名。

2006年小学教育专业专科毕业58名。

2007年教育学(小学教育方向)专科毕业75名。

2008年初等教育专业专科毕业66名。

2. 小学教育专业本科各届毕业人数

2012年安阳师范学院小学教育本科专业毕业64人,暂缓或延迟毕业1人,授予学士学位64人,不授予学士学位1人。

2013年安阳师范学院小学教育本科专业毕业50人,授予学士学位64人。

2014年安阳师范学院小学教育本科专业毕业45人,授予学士学位45人。

2015年安阳师范学院小学教育本科专业毕业49人,授予学士学位49人。

2016年安阳师范学院小学教育本科专业毕业51人,授予学士学位51人。

2017年安阳师范学院小学教育本科专业毕业51人,授予学士学位51人。

2018年安阳师范学院小学教育本科专业毕业70人,授予学士学位70人。

2019年安阳师范学院小学教育本科专业毕业98人,授予学士学位98人。

2019年安阳师范学院小学教育本科专业(专升本)毕业286人,授予学士学位286人。

2020年安阳师范学院小学教育本科专业(全科)毕业98人,授予学士学位98人。

2020年安阳师范学院小学教育本科专业(专升本)毕业285人,授予学士学位285人。

(二) 安师小教学子风采

安阳师范学院小学教师教育从1908年的彰德师范传习所开始至今(2020)已有120年的发展历史,安阳师范学院教育学院初等教育系开展了"安师小教人大访谈"活动,其中对安阳师范小学教育专业毕业生访谈是这次活动的重要组成部分。这次访谈了解了毕业生当时在校学习情况和毕业后的工作、学习经历以及对母校小学教育专业的发展建议等,这里仅展示部分学生的风采。

1. 从事初等教育的部分学子

黄慧,2002年安阳师范学院小学教育专业毕业,先后任教于安阳市东南营小学、安阳市银鹭小学,从事小学数学教学工作,2005—2007年又在中华女子学院进行本科阶段的学习。在教学、管理和科研方面均获得优异成绩,多次获得荣誉称号或奖励。黄慧是安阳市骨干教师、安阳市技术英杰、文峰区骨干教师、文峰区优秀教师、文峰区先进工作者(两次)、文峰区三八红旗手。获得文峰区教学常规评比试卷评比一等奖(两次)、文峰区教学常规评比教案评比一等奖、文峰区教学常规评比作业评比一等奖(两次)、文峰区教学常规评比读书笔记评比一等奖、中国教育电视台"信息技术应用能力提升工程培训"优秀学员等综合表彰。还获得中央教育电视台精品微课三等奖、中央教科所录像课二等奖、河南省小学数学优质课大赛三等奖、安阳市小学数学优质课大赛一等奖、安阳市一师一优课二等奖、手拉手学校送课下乡、文峰区送教下乡、文峰区微型课比赛一等奖、文峰区第三届素养大赛一等奖等。所带社团2017年6月荣获"文峰区优秀社团"称号。黄慧已主持省厅级课题3项,出版著作一部——《综合素质(小学)》,发表学术论文三篇。

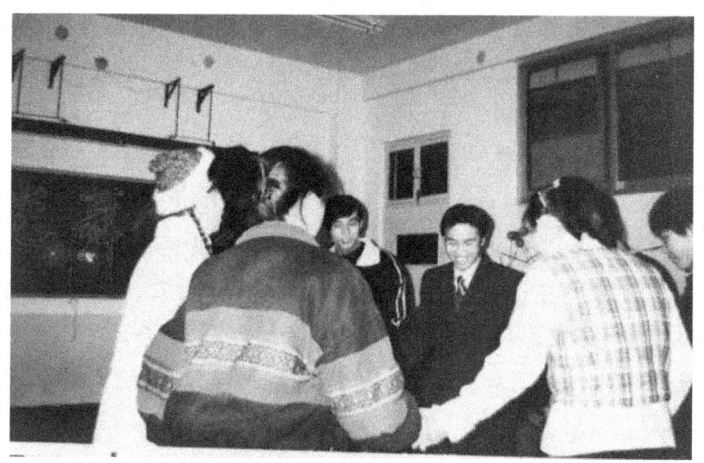

图5-5 2000级班主任张永恒老师和学生一起举行联欢活动

郝海丽,中共党员,中教高级教师。2002年安阳师院毕业后到黄洞乡初级中学任教,2009年任教导主任,2013年任业务副校长,2018年至今担任县直小学教导主任。郝海丽多年来通过不断努力获得鹤壁市优秀教师、骨干教师、优秀班主任、教学先进个人、学术学科技术带头人;获得两次县优秀教师、两次县优秀班主任、五次教学先进工作者、教学标兵;获河南省"文明市民"、鹤壁市"文明市民"、鹤壁市"精神文明建设模范人物"、鹤壁市最美教师、鹤壁市师德先进个人、鹤壁市"好人好事"季度奖和年度奖;被市电视台记者走基层专题报道、关爱学生的事迹被鹤壁日报、河南日报等进行了专题报道。下面是一篇关于郝海丽先进事迹的报道。

郝海丽:坚守深山教育的"筑梦人"[①]

本报记者李柯杞

9月10日,教师节。郝海丽的手机几乎没停止过"业务",要么是祝福短信,要么是远方打来的电话问候。

"虽说是我对老师的节日祝福,但谈话内容更多的是郝老师对我的关心。"今年在郑州高校上大三的杨素珍拨通了郝海丽的电话,她说,"郝老师曾在我最迷茫的时候鼓励我。我家条件不好,郝老师每次都要问我有没有困难。"

沿着崎岖的山路,记者来到淇县黄洞乡初级中学,在八年级教室里,班主任郝海丽鼓励孩子的标语十分醒目:为你插一双知识的翅膀,让你像雄鹰一样飞出大山,翱翔天空,我将永远留巢守望!

郝海丽说,"一件事触动了我,让我立志要将自己的青春奉献给山里的孩子。"

那是2000年8月,20岁的郝海丽大学毕业来到黄洞乡初中。一个雨天,一位家长冒着倾盆大雨来到学校,浑身湿透的他掏出一个油纸包,一层一层剥开后是一把零钱,这是刚刚筹够的学杂费。这位家长是翻越两个山头,花费4个多小时,一瘸一拐地走到学校的。

从那时起,郝海丽理解了生活在大山深处的人们希望子女靠知识走出大山的梦想。

淇县黄洞乡地处贫困山区,这里的孩子大多是贫困家庭的留守儿童,还有一小部分是单亲家庭甚至是孤儿,一些学生数周不回家。郝海丽就备上温度计、创可贴以及一些常备药品,发动老师找亲朋好友家孩子的旧衣物捐赠给没有换洗衣服的学生。她还四处奔波,联系社会爱心人士,请大家资助学校里那

---

① 可参见,李柯杞:坚守深山教育的"筑梦人",河南日报农村版,2017年9月19日。

些品学兼优的贫困生。

"郝老师就像我们的亲生母亲一样,把我们照顾得非常好。"八年级学生王国宏告诉记者,冬天时用不上热水洗手洗脸,很多学生的手都冻裂了,郝海丽就每天早上5点起床为学生们烧热水。

2005年,她第一次当班主任,发现学生们在春天容易感冒,没有家长陪在身边照顾,她就上山挖柴胡、蒲公英给孩子们熬水喝。到了秋天,就采摘冬凌草给大家泡水喝,增强学生的免疫力。那一年,她的班级有一名学生被鹤壁市高中宏志班录取,6人进入县一中,这样的成绩以前绝无仅有。

"郝老师多年的付出都是有目共睹,学生敬爱,家长认可,同事钦佩。"黄洞乡初级中学校长庞雪海说,原本山区教师可以轮岗,满5年就能调回县城,和郝海丽同批来到的教师早都"下山"了,但她仍选择坚守在这里,疾病和变故都不曾让她动摇。

2015年,郝海丽父亲重病离世,她匆匆赶回家时,不慎跌了一跤,造成腰椎骨裂,由于着急赶回学校,耽误了治疗,落下了病根。2016年暑假开学前夕,郝海丽腰伤复发,不得已动手术,在开学前两天提前出院。医院离学校有20多公里,坐车来回要两个多小时,怕耽误上课,她就在办公室里让同事帮自己清洗、换药。

寒来暑往17载,郝海丽从师范毕业生成长为业务骨干,十几年来一批又一批的毕业生从这里飞出大山,而她一直坚守在大山里,为大山里的孩子们插上翅膀,构筑梦想。

扈慧锋,2002年安阳师范学院小学教育专业毕业生,现为中小学一级教师,任教于安阳市梅东路小学,担任毕业班教育教学工作和数学教研组长。十几年来,她怀揣着教育的梦想,活跃在三尺讲台,挥洒智慧与灵气,诠释执着与勤勉,演绎精彩与感动。先后获得过"区优秀教师""区文明诚信教师""区优秀中队辅导员"等荣誉。

李晶晶,安阳老城人。2000年进入安阳师范学院小学教育专业(专科)学习,2002年毕业。毕业后分配到安阳市东南营小学,已工作18年,任教课程语文、思品(现更名道德与法治),同时担任班主任。18年来,一直不断学习,先是在母校进修本科课程,取得教育学学士学位,之后又在西南大学研究生课程班学习教育学原理课程。曾获得省优质课二等奖,各级公开课十余节;获市学科带头人,市优秀班主任,市文明教师等多项荣誉称号;参与国家、省级课题研究7项,发表论文和教学案例5篇。参与编写的校本教材《成长不烦恼》在优秀成果评选中获市一等奖,省二等奖。辅导学生在省、市、区比赛中多次获奖。

刘利玲,中共党员,本科学历,中小学一级教师,2002年毕业安阳师范学院小学教育专业，在人民大道小学从事小学数学教学工作至今。2013年在"安阳市概念教学研讨会"上做示范课受到好评，并多次在市、区教研活动中做观摩课。2014年在河南省优质课比赛活动中执教《数学广角》获一等奖。撰写的《数字国王的法令》在《基础教育论坛》上刊登。多次参与和主持省、市、区级课题研究。多次被评为省、市、区优秀共青团员、优秀团干部和优秀共产党员。

宋晓庆，中共党员，2002年毕业于安阳师院教育管理系小学教育专业。先后任教于安阳市龙安区郭潘流小学，西八里小学。曾获安阳市"骨干教师"、安阳市"网络教研先进个人"、龙安区"优秀教师""教学标兵""教学能手""学科带头人"等多项荣誉称号。曾荣获河南省优质课大赛二等奖，安阳市优质课大赛一等奖，安阳市教师基本功大赛一等奖，龙安区优质课大赛一等奖，曾多次执教市观摩课、区观摩课等。

洪春梅，2006年毕业于小学教育专业，2006—2008参加大学生"三支一扶"在清丰县巩营乡支教兼任巩营乡团委副书记，2008年考上县城招教，开始任教于村镇染村中心小学。

刘芳，2006年毕业于小学教育专业，2006—2016年任教于郑州市中原区帝湖小学，2017至今任教于郑州市中原区育才小学。

张晓芳，2006年毕业于小学教育专业，2008—2012任教于郑州新希望小学，2013年至今为河南启智教育校区负责人。

范志娟，2006年毕业于小学教育专业，先后在河南工业大学和郑州大学进行本科和硕士研究生阶段的学习。2008—2010年任大学生村干部书记助理，2010年9月至今，任卫辉市后河镇浮沱完全小学校长。

肖芳，湖北孝感人，2006年安阳师范学院小学教育专业，毕业至今从事小学教育工作，现为新乡市红旗区和平路小学副校长。肖芳同学为母校小学教育专业的发展提出了如下建议：

在学院整体发展方面：一是培养研究型小学教师，提高男性教师比例。目前小学教育现状，师资参差不齐，学历普遍不高，缺乏高端、专业型、研究型教师。二是提高生源质量。目前本人所在地区，安阳师院毕业生占比不小，并普遍获得好评。因此，可以采取择优录取——精心培养——跟踪发展的长期规划，用心打造安师初等教育专业品牌。三是定向培养，解除学生毕业入职走向的后顾之忧。关于课程设置的建议（如已开设可忽略）：一是微型课或说课教学模式的研究及实践。毕业生招教考试、入职职称评定、省级优质课评比选拔，均有此项内容。微型课教学，有助于学生了解微型课基本课型及授课方式，在短时间内展示学生个人素养及对教材对解读能力。说课评比和教学，有助于学生系统把清课堂教学重点和内容，展示学生理论素养及课堂教学素养。

建议开设并经常组织开展练习,对毕业学生快速入职及提升课堂教学能力大有裨益。二是三笔字课程。我院小学教育专业十几年前仅开设书法鉴赏、美术鉴赏等鉴赏类课程,并配发粉笔字练习小黑板,实际用处并不大,没有考核,大部分学生对三笔字并不重视。鉴赏类课程,虽能提高学生鉴赏能力,但小学教育面对的是小学生,更需要手把手指导。结合近些年本人所在地区,各校新上岗教师,三笔字普遍水平不高但实际,故认为应在大学四年坚持练习三笔字并将其作为考核项,达到人人一手好字的水平,尤其正楷字要写好。尤其统编教材使用后,小学开设书法课程,但各校实际情况是,缺少书法专职教师,具有书法专长,尤其毛笔字专长教师非常受欢迎。三是如何做课题课程可设置如何选题、如何研究、研究方法,开题报告、论文、研究报告的撰写等内容。四是计算机课程如有条件,进行多媒体电子白板、纳米黑板等多媒体等实操训练。精学PPT、Excel、flash等软件,尤其PPT教学课件的制作,使用非常频繁。不知现在课程实操如何,本人在大学期间计算机课,Excel软件学习较多,而课件制作使用几乎没有涉及,全是入职以后现学现用。其他建议:一是聘请一线优秀教师就学生关注问题举办讲座,包括小学教育各科应具备素养、课堂教学、班级管理、信息技术、课堂观摩、校园文化创建等方面等内容。来自一线的声音往往比课本理论更直观、更实用。二是开展各类教学技能运用实操比赛,除课堂教学用得上,更提升学生个人素养。入职面试上台的临危不乱、镇定自若,是一定能练出来的。学院多提供平台,学生才能多练习提高。三是有意愿进行小学教育职业的学生,不妨多观摩课堂实录,用大师做典范,起点更高。四是提倡在校学生多读书。读书太重要。

杨凤君。2008级小学教育专业学生杨凤君给母校写了一封信,介绍了自己毕业后的情况,内容如下。

尊敬的校领导:

我是2008级小学教育专业的学生杨凤君,非常感谢老师们的辛苦付出和谆谆教导,让我们在学校不仅学习很多的理论知识,还学会了学习的方法,培养了好多学习习惯和个人品质,为以后的自我学习、自我发展和终身学习奠定了基础。

自2012年7月份毕业后,我报考河南省范县统一招聘的特岗教师,并顺利成为一名特岗教师,三年的特岗生涯,不断地学习进步,2015年被评为县级优秀特岗教师,在原单位入编。工作期间继续秉承母校给予的积极学习刻苦钻研是优良品质,在教学中不断学习思考,我所带的班级曾多次在全镇期末考试评比中获得第一名。2016年被评为"濮城镇最受欢迎教师",2016年"范县优秀教师"。2017年参加台前县教师招聘,成功入围,选调至台前县工作。

2018年8月参加宁夏回族自治区银川市全国性教师遴选，被选拔进入银川市阅海第四小学工作。2019年参加"一师一优课 一课一名师"活动，录制的视频课，获银川市市级一等奖。

2. 从事中等教育的部分学子

李志萍，2002年毕业于安阳师院教科系小学教育专业。现就职于焦作孟州市河雍中学。毕业后，秉承安师校训，扎根农村教育事业，用满腔的热情和关爱，浇灌稚嫩的幼苗。从教以来，脚踏实地，严谨治学，多年担任毕业班教学工作，曾荣获焦作市教育工作先进者、孟州市优秀班主任，教育质量奖等荣誉称号。

马薇，中共党员，国家三级心理咨询师。2002年毕业后升入到河南大学进一步进行本科专业的学习。毕业后就职于安阳市开发区高级中学。

成艳芬，2003级小学教育专业学生，毕业后考入河南大学攻读现当代文学硕士，2010年至今任教于河南省南阳市邓州市第四高级中学。

张慧，2003级小学教育专业学生，现任教于许昌市建安区实验中学。

陈学姣，2006年小学教育专业毕业，2006年9月至2000年6月于安阳师范学院攻读汉语言文学专业本科。2008年9月至2013年6月，于山西工商学院任辅导员、团委书记；2013年11月至2016年4月于山西大学攻读学前教育在职硕士。2014年7月至今为山西通宝育杰学校小学教师。

3. 从事高等教育的部分学子

王占奎，2000级小学教育专业学生，毕业后继续深造，先后获得河南大学、华东师范大学和北京师范大学教育学原理本科、硕士研究生、博士研究生毕业证书与相应学士、硕士、博士学位。2010年1月至7月，受国家建设高水平大学公派研究生项目资助到美国威斯康星大学（麦迪逊）访学，合作教授为Michael W. Apple教授。现为华东师范大学教育学部教育学系副教授，硕士生导师，教育部人文社会科学重点研究基地基础教育改革与发展研究所研究员。主要研究领域为教育基本理论、教育哲学、公民教育、批判教育学，独著和独立翻译学术专著3部（《价值选择与教育政治——阿普尔批判教育研究的实践逻辑》《教育能够改变社会吗？》《教育论：智育、德育和体育》），参著学术著作3部（《教育政策的国际比较》《实践终身教育论》《中国教育学科年度发展报告2005》），发表学术论文40余篇，主持和参与省部级和国家级科研项目10余项，获各类奖励10多项。

王霞，2000年从安阳二师毕业后考入安阳师范学院教科系小教班。2002年，顺利考入河南大学教科院教育系本科，学习教育学专业，并获得教育学学士学位。2004年被华东师范大学教科院职业教育与成人教育研究所录取，攻读成人教育学、终身教育方向硕士研究生。2007年获得教育学硕士学位。同

年,进入上海市老干部大学工作,目前担任学校办公室主任一职。对于母校和工作选择王霞如是说:

> 回首求学、工作之路,小教班是我学习教育、研究教育并志业于教育的启航之站。当时,终身教育"立交桥"的概念刚刚提出,本来中等师范学校毕业后已无学可上的我,幸遇教科系成立被招收为小教班第一届学生。中师生可以上大学、可以考研究生,各类学历之间可以贯通、相互承认,这正是终身教育、终身学习理念在整个教育系统推广实施的成果。怀着这样的感恩之心,我选择了终身教育作为自己研究生的攻读方向,现在也在从事终身教育相关工作。

赵留梅,2002年安阳师范学院教育科学系小教班专科毕业后不断求索,2009年毕业于首都师范大学教育学原理专业,获硕士学位,现就职于北京市直机关工委党校(北京市委党校一分校),先后任科研部、继续教育部干部,党总支组织委员,撰写的论文、参编的图书先后获北京市思想政治研究会丹柯杯一等奖、北京市党校系统科研成果二等奖,2019年获"北京市党校系统优秀教师"称号。

原亮,男,河南林州市人,安阳师范学院小学教育专业首届毕业生。2000年从安阳第二师范学校毕业后进入安阳师范学院小学教育专业学习,2002年进入河南大学教育学专业深造,2004年到华东师范大学攻读教育经济与管理专业硕士研究生,2007年毕业后进入上海健康医学院工作。

路华,2001级安阳师范学院小学教育专业学生,毕业后升入郑州大学应用科技学院教育专业,现湖北师大研究生在读。2007年5月—2015年8月,任职于安阳市内黄县委宣传部(借调),2015年8月至今,任职于贵州省铜仁幼儿师范高等专科学校艺术与体育教育学院,讲师,教育科研处综合科副科长。在县委宣传部工作期间,曾任内黄县书法家协会主席团成员,县书协副秘书长。先后为安阳市书法家协会会员、河南省书法家协会会员。被聘为内黄县七实小书法指导教师。2015年10月被聘为贵阳画院特聘书画家,2016年9月被中共铜仁幼儿师范高等专科学校委员会授予"2016年度优秀共产党员"荣誉称号,2017年9月被铜仁幼儿师范高等专科学校"2016年度优秀教育工作者",2018年8月被中共铜仁幼儿师范高等专科学校委员会授予"优秀党务工作者",2019年9月被铜仁幼儿师范高等专科学校评为"2018—2019年度优秀教育工作者"。路华同学对于母校、工作等道出了自己的感受:

> 安阳师院学习时期为以后发展奠定基础。安阳师院学习时期,教师治学严谨,对学生要求严格,学生学风端正,学习氛围浓厚,重要的是当时课外活动少,可以安心学习,在安师新校区的两年间,在专业课老师的引导下,专业课基础扎实,熟读论语,当时学校有"席殊书屋",一年多的时间,经常去看书,那一

两年大概看了有四五百本左右,最后把席殊书屋自己想读的书都读完了。当时的学习,为我以后的发展奠定了基础。

高校教授治学、专业课教师很重要。当时印象最深的是学期期末考试科目多,当时考试前学生复习时有些怨言,但毕业后到郑大读书后和其他同学相比,方知当时系主任陈录生教授的良苦用心,记得当时陈录生教授说,大概意思是"你们三年时间学的课程,相当于教育学本科的水平,也不会比其他学校的教育学专科差"。当时不以为然,真正走到别的学校,走向社会,才感慨于当时老师的用心。因为当时的基础,于毕业11年后也就是2015年边工作边照顾家庭边准备招教考试,业余时间复习不过两个月,也取得了较好的成绩。感谢当时的教育学老师郭翠菊、教育心理学老师刘君晓,发展心理学老师李国庆。好的专业课老师真的很重要。

教育科研能力有待提升。由于毕业多年未从事教育工作,导致科研水平不高,学历未得到及时提升,到学校以后忙于行政事务,时间很少,学习时间得不到保证、书法参展参赛参也很少参加。好在不断反思,不断精进,持续努力,现在高校工作近6年了,一切慢慢步入正轨,正向好的方向发展。

现在觉得,毕业这么多年。曾经总觉得自己走了很多弯路,现在发现确实是弯路,但是又不可避免,这就是人生吧。

希望安阳师院越来越好,希望我们的小教班越来越好。

4. 从事其他工作的学子

谈龙河,河南信阳人,2002年安阳师范学院教科系小教班专科毕业后,赴河南大学学前教育本科专业学习,2008年毕业后赴华东师范大学成人教育学专业攻读硕士学位。现就职于杭州市下城区教育局。

韩继阳(2003级),2006年毕业后在安阳市银杏小学任代课老师一年,2007年8月进入公路系统,现工作于河南高速公路发展有限责任公司安新分公司。

张静(2003级),在自家企业任会计。

王丽(2003级),现为中信国安广视网络有限公司软件测试工程师。

林霖(2003级),公务员,现现任职于滑县县委组织部。

贾庆会(2003级),现任职于林州市税务局。

李庆娟(2003级),现为郑州市华夏心理咨询职业培训学校讲师、心理咨询师。

高燕(2003级),现工作于洛阳市新安县磁涧镇人民政府。

李栋梁(2003级),现工作于焦作市公安局交警支队。

张闯(2003级),毕业后曾任教于长垣县凯杰中学和长垣市芦岗乡滑店小学(任教导处主任),现供职于长垣市教育体育局。

  宋俊楷（2003级），小学教育专业毕业继续深造，先后于安阳师范学院、云南民族大学进行本科与硕士阶段的学习，2011年9月始于云南省建设投资控股集团工作，现任省外事业部副总经理、北京分公司总理、河南省分公司负责人。其间：2016年3月至2019年6月于云南大学项目管理专业在职学习，获工程硕士学位；2017年9月至今于云南大学博士研究生层次在职学习。宋俊楷对母校小学教育专业的建议有：一是切实提升学院围绕学生培养的整体管理水平，让学生从学院、师资、学生工作等各个方面都能感受到学院培养学生的投入。二是提升师资综合水平，真正引进大师级、高水平、有影响力、教学水平高、教学理念新、教学案例近的师资队伍，让学生切身享受到大师级教育。三是注重综合性课程的设置，注重学生综合能力的培养，按照学生兴趣分类培养专业型、综合型、应用型人才。

  就以上毕业生的情况而言，安阳师范学院小学教育专业毕业生后的整体特点有三：一是热爱学习、不断进取，多数专科毕业生都以不同形式完成了本科阶段的学习，有的甚至完成了硕士和博士阶段的学习。二是多数学生从事中小学教育教学工作，并且成为骨干教师或校领导。也有毕业生在高校任教或从事其他方面的工作。不过无论从事何种工作，都非常优秀，赢得行业和社会的认可与表彰。三是对母校、对小学专业老师充满感激之情，同时希望母校和小学教育专业越办越好并提出了很好的建议。总而言之，安阳师范学院小学教育专业毕业生在社会上是一支不断进取、勤于工作和富有感恩之心的优秀人才，他们为教育事业和其他行业不断做出自己的贡献，同时他们也赢得了相应部门的认可和表彰，成为安阳师范学院小学教育专业的骄傲。他们的风采对在读和将来的小学教育专业学生具有重要的激励作用，他们的建议将对安阳师范学院小学教育专业的进一步发展产生重要作用。

  本书在写作过程对小学教育专业学生毕业后的发展情况进行了调查，其中2003级学生给小学教育专业师生写了一封回信，概述了他们的从业状况，并为学弟学妹提出了中肯的建议。汇总了28名学生毕业后的情况，以下是该信的具体内容。

安阳师院教科系2003级小教专业同学
现从业概况及建议

尊敬的黄思记老师：

  根据您的安排，我们收集整理了原教科系2003级小教专业的28名同学（全班约58人）目前的工作情况，以及对初等教育专业同学们的建议。从行业分布看，教育系统工作18人，企业管理5人，行政单位3人，软件工程师1人，另外，未统计到的同学约半数从事与教育相关行业。

从就业情况看，我校2003级小教专业就业情况较好，目前大多是单位的"顶梁柱"和中坚力量，有的同学是骨干教师，有的任教研组长，有的已经走上领导岗位，且发展前景较好。

很多同学对初等教育系的学弟、学妹们提出了中肯的学习、生活方面的建议，总体归纳为：做好规划，把握当下，学精本领，注重实践，勇于挑战，未来可期。（具体建议附后①）

2003级教科系小教专业的同学们特别嘱咐：一定要带去对黄思记、王晓雷、朱海林老师以及初等教育系其他老师的问候，祝老师们身体健康、家庭幸福、工作顺利、吉祥如意！祝初等教育系越来越好！

教科系2003级小教专业全体同学
2020年7月3日

2020年12月8日，河南省学位委员会办公室公示了河南省2020年新增博士硕士学位授予单位及学位授权点推荐名单，安阳师范学院为新增硕士学位授权推荐单位，包括小学教育专业在内的教育硕士授权点也同时通过审核，现省内公示已结束，这意味着安师小教将进入又一新的发展阶段。12月24日晚上安阳师范学院教育学院举办了庆祝安师小教成立112周年合唱比赛……历经百年，安师小教带着期许，带着祝福，带着荣誉，不忘初心，行路致远，我们相信安师小教的明天会更好。

---

① 注：每位毕业生的具体建议已经由黄思记老师归纳、整理，陆续把"建议"传递给在读学生，并作为小学教育专业改进工作的重要参考。

安师小教之歌

魏延庆词
郝俊杰曲

1=F 2/4

中速 充满朝气地

5. 6 | 5 3 | 2. 3 2 1 | 5. — | 0 7 7 1 | 2 5 | 1. 2 3 1 | 5 — |

太行巍巍,洹水汤 汤, 相州 盛郡安 师 长。
甲骨煌煌,易经泱 泱, 邺水 朱华杏 坛 芳。

5. 6 | 5 3 | 2. 3 2 1 | 6. — | 0 1 1 2 | 3 6 | 5. 5 2 3 | 1 — |

豫北学府,大河中 央, 目接 千里,诗通八 方。
爰芷萋萋,弦歌绕 梁, 童蒙 为本,夯基柱 长。

6. 6 | 6 6 | 1. 7 | 6 6 | 2. 2 | 2 2 | 3. 3 | 2 2 |

志在四海,泽被乡邦。滋兰 树惠,桃李 琼浆。
允公允能,行健自强。乃武 乃文,德业 同彰。

5. 6 | 5 3 | 2 3 2 1 | 2 3 — | 0 2 2 3 | 6 5 | 6 5 2 3 | 1 — |

彰德师范薪火传 章, 安师 小教美名 扬。
相州学庠源源流 长, 安师 小教永无 疆。

1 1. 1 | 5 — | 5 6. 6 | 5 — | 5. 1 | 6 — | 6 7. 5 | 6 — |

朋友们, 济一堂, 同学们, 要自强,
朋友们, 济一堂, 同学们, 做栋梁,

6 0 | 7. 6 5 | 1 2 | 3 6 | 6 0 5 6 | 1. 1 | 5 5 0 | 3. 1 2 |

为千秋华夏 续荣光,我们 一肩风雨 带穹
吾中华儿女 梦猗昌,我们 一路弦歌 向远

1 — | 5 — | 6 7 1 — | 1 0 ‖

苍, 带 穹 苍。
方, 向 远 方。

参考文献

[1] 宋恩巧,章咸. 中华民国教育法规选编(1912—1949)[M]. 南京:江苏教育出版社,1990.

[2] 安树芬,彭诗琅. 中华教育通史(第9卷)[M]. 北京:京华出版社,2010.

[3] 陈学恂. 中国近代教育文选[M]. 北京:人民教育出版社,1983.

[4] 陈胜粦. 鸦片战争前后中国人面对西方双重挑战的回应[J]. 中山大学学报(社会科学版),1991(1).

[5] 程有为,王天奖. 河南通史(第4卷)[M]. 郑州:河南人民出版社,2005.

[6] 崔运武. 中国师范教育史[M]. 太原:山西教育出版社,2006.

[7] 丹增. 为了人人都享有的权利[M]. 北京:人民出版社,2007.

[8] 龚自珍. 龚自珍全集[M]. 北京:中华书局,1968.

[9] 河南省教育志编辑室. 河南教育资料汇编:民国[G]. 郑州:河南省教育志编辑室,1984.

[10] 河南省教育志编辑室. 河南教育资料汇编:清代[G]. 郑州:河南省教育志编辑室,1983.

[11] 琚鑫圭,唐良炎. 中国近代教育史资料汇编·学制演变[M]. 上海:上海教育出版社,2006.

[12] 琚鑫圭. 中国近代教育史资料汇编·实业教育师范教育[M]. 上海:上海教育出版社,1994.

[13] 教育部高等学校教学指导委员会. 普通高等学校本科专业类教学质量国家标准(上)[M]. 北京:高等教育出版社,2018.

[14] 康有为. 康有为全集·实理公法全书(第一集)[M]. 上海:上海古籍出版社,1987.

[15] 康有为. 康有为诗文选·请废八股试帖楷法试士改用策论折[M]. 广州:广东文学出版社,1958.

[16] 王日新,蒋笃运. 河南教育通史[M]. 郑州:大象出版社,2004.

[17] 河南省地方史志编纂委员会. 抗日战争时期的河南[M]. 郑州:河南人民出版社,1985.

[18] 何东昌. 中华人民共和国教育史(上卷)[M]. 海口:海南出版社,2007.

[19] 何东昌. 中华人民共和国重要教育文献(1949—1975)[M]. 海口:海南出版社 1997.

[20] 何东昌. 中华人民共和国重要教育文献(1976—1990)[M]. 海口:海南出版社,1998.

[21] 廖其发. 当代中国重大教育改革事件专题研究[M]. 重庆:重庆出版社,2007.

[22] 林永喜. 师范教育[M]. 北京:文景出版社,1986.

参考文献

[23] 刘英杰. 中国教育大事典(上)[M]. 杭州:浙江教育出版社,1993.
[24] 刘向岫. 当代中国师范教育[M]. 北京:教育科学出版社 1993.
[25] 梁启超. 饮冰室合集文集之九(第1册)[M]. 北京:中华书局,1989.
[26] 马啸风. 中国师范教育史(1897—2000)[M]. 北京:首都师范大学出版社,2003.
[27] 梅新林. 中国教师教育30年[M]. 北京:中国社会科学出版社,2008.
[28] 舒新城. 中国近代教育史资料(上册)[M]. 北京:人民教育出版社,1961.
[29] 舒新城. 中国近代教育史资料(中册)[M]. 北京:人民教育出版社,1961.
[30] 舒新城. 中国近代教育史资料(下册)[M]. 北京:人民教育出版社,1961.
[31] 苏林,张贵新. 中国师范教十五年[M]. 长春:东北师范大学出版社,1996.
[32] 孙中山. 孙中山全集·上李鸿章书(第一卷)[M]. 北京:中华书局,1981.
[33] 申志诚,等. 河南近现代教育史稿[M]. 开封:河南大学出版社,1990.
[34] 汤志钧. 中国近代教育史资料汇编·戊戌时期教育[M]. 上海:上海教育出版社,1993.
[35] 秦启轩. 小学教育专业嬗变及其发展逻辑[J]. 现代教育科学,2017(5).
[36] 邢汉三. 日伪统治河南见闻录[M]. 开封:河南大学出版社,1986.
[37] 严复. 严复集·实业教育(第一册)[M]. 北京:中华书局,1986.
[38] 曾煜. 中国教师教育史[M]. 北京:商务印刷馆,2016.
[39] 教育部教育年鉴编撰委员会. 第二次中国教育年鉴[M]. 北京:商务印书馆,1948.
[40] 中国第二历史档案馆. 中华民国史档案资料汇编(第五辑第三编)·教育(一)[M]. 南京:凤凰出版社,2010.
[41] 中央教育科学研究所. 中华人民共和国教育大事记(1949—1982)[M]. 北京:教育科学出版社,1983.
[42] 中共中央马克思恩格斯列宁斯大林著作编译局. 马克思恩格斯选集(第二卷)[M]. 北京:人民出版社,1972.
[43] 朱寿朋. 光绪朝东华录[M]. 北京:中华书局,2016.
[44] 朱有瓛. 中国近代学制史料(第二辑上册)[M]. 上海:华东师范大学出版社,1986.
[45] 朱有瓛. 中国近代学制史料(第一辑下册)[M]. 上海:华东师范大学出版社,1986.
[46] 朱有瓛. 中国近代学制史料(第三辑下册)[M]. 上海:华东师范大学出版社,1992.
[47] 李柯杞. 坚守深山教育的"筑梦人"[N/OL]. 河南日报农村版,2017-09-19(2)[2020-07-20]. http://newpaper.dahe.cn/hnrbncb/html/2017-09/19/content_185561.htm.
[48] 教育部师范教育司. 关于印发《三年制小学教育专业课程方案(试行)》的通知[A/OL]. (2003-01-15)[2020-06-08]. http://www.moe.gov.cn/srcsite/A10/s7058/200301/t20030115_81790.html.
[49] 教育部高等教育司综合处. 2001年度经教育部备案或批准设置的高等学校本科专业名单[[A/OL]. (2001-01-15)[2020-06-26]. http://www.moe.gov.cn/s78/A08/gjs_left/moe_1034/201005/t20100527_88507.html.

[50] 国家中长期教育改革和发展规划纲要工作小组办公室.国家中长期教育改革和发展规划纲要(2010—2020年)[[A/OL].(2010-07-29)[2020-05-06].http://www.moe.gov.cn/srcsite/A01/s7048/201007/t20100729_171904.html.

[51] 中华人民共和国教育部,中华人民共和国财政部.教育部财政部关于"十二五"期间实施"高等学校本科教学质量与教学改革工程"的意见:教高〔2011〕6号[A/OL].(2011-07-01)[2020-05-06].http://www.moe.gov.cn/srcsite/A08/s7056/201107/t20110701_125202.html.

[52] 中华人民共和国教育部.教育部关于大力推进教师教育课程改革的意见:教师[2011]6号[A/OL].(2011-10-08)[2020-05-20].http://www.moe.gov.cn/srcsite/A10/s6991/201110/t20111008_145604.html.

[53] 教育部办公厅.教育部办公厅关于开展教师教育国家级精品资源共享课建设工作的通知[A/OL].(2012.11-23)[2020-06-05].http://www.moe.gov.cn/srcsite/A10/s7058/201211/t20121123_144993.html.

[54] 教育部高等教育司.关于公布第二批国家级精品资源共享课立项项目名单及有关事项的通知:教高司函[2013]115号[A/OL].(2013-10-29)[2020-06-05].http://www.moe.gov.cn/s78/A08/A08_gggs/A08_sjhj/201310/t20131030_158958.html.

[55] 教育部办公厅.教育部办公厅关于公布第二批"国家级精品资源共享课"名单的通知:教师厅函〔2017〕3号[A/OL].(2017-01-25)[2020-07-02].http://www.moe.gov.cn/srcsite/A10/s7011/201702/t20170216_296448.html.

[56] 中华人民共和国教育部.教育部关于实施卓越教师培养计划的意见:教师〔2014〕5号[A/OL].(2014-08-19)[2020-06-08].http://www.moe.gov.cn/srcsite/A10/s7011/201408/t20140819_174307.html.

[57] 教育部办公厅.教育部办公厅关于公布卓越教师培养计划改革项目的通知:教师厅〔2014〕5号[A/OL].(2014-12-09)[2020-06-06].http://www.moe.gov.cn/srcsite/A10/s7011/201412/t20141209_182218.html.

[58] 中华人民共和国教育部.教育部关于加强师范生教育实践的意见:教师〔2016〕2号[A/OL].(2016-03-21)[2020-06-09].http://www.moe.gov.cn/srcsite/A10/s7011/201604/t20160407_237042.html.

[59] 任友群:2020年教师政策支撑体系将更加"全方位、全领域"[EB/OL].(2020-03-16)[2020-07-20].http://www.moe.gov.cn/s78/A10/moe_882/202003/t20200316_431788.html.

[60] 教育部办公厅.教育部办公厅关于公布2019年通过普通高等学校师范类专业认证的专业名单的通知:教师厅函〔2019〕12号[A/OL].(2019-08-21)[2020-06-06].http://www.moe.gov.cn/srcsite/A10/s7011/201908/t20190829_396489.html.

[61] 教育部办公厅关于公布2020年通过普通高等学校师范类专业认证的专业名单的通知:教师厅函〔2020〕8号[A/OL].(2020-07-20)[2020-07-30].http://www.moe.gov.cn/srcsite/A10/s7011/202007/t20200728_475326.html.